KB127053

남북한 체제 경쟁 성찰

목차

프롤로그 – 중도회통사상과 인간, 국가, 혁명, 통일의 이해 _ 6

PART 1 남북한 체제 경쟁의 역사적 성찰

SECTION 1 버크의 '프랑스혁명 성찰'과 한국의 보수우파

존 로크와 애덤 스미스 그리고 근대국가 문명 _ 13
근대국가 문명의 실천적 정치사상가 에드먼드 버크, 토마스 제퍼슨 _ 18
에드먼드 버크와 신의 섭리, 책임있는 변화, 처방전 _ 23
에드먼드 버크의 지혜와 미덕과 함께하는 자유 _ 27
한국의 우파적 근대화 모델과 이승만, 박정희, 삼성전자, BTS _ 32

SECTION 2 레닌의 '국가와 혁명'과 한국의 진보좌파

프랑스혁명 후예들과 레닌의 '국가와 혁명'의 후예들 _ 37
마르크스, 레닌과 좌파적 근대화 _ 41
좌파적 근대화 모델과 민족 해방운동의 결합 _ 46
소련, 동구 사회주의권의 붕괴와 아시아 사회주의의 부상 _ 50
한국의 좌파적 근대화 모델과 김구, 김대중, 80년대 학생운동 _ 55

SECTION 3 북한의 주체사상과 한반도

주체사상과 홉스, 헤겔, 마르크스레닌주의 _ 60
주체사상은 스탈린주의와 동학의 만남이다 _ 65
북한 중국관계의 실상과 허상 _ 70
김일성의 건국, 김정일의 핵무장 국가, 김정은의 전략국가 _ 75
북한의 미래와 베트남 모델 _ 80

PART 2 중도회통사상에 기초한 남북한 체제 경쟁의 이해

SECTION 1 중도회통사상이란 무엇인가?

철학은 인간의 자유와 행복의 실현에 도움을 주는 것 _ 87
플라톤의 이데아론, 조선의 유교논쟁과 원효의 일심 회통사상 _ 92
천부경. 원효, 탄허의 회통사상(會通思想)과 21세기의 중도회통사상 _ 96
김용옥 류의 동학의 부활이 아닌 동서회통과 중도회통사상 필요 _ 101
중도회통사상 핵심은 진공묘유 기초한 천지인 조화 _ 107

SECTION 2 중도회통사상과 민족주의, 애국주의

자유주의와 민족주의의 공존과 자유주의적 애국주의 _ 113
중국, 북한의 민족주의와 현 동아시아 정세의 심각성 _ 117
21세기 중국공산당은 주은래의 중국인가? 시진핑의 중국인가? _ 123
중도회통사상과 미중 신냉전시대의 전망 _ 128
자유주의적 애국주의와 한반도의 미래 _ 134

SECTION 3 중도회통사상과 자유통일의 전망

자유민주의의 근대국가 문명과 중도회통사상 _ 139
한국 헌법 경제조항(119조)과 중도회통사상 _ 144
중도회통사상과 도덕정치론, 법치, 전쟁에 관한 이론 _ 150
중도회통사상과 북핵, 북한 문제의 해법 _ 154
남북 체제 경쟁의 성찰과 독일 모델, 베트남 모델 _ 160

PART 3 한반도 정세와 통일전략

'배부른 돼지와 굶주린 늑대의 경쟁' _ 167
미중 신냉전시대와 새 한미동맹 전략 _ 175
'주사파 리더' 출신 구해우 "한미동맹 금 간 게 아니라 빠개져" _ 178
'낮은 단계 연방제'가 김정은이 추구할 '통일대전' 서막 _ 194
시론 ; 탈냉전에 갇힌 진보, 구냉전에 머문 보수 _ 203
북한 전문가의 언론에서 정보 얻기 _ 206
"전대협 의장 수령론이 민주당의 정치문화가 됐다" _ 215
"무력 통일 천명 北, '나토식 핵 공유'로 대응해야" _ 240
"'북이 남한 혁명통일 포기' 해석은 정세 오판이다' _ 245

페이스북 글 _ 249

에필로그 _ 296

프롤로그

중도회통사상과 인간, 국가, 혁명, 통일의 이해

21세기 한반도와 세계는 어떤 환경에 놓여있고, 어디로 가고 있으며, 우리는 어떤 비전을 가지고 있는가? 개인이든 국가이든 자신의 과거, 현재를 제대로 평가하고 나아가 미래를 올바르게 내다보지 못한다면 그 어떤 계획도 위태로워질 수밖에 없다. 그런데 그 과거, 현재, 미래를 어떻게 보는가는 개인이든 국가이든 어떤 철학 사상을 가지고 있는가에 따라 좌우된다고 할 수 있다.

필자는 중학교 3학년 시절 김구 선생의 『백범일지』 등의 영향을 받아 대학 1학년 때까지는 민족주의자로 살았다고 할 수 있고, 대학시절에는 군사독재에 반대하는 민주화 운동을 계기로 마르크스레닌주의와 주체사상을 공부하면서 사회주의 혁명가로 살았다고 할 수 있다. 그 과정에서 4년 반의 수배생활과 1년 3개월의 감옥생활을 하였다. 안기부에서는 죽음을 각오한 묵비투쟁을 하기도 했다.

이후 소련, 동구 사회주의권의 붕괴라는 역사적 진실에 부닥치고, 중국공산당 통치의 문제점을 현장에서 목격하는 경험을 하면서 사회주의에 대한 회의와 새로운 사상적 모색을 시도하였다. 약 10년 동안의 새로운 사상이론에 대한 공부와 SK텔레콤 북한담당 상무로 일하면서 경험을 통해 자유민주주의자가 되었다고 할 수 있다. 약 40년의 세월 동안 민족주의자, 사회주의자, 자유민주주의자라는 사상적 학습과 경험과 실천을 치열하게 체험해 본 셈이다.

그런데 지난 2020년 초겨울 치악산 산행 명상 과정에서 목격한 상고대(서리가 갑자기 얼어 눈꽃처럼 된 현상)를 보고서 진공묘유 즉 중도의 진리에 대한 작은 깨달음을 얻을 수 있었다. 지난 인생과정의 민족주의자, 사회주의자, 자유민주주의자로서의 행적은 불교『화엄경』의 선재동자가 진리를 구하기 위해 만나러 다녔던 선지식들로 해석될 수 있었다. 또한 중학교 3학년 이래로 인생의 화두로 삼아온 통일에 대한 생각도 새롭게 정리할 수 있었고 민족주의, 사회주의, 자유민주주의에 대해서도『화엄경』,『천부경』의 철학에 기초하여 그 내용들을 새롭게 해석할 수 있게 되었다.

21세기에 그 어떤 사상, 이론이든 인터넷 검색 등으로 이전 시대와는 비교 불가능할 정도로 빠른 속도로 풍부한 내용을 확인할 수 있다. 그런데 본질적으로 중요한 것은 지식을 확인하는 것이 아니고 "그 지식을 어떻게 해석하고 실천적으로 응용할 수 있는가?"이다.

『화엄경』은 불교, 도교, 유교, 기독교, 사회주의, 플라톤주의 등을 포함하여 인류가 만들어온 종교 사상, 철학 사상사에서 인간과 우주에 대해 가장 심오하게 그 원리를 설파하고 있다고 할 수 있을 것이다. 그리고『화엄경』이 인간과 우주에 대한 원리를 대하 장편소설처럼 펼쳐냈다면,『천부경』은 인간과 우주에 대한 원리를 한 편의 선시로 압축하여 표현해 내고 있다. 그런데『화엄경』과『천부경』의 근본 원리는 거의 완전하게 일치하고 있다고 할 수 있다. 그 핵심 내용은 중도 사상, 공 사상, 인연법이다.

한국 민족정신의 핵심은『화엄경』과『천부경』에 있다. 한국을 대표하는 승려라 할 수 있는 신라시대 원효 스님은『화엄경』을 기반으로 화쟁, 회통사상을 정리하여 세계적으로 높이 평가받는 불교 사상가가 되었으며, 동 시대 의상 스님은『화엄경』의 핵심내용을 추출한 법성게를 만들어 수많은 한국인들의 가슴에『화엄경』의 지혜를 심어 놓았다. 그리고 신라시대 최치원은 유교, 불교, 도교를 통달한 뒤 그 핵심내용이 한민족의 최초 국가 고조선의 건국정신인 홍익인간과 천지인(天地人) 조화의 이념을 담은『천부경』에 있음을 깨닫고 그 내용을 한자로 정리하여 후대에 널리 전파하였다.

필자는 한국 민족정신의 정수를 담고 있는『화엄경』,『천부경』의 핵심 사상은 중도회통사상(中道會通思想)이라고 생각한다. 그리고 21세기 오늘날 한반도에서 가장 중요한 것은 1688년 영국의 명예혁명 이래로 발전되어온 자유민주주의 근대국가 문명에 대해 제대로 이해하고 그것이 현재 어떤 도전에 직면해 있으며, 앞으로의 과제는 무엇인가에 대해 우리의 철학 사상에 기초하여 제대로 해석하고 새로운 비전을 세우는 것이라고 생각한다.

21세기에 냉전의 시대, 이념의 시대, 남북 체제 경쟁의 시대는 끝났다고 말하는 사람들이 많다. 다른 관점에서 북한은 망하고 있는 체제에 불과하다고 말하는 사람들도 적지 않다. 그러나 북한은 2017년 동북아 정세의 게임체인저가 된 6차 핵실험과 대륙간탄도미사일(ICBM) 실험의 성공을 거쳐 2018년 6·12 북미 정상회담, 6·19 북중 정상회담을 성사시켜 현실적인 핵국가로 등장하였다. 새로운 차원의 남북 체제 경쟁이 본격화된 것이다. 따라서 세계 2차대전 종전과 함께 시작된 미소 냉전 체제와 거의 동시에 형성된 남북 분단 체제의 과거, 현재, 미래에 대한 정확한 분석과 평가가 요구된다.

이에 중도회통사상(Dharma Convergence Thought)에 기초하여 버크의 『프랑스 혁명 성찰』과 레닌의 『국가와 혁명』을 비교 분석함으로서 한반도에서 우파적 근대국가의 길과 좌파적 근대국가의 길에 대한 새로운 평가와 이해를 시도하고자 한다. 그리고 통일을 위한 필수적 요소인 북한의 주체사상에 대한 객관적이고 정확한 이해를 시도할 것이다. 이 같은 이해를 종합하여 인간, 국가, 혁명에 대한 새로운 시각으로 한반도 통일의 철학과 비전을 제시하고자 한다. 이는 한반도의 특수한 상황에 대한 해법이면서 세계사적 차원의 좌우대결에 대한 해법이라는 보편성과도 연결되어 있다고 생각된다. 한국불교에서 원효 스님의 화쟁, 회통사상을 이어서 20세기에 유교, 불교, 도교,

기독교 사교 회통사상을 설파하신 탄허 스님은 한반도는 통일 과정에서 고통을 겪을 것이나 그것을 잘 극복하면 한국은 동양을 대표하는 새로운 강국으로 등장할 것이라고 예견하신 바 있다.

그리고 21세기에 영미 주도의 근대국가 문명이 어떻게 위기가 심화되고 있는가를 함께 분석하여 동서회통, 중도회통의 사상에 기초한 새로운 문명사적 모색의 필요성에 대해 제기하고자 한다. 최근 김용옥 교수가 동학의 부활을 선언한 것은 시사하는 바가 크다. 일정한 시대적 흐름을 반영하고 있는 것이다. 그런데 동학의 경우 19세기 구한말 상황에서 서구문명에 대응하는 사상사적 모색을 하였으나 실패하였다. 특히 핵심적 문제는 근대국가 문명에 대한 이해가 낮아서 세계사의 흐름을 제대로 인식하지 못하였고, 이에 따라 새로운 비전 제시도 못하였다는 것이다.

지금 21세기 한반도에서 필요한 것은 동학의 부활이 아닌 동서회통에 기반한 중도회통사상이 필요하다. 근대 이후 한국의 지식인, 전문가, 정치인 등 대다수가 미국과 유럽의 사상을 수입하고, 사대하고, 눈치 보면서 자주적인 사상적 원칙과 흐름을 제대로 세우지 못한 것은 분명히 역사적 과오이고 바로잡아야 한다. 그러나 다른 한편으로 1688년 영국의 명예혁명과 1776년 미국의 독립혁명 이후 세계사를 주도해온 자유민주주의 근대국가 문명에 대한 이해가 부족한 채 얼치기 민족주의, 친중 사대주의, 어설픈 동양정신문명 우월주의 등에 빠지는 것 역시 극복되어야 한다. 그리고 서양의 많은 사람들이 동양 사상을 유교 중심으로 이해하는 문제점이 있다. 동양 사상은 불교 약

30%, 도교 약 30%, 유교 약 30%, 샤머니즘 약 10%이다. 불교와 도교는 약 90%가 그 원리를 함께하고 있기 때문에 동양 사상은 불교와 도교 그리고 그 핵심 원리인 중도회통사상에 대한 이해가 중요하다. 이러한 인식에 기초하여 중도회통사상, 동서회통사상, 남북 체제 경쟁 성찰, 자유통일 철학을 모색해 보고자 한다.

끝으로 2년 전 출간한 『미중 패권전쟁과 문재인의 운명— 미중 신냉전시대와 한반도 자유통일 국가전략』이 한반도 정세와 통일전략을 주로 다룬 것이었다면 이 책은 중도회통사상에 기초한 통일철학을 중심으로 다룬 것임을 밝혀둔다.

PART 1

남북한 체제 경쟁의
역사적 성찰

버크의 '프랑스혁명 성찰'과 한국의 보수우파

존 로크와 애덤 스미스 그리고 근대국가 문명

　자유민주주의 근대국가 문명의 아버지가 존 로크라면, 어머니는 애덤 스미스라고 할 수 있다. 존 로크는 자유민주주의 근대국가 문명의 뿌리라 할 수 있는 1688년 영국 명예혁명의 사상가이자 이론가 역할을 했다고 평가된다. 존 로크는 근대국가 문명의 뼈대가 된 의회민주주의, 법치주의, 입법부와 행정권력간의 견제와 균형의 원리 등을 만들었다. 그는 저서 『정부론』에서 '아무도 다른 사람의 자유, 생명, 재산을 해칠 수 없다'고 선언하여 자유민주 근대 국가정신의 원천인 자유권, 생명권, 재산권의 원칙을 세웠다. 특히 명예혁명에서는 영국명예혁명의 중요한 동력 역할을 하였던 청교도의 종교적 자유권을 공식적으로 인정하게 된다. 또한 근대 자본주의국가 물질문명 발전의 원동력 역할을 하게 되는 재산권의 원칙도 세웠다. 나아가 로크는 정부가 국민의 자유권, 생명권, 재산권을 지켜주지 못하는 등 제 역할을 못할 때 국민들은 저항권을 가질 수 있다고 주장하여 자유민주주의 근대국가 문명에 관한 이론적 기본 뼈대를 만들었다.

그리고 존 로크가 근대국가 문명의 뼈대를 만들었다면, 애덤 스미스는 시장경제를 중심으로 한 근대국가 문명의 피와 살을 만들어 근대 국가라는 생명체를 완성시켰다고 할 수 있다. 애덤 스미스는 『국부론』에서 "우리는 상공인들의 자애심이나 인도주의가 아니라 그들의 자기애와 자신들의 이익을 추구하는 이기심에 의해서 좋은 저녁을 기대할 수 있게 된다"고 주장한 바 있다. 나아가 애덤 스미스는 시장경제는 공공선을 위해 거래하는 척하는 사람들에 의해서가 아니라 자신들의 이익을 효과적으로 추구하는 사람들에 의해 이끌어지는 보이지 않는 손(Invisible hand)에 의해 작동되어진다고 설파하였다.

그런데 애덤 스미스의 위대성은 자본주의 시장경제의 근본원리인 보이지 않는 손에 관한 이론을 밝힌 것에만 있지 않다. 애덤 스미스는 『국부론』의 철학 사상적 기초가 되었고 스스로 자신의 대표 저작으로 꼽은 『도덕 감정론』에서 인간의 이중적 요소에 대한 분석을 그 어느 철학자 보다 탁월하게 하였다.

애덤 스미스는 인간은 이기적 존재이자 동감능력을 가지고 있으며, 연약한 사람은 이기적 요소가 주로 작용하는 반면에 현명한 사람은 동감 능력 또는 마음속 공정한 관찰자 요소가 주로 작용한다고 밝혔다. 나아가 연약한 사람은 주로 이익을 추구하는데, 이는 자본주의 시장경제를 발전시켜 인류의 물질문명을 발전시킬 것이라는 것과 현명한 사람은 주로 덕을 추구하게 됨을 밝혔다. 인간과 세계에 대한 깊은 통찰력에 기초한 철학 사상이라 할 수 있을 것이다.

자유민주주의 근대국가 문명은 존 로크와 애덤 스미스라는 두 명의 뛰어난 사상가에 의해 설계되었고 발전되었다고 할 수 있다. 그리고 그 첫 무대는 영국이었으며 1688년 명예혁명에 의해 첫 모습을 드러내었다. 자유민주주의 근대국가 문명이 형성되는 과정에서는 15~16세기부터 진행된 르네상스 운동, 종교개혁 및 청교도혁명, 1602년 최초의 주식회사인 네덜란드 동인도회사 등의 역할도 컸다고 할 수 있다. 자유민주주의 근대국가 문명은 결국 1776년 미국의 독립혁명으로 인한 미국의 건국을 통해 그 화려한 꽃을 본격적으로 피우기 시작하게 된다. 자유민주주의 근대국가 문명이 얼마만큼 인류의 발전에 기여했는가는 인류의 평균 소득이 BC 1000년 전 21세기 가격기준으로 약 150달러, 1750년 산업혁명 직전 약 180달러로 거의 3000년 동안 변화가 크지 않았는데, 2000년 기준 약 6600달러로 크게 성장한 것으로 확인된다.

이러한 인류의 물질문명의 발전은 자유민주주의 근대국가 문명과 떼어놓고서는 설명할 수 없다. 자유민주주의 근대국가 문명이 인류 문명에 기여한 폭과 깊이를 고려하면, 자유민주주의 근대국가 문명을 설계한 존 로크와 애덤 스미스는 인류역사에서 성인으로 꼽는 석가모니, 노자, 공자, 예수, 플라톤 등에 비교할 만한 준 성인들이라고 평가할 수 있을 것이다. 그리고 두 사람의 철학 사상은 인간과 세계와 우주에 대한 깊은 통찰에 기초한 것임을 증명해주고 있다. 그런데 이 과정에서 인류는 근대국가의 또 다른 모델을 실험하게 된다. 자유 또는 평등의 이념을 보다 급진적으로 추진하는 국가 모델이라 할 수 있는데 그 첫 번째 모델이 프랑스혁명이었다고 할 수 있다.

1789년 시작된 프랑스혁명은 자유, 평등, 박애를 내세우고 급진적 사회개혁을 추진하고자 하였다. 장자크 루소는 프랑스혁명에 사상적으로 가장 큰 영향을 끼쳤다고 평가된다. 그는 『사회계약론』에서 "우리가 지구상의 모든 과실들이 모두에게 속해 있고, 이 땅은 누구의 것도 아니라는 사실을 잊어버리면 모든 것을 잃어버리게 될 것이다. 인간은 자유롭게 태어났는데 모든 곳에서 쇠사슬에 묶여있다"라고 하면서 급진적인 자유와 평등의 실현을 주장하였다. 이러한 그의 사상은 프랑스혁명에 지대한 영향을 주게 되며 유럽을 중심으로 한 세계의 많은 지식인들에게 급진적 근대국가 모델을 추구하게 만든다.

프랑스혁명 과정은 로베스 피에르가 이끌면서 급진적 개혁을 주도했던 자코뱅당이 좌파, 상대적으로 온건한 개혁을 추진했던 지롱드당이 우파로 규정되었는데, 이는 향후 근대국가 모델을 만드는 과정에서 좌파적 길과 우파적 길을 나누는 시초적 작용을 하게 된다. 그런데 세계사 속에서 우파적 길은 로크, 애덤 스미스가 설계하였고, 토마스 제퍼슨, 에드먼드 버크가 실천적 이론으로 발전시켰던 영미 중심의 자유민주주의 근대국가 모델이었다고 할 수 있다.

반면에 세계사 속에서 좌파적 길은 장자크 루소가 지대한 영향을 끼쳤던 프랑스혁명이 역사적으로 첫 번째 급진주의 근대국가 모델로 평가되고, 두 번째 급진주의 모델이 마르크스가 창시하고 레닌이 실천적 이론으로 발전시킨 사회주의 근대국가 모델이라 할 수 있다. 마르크스는 1848년 『공산당 선언』을 통해 사회주의 혁명 이론을 정식화시킨다. 1990년대 초 소련, 동구 사회주의권이 붕괴된 이후에는 중국, 베트남, 북한 등을 중심으로 한 아시아 사회주의 국가 모델이 근대 이후 세 번째 급진주의 모델이라 할 수 있다.

마르크스가 창시하고 레닌이 실천적 이론으로 발전시킨 사회주의 근대국가 모델은 1917년 러시아혁명을 시작으로 인류 역사 무대에 첫 등장을 하였고 세계 2차대전 이후에는 동유럽을 포함하여 아시아, 아프리카, 라틴아메리카에 급속히 확대되면서 존 로크, 애덤 스미스가 설계한 자유민주주의 근대국가 모델과 정면으로 경쟁, 충돌하게 된다. 이를 미국과 소련 간의 구냉전시대라고 칭한다. 그 역사적 결과는 1989년 베를린 장벽의 붕괴와 1991년 소련공산당의 몰락을 거쳐 소련, 동구 사회주의권이 붕괴하면서 자유민주주의 근대국가 문명의 승리로 귀결된다. 이를 프랜시스 후쿠야마는 『역사의 종언』으로 평가하였으나 자유민주주의 근대국가 문명과 사회주의 근대국가 문명 간의 경쟁과 충돌은 여기에서 끝나지 않았다.

　1990년대 초 소련, 동구 사회주의권의 붕괴는 미국 중심의 일극 시대 탈냉전시대를 약 20년 동안 지속시켰는데, 이는 2008년 세계 금융 위기와 중국의 급속한 부상에 따른 미국과 중국 중심의 양강 체제라는 G2 체제로 전환되면서 새롭게 미국과 중국 중심의 미중 신냉전시대가 서막을 열게 된다. 미중 신냉전시대에는 영미 중심의 자유민주주의 근대국가 문명에 대한 새로운 경쟁자로 아시아적 사회주의를 내세운 중국공산당이 나서게 되었다.

　미국 하원의장을 지낸 뉴트 깅리치는 『트럼프와 차이나』에서 미국은 이제 구냉전시대의 소련을 능가하는 새로운 전략적 경쟁자인 중국과 마주서게 되었으며, 이는 미국 건국 이후 역사상 최대의 경쟁자가 될 것이라고 주장하기도 하였다.

　존 로크와 애덤 스미스가 설계한 미국과 영국 중심의 자유민주주의 근대국가 문명은 21세기에 중국공산당이라는 강력한 외부의 경쟁자와 마주서게 되었을 뿐만 아니라 이라크 전쟁과 아프가니스탄 전쟁의 실패, 국내 양극화 현상의 심화 등 내외의 심각한 도전을 함께 해결해 나가야 할 중차대한 위기 국면에 놓여있다. 위기에 처한 영미 중심의 자유민주주의 근대국가 문명이 현재 부딪치고 있는 심각한 문제들을 해결하고 인류의 새로운 발전을 위한 비전을 만들기 위해서는 동양의 새로운 친구들, 세계의 새로운 친구들과 함께 해야 할 것이다.

근대국가 문명의 실천적 정치사상가 에드먼드 버크, 토마스 제퍼슨

자유민주주의 근대국가 문명의 아버지가 존 로크이고 어머니가 애덤 스미스라면, 에드먼드 버크와 토마스 제퍼슨은 자유민주주의 근대국가 문명의 실천적 정치사상가라고 할 수 있다.

토마스 제퍼슨은 미국 독립혁명과 건국헌법의 기본정신이 된 미국 독립선언서의 작성자로 유명한데 그는 독립선언서에서 '모든 인간은 평등하게 창조되었으며, 창조자로부터 양도할 수 없는 권리인 자유권, 생명권, 행복추구권을 부여 받았다'고 선언하여 로크가 『정부론』에서 주장했던 자유권, 생명권, 재산권을 실천적으로 계승하였다. 로크가 제기했던 저항권 역시 미국 독립선언서에 계승, 발전시킨 내용을 담았다. 그 내용은 '언제든 정부가 자유권, 생명권, 행복추구권을 파괴한다면, 국민들은 그 정부를 폐지하고 새 정부를 도입할 권

리가 있다'라는 것이다.

그리고 토마스 제퍼슨 개인은 이신론자에 가까웠지만 미국독립혁명의 가장 중요한 동력역할을 하였던 청교도들의 주장을 반영하여 신앙의 자유를 헌법에서 보장하게 만든다. 16세기 칼뱅의 종교개혁 운동으로부터 시작된 청교도 운동은 네덜란드, 영국, 스코틀랜드를 중심으로 확산되다 1620년 메이플라워호 등을 통해 미국으로 이주하여 신대륙에 청교도국가를 건설하는 운동으로 발전하였다.

청교도들은 중세적 종교관을 철저히 부정하면서 신과의 직접대화, 하나님과의 인격적 만남을 중시하여 교황, 왕, 목회자, 교회 그 어떤 형식적 권위도 인정하지 않았다. 신과의 직접 대화를 통한 소명의식에 기반한 경제활동과 청교도 국가를 건설하고자 했던 청교도들의 정신은 무장투쟁까지 불사하게 만들었고 이는 미국 독립혁명과 건국에 가장 중요한 동력으로 작용하게 된다. 이러한 과정을 통해 건국된 미국은 존 로크와 애덤 스미스가 설계한 자유민주주의 근대국가 모델을 가장 모범적으로 구현, 발전시켜 나가는 국가로 성장해 나가게 된다.

에드먼드 버크는 아일랜드 출신으로 영국의 실천적 정치 사상가이자 정치인이었다. 버크는 정치적 권력남용에 반대하고 부패를 경멸했으며 시민의 행복과 정의를 실현하는 정치제도와 방법의 중요성을 강조하였다. 그리고 보편적 원리에 기반을 둔 정치를 통해 국가의 이익과 정의를 실현할 것을 주장하였다. 이에 따라 국왕의 제왕적 독재와 의회의 권력남용 정치를 비판하였으며, 1774년 아메리카 식민지에 대한 과세정책에 반대하면서, 지나친 과세정책은 영국과 미국 모두에게 이익이 되지 않을 것이라고 경고하기도 하였다. 결국 영국의 아메리카 식민지에 대한 지나친 과세와 영국 국교(성공회) 교도들의 청교도들에 대한 탄압은 미국 독립혁명으로 발전하게 된다.

에드먼드 버크의 정치사상사적 차원의 대표적 공적은 1790년 펴낸『프랑스혁명 성찰』을 통해 프랑스혁명의 문제점에 대해 정확하게 분석한 것이었다. 유럽의 봉건 체제에서 근대국가 문명으로 전환하는 과정은 긴 시간이 필요했다. 15세기부터 시작된 르네상스운동과 종교개혁운동으로부터 각 국가별로 다양한 우여곡절을 거치게 된다. 영국은 1688년 명예혁명을 성공시켜 세계 최초의 근대국가 문명을 시작하였는데 다른 유럽 국가들은 근대국가로의 전환을 모색하는 과정에서 다양한 사상적, 실천적 모색을 하게 된다.

특히 근대국가로의 전환에 대한 급진주의 사상가인 장자크 루소의 영향을 받은 프랑스는 그 선두에 서게 된다. 1789년 시작된 프랑스혁명은 이후 유럽의 근대국가 문명으로 전환 과정에서 긍정적으로든 부정적으로든 모두 지대한 영향을 끼치게 된다. 프랑스 혁명 초기에는 영국을 포함하여 대다수의 유럽지식인들은 프랑스혁명을 찬양하였다.

그러나 에드먼드 버크는『프랑스혁명 성찰』을 통해 왜 프랑스혁명이 문제가 많고 실패할 수밖에 없는가를 분석, 비판하였다. 그는 특히 프랑스혁명은 혼란기를 거쳐 군대 내의 뛰어난 지도자가 등장하여 혁명의 반동에 의한 강력한 군주제가 부활될 것임을 예측하기도 했었다. 이는 이후 1799년 나폴레옹의 군사독재가 시작되고 1804년 황제로 등장하면서 현실화 된다.

프랑스의 시인 노발리스(Novalis)는 버크의 이 책을 평가하면서 "혁명에 반대하는 혁명적인 책"이라고 비평한 바 있다. 이는 버크의 책의 본질을 가장 상징적으로 드러낸 평가였다고 할 수 있다. 왜냐하면 버크는『프랑스 혁명 성찰』을 통해 혁명을 반대하고 그 대신 국가의 중요성에 대해 주장하였기 때문이다.

버크의 국가와 혁명에 대한 시각은 "누구도 국가를 뒤엎으면서 그 개혁을 시작하는 일을 꿈꾸지 않도록 하고, 국가의 오류에 대해 아버지의 상처를 대하는 것처럼 경건한 경외심과 떨리는 염려를 가지고 다가가도록 해야 한다"라는 표현에서 잘 나타나 있다. 근대의 정치 사상가 중 버크 만큼 국가의 역사적 실체성과 그 중요성에 대해 구체적으로 주장한 사람은 없었다. 버크는 프랑스혁명 과정에서 피의 숙청 등을 포함한 구체적인 상황과 구체적인 문제점에 대해 사실적으로 분석하여 국가와 관련한 여러 가지 쟁점들에 대해 국가제도와 문명이 왜 존중되고 신중하게 대해야 하는가를 밝혔다. 특히 변화와 개혁은 필요하지만 그것을 급진적으로 추진할 때는 많은 부작용과 혼란이 일어날 수밖에 없음을 지적하였다.

버크는 영국 명예혁명의 사상 이론적 지주역할을 한 존 로크와 국가에 대한 기본인식을 공유하고 있다고 평가된다. 존 로크와 에드먼드 버크는 기본적으로 인간의 자유에 대한 존중과 함께 인간의 불완전성에 대한 인식을 기초로 근대국가 문명을 설계하고 고민하였다고 할 수 있다. 이에 따라 종교의 자유를 포함한 각종 자유에 대한 보장과 함께 법치주의와 입법부와 행정권력 간의 견제와 균형 등을 통해 인간의 불완전성에 대한 보완장치를 마련하고자 했던 것이다. 버크는 국가를 인간적 완성에 이르기 위한 필요수단이자 모든 완전성의 근원으로 이해하였다. 그리고 인간은 불완전하기에 방치하면 혼란 상태로 빠질 가능성이 높기 때문에 이를 바로잡기 위해 인간은 신의 도움을 받으며 꾸준히 노력해온 것이고, 그 성과가 문명사회이며 국가 체제라고 이해하였다.

또한 인간의 불완전성은 불변하는 특성이기 때문에 문명사회는 구축하기는 어려워도 파괴하는 것은 쉽다고 보았다. 따라서 문명사회와 국가 체제는 엄청난 축적임과 동시에 여러 요소의 미묘한 균형 위에 가까스로 서 있기 때문에 균형을 파괴할 수 있는 인간의 오만과 자의를 경계해야 한다고 주장하였다. 그리고 그 오만과 자의는 전제 군주의 오만과 자의가 있을 수 있을 뿐 만 아니라 프랑스혁명 세력이나 대중의 오만과 자의도 언제든 나타날 수 있다고 보았다.

에드먼드 버크는 존 로크와 애덤 스미스가 만든 자유민주주의 근대국가 문명에 대한 깊은 이해에 기초하여 실천적 관점에서 『프랑스혁명 성찰』을 통해 인간, 국가, 혁명에 대한 자신의 견해와 철학을 밝힌 것이다. 그리고 토마스 제퍼슨은 미국 독립 혁명 과정에서 독립선언서와 건국헌법 등을 통해 실질적 국가경영이라는 실천적 관점에서 자유민주주의 근대국가 문명을 현실화시켰다고 평가할 수 있을 것이다. 21세기 한국에서 에드먼드 버크에 대한 이해가 중요한 것은 한반도가 남북한 간의 체제 경쟁이 새로운 차원에서 진행되고 있고 프랑스혁명 또는 러시아혁명과 같은 좌파적 급진주의 국가모델을 끊임없이 모색하고 있는 집단이 존재하기 때문이다. 이에 따라 2016년 소위 촛불혁명의 진행 과정에서도 프랑스혁명에서 나타난 양상들을 적지 않게 볼 수 있었던 것이다.

에드먼드 버크와 신의 섭리, 책임있는 변화, 처방전

   에드먼드 버크는 자유민주주의 근대국가 문명과 관련한 대표적인 실천적 정치사상가로 평가되며 근대 보수주의 정치사상의 원조라고도 일컬어진다.

   버크를 근대 보수주의 정치사상의 원조로 평가했던 러셀 커크는 그의『보수의 정신』에서 버크 철학의 핵심은 '인간과 국가를 신의 자선에 의한 창조물'로 본 것이라고 분석하였다. 버크는 '현실 세계에서 불평등은 절대 제거될 수 없는 것이며 인간은 근본적으로 신 앞에서 평등할 뿐이라고 하였다. 또한 모든 인간은 법 앞에서 평등과 같은 평등한 권리를 가지고 있으나 평등하게 모든 물건을 가지는 것은 아니다'라고 주장하였다. 이러한 버크의 정치사상은 인간과 국가와 문명을 본질적으로 신의 섭리에 의해 움직여지는 것으로 이해하게 된다. 이 같은 인식은 필연적으로 급진주의적으로 자유와 평등을 실현할 수 있는 것처럼 추진되었던 프랑스혁명에 대한 비판적 태도로 귀결된다.

   버크는『프랑스혁명 성찰』에서 "문명사회 없이는 인간은 그 본성상 가능한 완성에 도저히 다다를 수 없으며 멀리 떨어진 보잘 것 없는 접근조차도 이룰 수 없습니다. 그들은 우리 본성이 우리 덕성에 의해 완성되도록 마련한 신이 그 완성을 위한 필요한 수단도 준 것이며, 그래서 신이 국가를 마련했다고 생각합니다. 우리 선조들은 인간이 무지하고 과오를 저지르기 쉽다는 생각을 강하게 지닌 채 행동 했습니다"라는 표현 등을 통해 신의 섭리에 대한 이해의 중요성을 강조하였다.

그리고 버크는 신의 섭리에 대한 이해에 기초한 책임 있는 변화의 중요성을 강조하였다. 그는 『프랑스혁명 성찰』에서 프랑스혁명의 한 지도자의 "프랑스의 모든 제도는 민중의 불행을 뒤덮고 있다. 그들에게 행복을 돌려주기 위해서는 그들을 개조해야 한다. 그들의 생각을 바꾸고, 그들의 법을 바꾸고, 그들의 관습을 바꾸고, 인간들을 바꾸고, 언어들을 바꾸고 모든 것들을 파괴해야 한다. 그래야 모든 것을 창조할 수 있다"라는 연설이 프랑스혁명의 원리를 명확히 드러내고 있다고 비판하였다. 대신 그는 사회적 변화는 필요한 것이고 불가능한 것도 아니라고 보았다.

그러나 개혁을 추진하는 수단은 사상적 범위와 역할을 제한해야 하는데, 그 수단은 관습화된 사회생활을 대대적으로 뜯어 고치는 투기적인 계획들이 아니라 변화의 세부적인 진행과 밀접한 융합 속에서 구체적인 긴장이나 구체적인 가능성에 이끌려 기능해야 할 것과 어떤 목적을 지나치게 강조한 나머지 다른 목적들을 희생하는 일이 있어서는 안 된다고 주장하였다.

또한 버크는 프랑스혁명이 자유와 평등 같은 특정 목표를 이루는 데 집중할 것이 아니라 사회를 발전시키기 위해 존재하는 선한 생활의 여러 요소들을 강화하고 조화시키는 방향으로 나가야 함을 강조하였다. 그리고 개혁이 필요할 때는 책임 있는 변화를 추진해야 하고, 그렇지 못한 경우에 급진적 개혁은 혼란으로 빠질 수밖에 없음을 경고하고 있다.

러셀 커크는 그의 저서 『보수의 정신』에서 버크 정치철학의 본질을 '처방전의 정치(The Politics of Prescription)'로 정의 내리고 있다. 버크는 『프랑스혁명 성찰』에서 "커다란 불만거리가 있을 때는 구체적인 치료책을 찾아야 한다"고 하면서 프랑스혁명에 대한 분석을 대단히 구체적으로 진행한다. 그는 첫째, 입법부 구성에 대해 둘째, 행정부에 대해 셋째, 사법부에 대해 넷째, 군대 형태에 대해 다섯째, 재정체계와 재정 문제 등으로 나누어 프랑스혁명의 문제점을 분석하였다. 특히 모든 상황에 대해 구체적 분석과 구체적 처방전이 필요하다는 원칙에 따라 프랑스혁명을 비판하고 있다. 그는 "중대한 일을 담당한 사람들은 정상적인 방식으로 책임을 맡은 경우에도, 그의 능력을 우리가 추정할 수 있도록 근거를 제공해야 합니다. 더구나 국가의 의사로서 질병치료에 만족하지 않고 입헌정치 전체의 재생을 꾀하는 자들은 비범한 능력을 보여주어야 합니다. 어떠한 관례에도 호소하지 않고 어떤 모델도 모방하지 않는 자들의 계획에는 무언가 매우 뛰어난 지혜의 모습이 저절로 나타나야 합니다"라고 하면서 프랑스혁명이 이 같은 원리에서 크게 벗어나 있음을 지적하고 있다. 버크는 특히 변화와 개혁에 대해 의사의 처방전에 비유하면서 구체적 정확성이 없을 경우에 큰 후유증이 발생할 것임을 경고하였던 것이다.

버크의 『프랑스혁명 성찰』을 분석해보면 그의 정치사상의 핵심은 신의 섭리(Providence), 책임 있는 변화(Prudent Change), 처방전

(Prescription) 즉 3P 이론이라 칭할 수 있다고 생각된다.

이러한 에드먼드 버크의 정치사상을 기본적으로 승계한 영국과 미국의 자유민주주의 근대국가 문명과 1789년 프랑스혁명 이후에 나폴레옹 제정과 전쟁 등의 우여곡절을 겪은 프랑스 근대국가의 운명은 이후 세계 근현대사 과정을 통해 구체적으로 보여주었다고 할 수 있다.

특히 로베스 피에르가 주도한 피의 숙청 등 1789년 프랑스혁명 과정에서 나타난 좌파 급진주의는 프랑스역사와 세계 근현대사에 많은 후유증을 남기게 된다. 좌파 급진주의는 19세기에 들어서서 자본주의의 성장과 노동자 계층의 확대를 배경으로 1848년 마르크스가 주도한 공산당 선언을 통해 사회주의 사상, 이론으로 발전하게 된다.

필자의 분석으로는 북한의 노동당이 마르크스 레닌주의, 스탈린주의를 계승한 사회주의 좌파라면 한국의 얼치기 친중 친북 좌파 세력은 사회주의 사상과 이론에 기초하였다기보다는 1789년 프랑스혁명 과정에서 나타났던 로베스 피에르 등 감정적, 급진주의적 개혁을 내세운 포퓰리스트적 얼치기 좌파 세력에 가깝다고 생각된다. 반면에 한국의 우파는 자신들이 그 뿌리로 삼아야 할 자유민주주의 근대국가 문명에 대한 이해가 근본적으로 취약하다고 할 수 있다.

한국의 우파는 자유민주주의 근대국가 문명의 설계사 역할을 했던 존 로크, 애덤 스미스의 정치사상, 이론과 실천적 차원의 자유민주주의 정치사상가를 대표하는 에드먼드 버크, 토마스 제퍼슨 등에 대한 이해가 대단히 부족한 상태이다. 2018년 이후 새로운 차원의 남북한 간의 체제 경쟁이 진행되는 조건에서 한국의 좌파와 우파의 현실태를 보면 한반도의 미래에 대해 깊이 우려하지 않을 수 없다.

모든 일이 그러하듯이 늦었다고 생각할 때에 빠른 새로운 시작을 할 수 있는 것처럼 한국의 미래, 한반도의 미래를 위해서는 보다 많은 사람들이 자유민주주의 근대국가 문명에 대한 이해, 자유민주주의 정치사상과 이론에 대한 이해가 더 깊어져야 할 것이다. 21세기는 미중 신냉전시대와 제4차 산업혁명이 진행되고 있는 세계사적 전환기이다. 자유민주주의 근대국가 문명에 대한 깊은 성찰을 통해 동양과 서양의 정신문명과 상호간의 장점을 융합할 수 있는 새로운 고민과 도전이 필요한 시기라고 생각된다.

에드먼드 버크의 지혜와 미덕과 함께하는 자유

자유민주주의 근대국가 문명은 인간에 대한 두 가지 인식을 기본 축으로 만들어진 것이다. 첫째는 인간의 자유에 대한 존중이고 둘째는 인간의 불완전성에 대한 이해이다.

버크는 『프랑스혁명 성찰』에서 "세상은 전체로 보아 자유에서 이익을 얻을 것이며, 자유 없이는 덕성이 존재할 수 없다"라면서 영국 명예혁명의 기본 정신인 자유권, 생명권, 재산권에 대한 철저한 옹호를 한 바 있다. 다른 한편 그는 '도덕적이며 절도 있는 자유'의 중요성을 주장하면서 "프랑스혁명 민중 지도자들이 보인 무능력의 결과는 자유라는 모든 것을 속죄시키는 이름으로 덮힐 것입니다. 내 눈에는 몇몇 사람들의 경우에만 커다란 자유를 누리고 대부분은 아닐지라도 많은 사람이 억압적이며 굴욕적인 예속을 겪고 있는 게 보입니다"라고 프랑스혁명 과정을 비판하면서 "지혜가 없고 미덕이 없는 자유는 무엇입니까? 그것은 있을 수 있는 모든 해악 중 가장 큰 것입니다. 왜냐하면 그것은 감독이나 규제가 없는 채로 어리석음, 죄악, 광기이기 때문입니다"라고 하였다. 나아가 그는 "자유로운 정부를 만드는 작업은 즉 자유와 억제라는 이 반대요소를 조정하여 하나의 일관된 작품 속에 가두는 일은 많은 사려와 깊은 성찰, 지혜롭고 강력하며 결합하는 정신을 필요로 합니다"라고 주장하였다.

자유민주주의 근대국가 문명의 설계사이자 자본주의 시장경제의 원리를 만든 애덤 스미스는 『국부론』에서 인간의 자유에 기초한 이기심이 시장경제의 '보이지 않는 손'으로 작동되어 자본주의 경제발전을 이끈다고 주장한 바 있다. 그런데 많은 사람들이 애덤 스미스를 경제학자로만 이해하고 있는 것은 큰 잘못이다. 애덤 스미스는 그 자신이 죽기 전 묘비명을 『도덕 감정론』의 저자 여기 잠들다'로 써놓았을 만큼 스스로 대표 저작을 경제학의 '국부론'이 아닌 철학 사상서인 '도덕 감정론'으로 생각하였다. 본질적으로 『국부론』은 그의 인간과 세계에 대한 기본 인식이 담긴 『도덕 감정론』에 기초해서 쓰여진 것이다. 그는 이 책에서 인간은 기본적으로 이기심이 주요하게 작용하지만 또 다른 측면에서 '마음속 공정한 관찰자'가 작용하여 지혜와 덕을 추구하게 만든다고 설파하였다. 그리고 '마음속 공정한 관찰자'는 '신이 우리 내면에 세워놓은 대리인'이라고 표현하고 있다. 이 같은 이해를 통해 애덤 스미스는 자유민주주의 근대국가 문명을 설계할 수 있었던 것이다.

한국에서 애덤 스미스의 『도덕 감정론』을 번역하기도 했던 '공동체 자유주의자' 박세일은 "자유가 발전의 원리지만 지나치게 이기적이고 물질적인 자유로만 흐르면 공동체가 약화된다. 그러면 자유가 지속 가능하지 않게 되고 인간도 행복해질 수 없다. 그래서 공동체를 소중히 하는 자유주의, 즉 공동체 자유주의를 해야 한다. 서양적 자유주의를 기반으로 하면서 동양적인 공동체주의가 같이 가야 한다고 생각한다. 인간은 본래가 개체이면서 관계적 개체이고 공동체적인 존재이기 때문이다"라고 주장한 바 있다. 자유란 무엇인가? 지혜와 미덕과 함께하는 자유, 공동체를 고려하는 자유주의 등은 서양과 동양에서 끊임없이 고민되고 발전되어 왔다고 할 수 있다.

동양에서 자유는 대부분 인간 존재에 대한 깨달음과 연관해서 이해해 왔다고 할 수 있다. 깨달음은 본질적으로 정신적 장애물이 없는 상태 즉 무애(無碍)와 연관된다고 할 수 있는데, 불교에서는 무아(無我), 도교에서는 무기(無己), 유교에서는 극기복례(克己復禮)를 실현하는 것으로 이해하였고, 이를 실현하면 불교에서는 각자(覺者; 깨달은 사람), 도교에서는 도인(道人), 유교에서는 군자(君子)로 표현해왔다.

본질적으로 세 가지 표현은 현대의 자유인(自由人)과 거의 일치한다고 할 수 있다. 상대적으로 인간관계(군신관계, 부자관계, 부부관계, 사제관계 등)를 중시하는 유교에서는 그런 관계 속에서 극기(克己)의 문제를 다루었다면 불교, 도교는 인간 정신세계의 문제점을 극복하는 데 초점을 맞춘 것이라 할 수 있다.

21세기 동서회통과 융합의 시대에는 17세기 이래로 서양이 주도하여 발전시킨 자유민주주의 근대국가 문명에 기초한 자유에 관한 철학 사상에 대한 이해를 깊이 하고 이에 더하여 동양 사상 특히 인간 존재에 대한 깊은 사유 속에서 나온 무애(無碍)사상을 융합, 발전시켜야 한다고 생각된다. 인간이 고립된 존재가 아니라 사회와 국가 속에서 존재하고 생활하는 가운데 자유를 어떻게 이해하고 실현할 것인가? 서양의 근대국가 문명과 동양의 공동체 존중의 정신 등을 어떻게 조화롭게 이해하고 상호 포용할 것인가가 중요할 것이다.

필자는 자유의 본질과 관련해서는 사무애(四無礙, 네 가지 걸림돌이 없는 상태)를 실현하는 것이 인간이 자유로운 상태에 이르는 것이라고 생각한다. 사무애란 육체적, 정신적으로 장애물이 없고, 경제적, 정치적으로도 장애물이 없는 상태라고 할 수 있다. 육체적으로 건강하지 못한 상태에서 인간은 자유롭다고 할 수 없을 것이다. 정신적으로는 어떤 거리낌도 없는 상태가 되어야 자유롭다고 할 수 있을 것이다. 자본주의 사회에서 최소한의 경제적 부를 통해 먹고 사는 문제가 해결되지 못한다면 그것 역시 자유롭다고 할 수 없다. 정치적으로는 잘못된 독재권력 하에 살거나 전쟁상태에 놓이게 되면 자유롭게 살수 없게 된다. 따라서 육체적, 정신적, 경제적, 정치적으로 사무애가 실현되어야 비로소 완전한 자유인이 되었다고 할 수 있다. 그리고 무애(無礙)의 실현과 관련해서 『천부경』은 천지인 조화의 원리에 대한 이해를 중시하고 『화엄경』은 탐진치(貪; 탐욕 瞋; 화냄 痴; 어리석음)를 극복하는 것이 중요함을 가르치고 있다. 그런데 현실세계에서는 인간이 본질적으로 불완전하고, 그 인간들이 만든 국가 역시 불완전한 경우가 많고 그 연장으로 국가 간의 문제에 따른 전쟁 가능성까지 항상 존재하는 조건에서 완전한 자유인이 되는 것은 불가능하다고 할 수 있다. 중요한 것은 자유인으로 살기 위해 끊임없이 사무애를 실현하기 위해서 노력하는 것이 가치 있는 것임을 이해하고 실천하는 것이라고 할 수 있다.

한국의 좌파는 자유를 경시하거나 부정하는 경향이 있고, 우파는 자유에 대한 편향된 인식을 가지고 있는 경우가 많다. 좌파의 자유를 경시하거나 부정하는 경향은 자유민주주의 근대국가 문명에 대한 이해 부족, 사회주의 사상의 영향, 유교적 잔재의 영향에 따른 독립된 개인의 자유에 대한 부정적 인식 등이 복합적으로 작용하고 있다고 생각된다. 우파의 자유에 대한 편향된 인식은 자유민주주의를 자유민주주의 근대국가 문명에 대한 깊은 이해에서 출발한 것이 아니라 반공주의, 반북주의와 연계해서 자유민주주의를 이해하는 문제와 시장경제에 대한 천박한 이해 속에서 자유방임적 자유와 책임과 함께 해야 하는 자유를 제대로 이해하지 못하는 문제 등이 복합적으로 작용하고 있다고 생각된다. 그리고 적지 않은 우파가 강조하는 실력주의(Meritocracy)도 한 인간의 실력은 그 사람의 가족, 국가, 주변 환경, 역사 등으로부터 영향을 받는 것이기 때문에 '겸허한(Modest) 실력주의'로 이해하는 것이 중요하다. 실력주의는 그 사람의 돈, 권력, 학벌 등을 고려하는 것이 아니고 오직 실력으로 경쟁하자는 측면에서는 긍정적이나 그 사람의 실력을 형성하는데 영향을 끼친 것들을 무시한다면 오직 힘의 논리만 작동하는 동물의 세계와 다를 바 없게 되는 것이다, 이 같은 문제들을 극복하기 위해서는 좌파, 우파 공히 자유민주주의 근대국가 문명에 대한 기본적 인식이 필요하고 나아가 동서양의 사상사 속에서 개인의 자유와 공동체에 대한 이해를 어떻게

해왔는가에 대해 동서회통의 정신과 진공묘유의 중도회통사상에 기
초하여 이해하는 노력이 필요하다고 생각된다.

한국의 우파적 근대화 모델과 이승만, 박정희, 삼성전자, BTS

　한국은 세계 2차대전 종전과 일본제국주의 패망에 따라 식민지
로부터 해방되었으나 세계 2차대전 종전과 함께 시작된 미국과 소
련 간의 냉전 체제에 따라 한반도 분단의 운명을 맞이하게 된다. 미
소 냉전 체제의 영향으로 북한은 소련 사회주의의 지원을 받는 사회
주의 국가로 한국은 미국 자유민주주의의 지원을 받는 자유민주주의
국가로 형성되었다. 이 같은 한반도 역사의 특수성은 기본적으로 한
국의 근대국가 문명으로의 전환 과정에서 이념적, 정치적, 경제적으
로 지대한 영향을 끼치게 된다.
　한국은 영국의 1688년 명예혁명, 1776년 미국의 독립혁명, 1789년
프랑스혁명, 1868년 일본의 명치유신, 1917년 러시아혁명과 같은 자
체적인 동력의 발전에 의한 근대국가로의 전환에 실패하고 일본의
식민지로 36년의 세월을 보냈다. 그러나 한국이 자주적 근대화를 이
루지 못하고 일제의 식민지가 된 원인을 조선시대 말, 구한말에 국한
해서 보는 것은 말 그대로 단견에 불과하다. 한국이 자주적 근대화에
실패한 근본 원인은 이미 17세기부터 시작되었다고 생각한다. 서양
에서는 15세기 16세기부터 이미 르네상스운동, 종교개혁운동, 해양
개척시대, 주식회사 제도의 도입 등을 거쳐 1688년 영국의 명예혁명

을 출발점으로 자유민주주의 근대국가 문명으로의 대전환 과정을 거치고 있었다. 이 과정에서 앞에서 살펴본 것처럼 존 로크, 애덤 스미스와 같은 탁월한 사상 이론가와 에드먼드 버크, 토마스 제퍼슨 같은 뛰어난 실천적 정치 사상가들이 중요한 역할을 했었다. 가까운 일본에서도 이미 17세기 초부터 네덜란드 등을 통해 이 같은 유럽의 변화와 소통하고 있었다. 그러나 동시대 조선은 동북아 정세의 변화도 제대로 모른 채 1636년 병자호란의 굴욕을 당했고 그 이후에도 사변적인 유교 논쟁, 당파 투쟁, 권력투쟁의 수렁에 빠져서 망국의 길을 걷고 있었다. 이 과정에서 민중들의 고통이 심해져 변혁을 모색하면서 1894년 동학 농민혁명까지 일어났으나 모든 면에서 역부족이었다.

식민지 시대 독립운동 과정에서 이 같은 역사적 과오에 대해 성찰하면서 세계사의 변화를 배우고 한국에도 자유민주주의 근대국가 문명을 세우려고 했던 대표적 지도자가 한국의 건국대통령 이승만이었다. 이에 따라 이승만은 건국헌법 제정, 한미동맹 구축, 농지개혁, 교육개혁 등을 통해 한국의 우파적 근대화 모델의 기초를 만들게 된다. 그런데 1950년대를 전후로 한 한국 국민들의 의식수준은 자유민주주의 근대국가 문명을 이해하고 실행하기에는 여러모로 부족한 상태였다. 이에 더하여 북한의 사회주의 혁명을 배경으로 급진적 평등을 앞세운 사회주의가 급속도로 확산되었다.

또한 이승만 개인의 과도한 반일감정은 미국의 동아시아 전략과 충돌을 초래하게 된다. 이러한 과정 속에서 한국에서 자유민주주의 근대국가 문명으로의 발전은 제한적 수준에서 진행되었다고 할 수 있다. 6·25전쟁을 거치면서 투쟁을 통해 자유민주주의 중요성을 이해하는 폭이 확대되기도 하였으나 자유민주주의 근대국가 문명을 내면화 하는 데는 한계가 있었다. 결과적으로 미국으로부터 이식되는 근대화 수준에서 진행되면서 한국 근대화의 한계를 지속시키게 된다.

결국 이승만 주도의 한국 근대화의 추진은 이승만 정부의 권위주의적 독재 행태와 부정선거에 분노한 4·19혁명에 의해 마감되고, 60년대 70년대 박정희 주도의 산업화 혁명시대로 전환하게 된다. 박정희의 강력한 추진력과 정주영, 이건희 등의 뛰어난 기업인들의 합작으로 만들어 낸 한강의 기적은 1986~1988년 3저 호황, 김대중 정부 IT산업 부흥기 등을 거쳐 2019년 세계 경제 7대 강국으로 평가되는 30~50클럽에 가입하게 만든다. 1인당 국민소득 3만 달러 이상, 인구 5000만 명 이상의 조건을 만족하는 국가를 가리키는 30~50클럽은 현재 일본(1992), 미국(1996), 영국(2004), 독일(2004), 프랑스(2004), 이탈리아(2005), 한국(2019) 등 7개국에 불과하다. 이 7개국 중 한국은 유일한 식민지 국가 출신이다. 17세기 이후 진행된 자유민주주의 근대국가 문명이 형성되고 발전하는 과정에서 눈에 보이지도 않았던 후진국이었고 한국 전쟁이라는 참화까지 겪었던 한국이 불과 70여년 만에 세계 7대 경제 강국이라는 기적을 만들어 낸 것이다. 세계 경제사에 기록될 만한 놀라운 경제 성취를 이루어낸 과정에서 가장 큰 공로자는 한국 산업화 혁명의 지도자 박정희였다고 할 수 있다.

그러나 한국의 탁월한 경제발전은 자유민주주의 근대국가 문명이라는 측면과 동시적으로 발전되지는 못했다. 특히 군사독재와 맞물린 권위주의적 정치행태와 사회문화는 경제성장 과정에서도 개인의 자유에 대한 존중, 견제와 균형 등 자유민주주의 원리를 발전시키지 못했다. 한국은 산업화 혁명을 성공시키면서도 여전히 자유민주주의 근대국가 문명을 이식하는 것과 같은 한계를 극복하지 못하였던 것이다. 여기에 더 부정적 문화를 만들어 낸 것은 조선시대 500년을 지배했던 유교의 영향에 따른 봉건적, 가부장적, 권위적, 패거리 문화적 요소가 작용하였다. 이에 따라 한국의 자유민주주의를 건국했던 세대, 산업화 혁명의 주역이었던 세대는 그 역사적 공로를 제대로 평가받지 못한 채 권위적인 꼰대 세대 이미지를 지니게 되었다.

한편, 이 과정에서 삼성전자는 2021년 기준으로 시가 총액이 도요타, 혼다, 닛산 일본 3대 자동차회사 총액보다 많고, 소니, 파나소닉, 히타치, 도시바, 샤프 일본 5대 전자회사 총액보다 2배 이상 많을 정도로 아시아를 대표하는 회사가 되었고, BTS는 압도적으로 아시아 대중음악과 문화산업을 대표하면서 세계 대중문화 시장을 휘젓는 수준으로 활약하고 있다. 삼성전자와 BTS는 한국의 우파적 근대화가 생산해 낸 최고의 작품이라고 할 수 있을 것이다. 이러한 흐름은 한국의 20~30대 젊은 세대의 의식변화에 큰 영향을 끼치고 있다. 이들은 한국이 더 이상 세계의 변방이라고 생각하지도 않고, 개인의 자유의 중요성에 대한 인식, 견제와 균형의 원리가 중요하다는 인식 등과 관련해서도 40대 이후 세대와 현격한 차이를 보일 정도로 크게 변화하고 있다.

따라서 한국의 자유민주주의 근대국가 문명에 대한 인식수준을 높이고, 우파적 근대화 모델을 발전시키기 위해서는 40대 이후 세대에서 한국 근대화 과정에 대한 성찰, 자유민주주의 근대국가 문명에 대한 이해를 높이는 노력과 함께 20~30대의 개인의 자유, 견제와 균형의 원리, 겸손한 실력주의 등을 높은 수준에서 실현시킬 수 있게 만드는 정치, 경제, 사회, 교육, 문화 등 다양한 영역에서 구체적 개혁이 필요할 것이다. 그 출발점은 의식개혁이다. 버크 사상의 핵심인 '인간과 국가를 신의 자선에 의한 창조물'로 보는 시각에 기초해서 한국 우파의 근대화 과정을 성찰해보면 이승만은 자유민주주의 근대국가를 세웠지만 그 자신은 계몽 군주적인 권위주의적 정치행태 문제를 안고 있었다. 박정희는 산업화 혁명의 지도자였지만 군사 독재적 권위주의 문제를 지속시켰다. 건국 세대, 산업화 세대는 식민지와 전쟁을 경험하면서 나라 잃은 서러움, 먹고 사는 문제를 해결해야겠다는 절박한 심정을 기초로 국가에 대한 애정과 책임감을 키워왔다고 할 수 있다. 건국 세대, 산업화 세대가 20대 30대와 소통하기 위해서는 자신들이 국가에 대한 깊은 애정과 책임감에 기초하여 자유민주주의 국가를 세우고 산업화 혁명을 이루어냈지만 권위주의 등의 문제가 있었다는 것을 겸허하게 인정하는 것이다.

그리고 삼성전자와 BTS로 상징되는 20~30대는 개인의 자유의 중요성 등 자유민주주의 근대국가 문명을 생활 속에서 깊이 수용해왔지만 다른 한편으로 신의 자선에 의한 또 다른 창조물인 국가에 대한 애정과 책임성의 문제를 더 고민해야 할 필요성에 대해 인정하는 것이다. 인간과 국가에 대한 인식에서 중도회통사상적 관점에서 서로의 장점과 단점을 이해하고 소통하는 것이 한국 우파의 근대화 모델을 한 단계 더 발전시키는 기초가 될 것이다.

SECTION 2
레닌의 '국가와 혁명'과 한국의 진보좌파

프랑스혁명의 후예들과 레닌의 '국가와 혁명'의 후예들

　남북한 체제 경쟁을 역사적으로 성찰하려면 남북한 체제의 뿌리에 대한 정확한 인식이 필요하다. 1945년 해방과 함께 시작된 미소 냉전 체제는 남북의 분단을 야기하였다. 이에 따라 한국은 1688년 영국의 명예혁명, 1776년 미국의 독립혁명으로부터 시작된 자유민주주의 근대국가 문명을 수용하면서 근대화를 추진하였다. 반면에 북한은 1917년 러시아혁명으로부터 시작된 사회주의적 근대화 전략을 추진하였다. 1917년 러시아혁명은 세계 근대화 과정에서 1차 급진주의 모델이었던 1789년 프랑스혁명의 실패 이후 1848년 공산당선언에서 마르크스가 정식화시킨 세계 근대화의 2차 급진주의 모델인 사회주의를 뿌리로 하고 있다. 레닌의 '국가와 혁명'은 마르크스가 정식화시킨 소위 과학적 사회주의를 러시아적 조건에서 어떻게 현실화 시킬 것인가에 관한 전략을 서술하고 있다.

　레닌의 『국가와 혁명』은 1917년 10월 러시아혁명의 전야에 쓰여진 것으로 부제는 '마르크스주의 국가론과 혁명에 있어 프롤레타리아의 임무'이다. 역사적으로 평가해볼 때 버크의 『프랑스혁명 성찰』이 급진적 혁명이 발생시키고 있는 다양한 문제를 지적하고 국가의 중요성에 대해 주장한 것이라면, 레닌의 『국가와 혁명』은 정반대로 근대 자본주의 국가의 구조적 문제를 비판하면서 혁명의 불가피성과 필요성을 주장하고 있다. 버크의 『프랑스혁명 성찰』이 자유민주주의 근대국가 문명의 관점에서 개인, 국가, 혁명에 대한 견해를 밝힌 것이라면 레닌의 『국가와 혁명』은 정반대의 관점인 사회주의 혁명에 의한 근대화 전략이라는 관점에서 개인, 국가, 혁명에 대한 견해를 밝힌 것이다.

레닌은 『국가와 혁명』 서문에서 '제국주의 전쟁은 독점자본주의에서 국가 독점자본주의로 나아가는 이행 과정을 극도로 가속화시키고 강화시켰다. 거대한 자본주의 기업들과 밀접하게 결탁하고 있는 국가는 노동 인민에 대해 점점 더 포악한 탄압을 가하고 있다. 이제 국제 프롤레타리아 혁명의 기운은 명백하게 무르익고 있다. 여기서 국가와 혁명의 관계라는 문제가 실천적인 중요성을 띠고 전면에 부상하고 있다. 부르주아적 일반의 영향, 특히 제국주의 부르주아의 지배를 벗어나려는 인민의 투쟁은 '국가'에 관한 기회주의적 편견과 투쟁해야만 승리를 쟁취할 수 있다. 프롤레타리아 사회주의 혁명과 국가의 관계라는 문제는 정치적 실천이라는 측면에서 중요성뿐만 아니라 이 시대의 가장 급박한 당면 문제, 즉 인민 대중들에게 자본주의 폭정으로부터 해방되기 위해서는 그들이 무엇을 해야 할 것인가를 설명해주는 아주 중요한 문제이다'라고 밝히고 있다.

레닌의 국가와 혁명은 세계 역사상 1차 급진주의 모델이었던 프랑스혁명의 본질과 한계를 평가하면서 사회주의 혁명과 새로운 국가 건설의 필요성을 제기하고 있다. 레닌은 1789년 프랑스혁명을 봉건제를 전복하고 전형적인 부르주아적 국가를 완성한 것으로 보았다. 그리고 프랑스혁명은 '의회 권력의 발전을 살펴볼 수 있고, 다른 한편으로 변화하지 않는 부르주아적 사회에 기초하여 관리직이라는 전리품을 분배하고 재분배했던 다양한 브루주아 정당과 쁘띠 부르주아적 정당 사이에 있어서 권력을 향한 투쟁을 발견하게 된다'고 평가하였다. 레닌은 1789년 프랑스혁명을 부르주아적 국가의 완성과 그 과정에서 부르주아 내의 권력투쟁 측면에서 분석했던 것이다. 버크가 『프랑스혁명 성찰』에서 프랑스 혁명의 급진성이 야기하고 있는 문제점과 그 후유증에 대해 분석한 것과는 다른 관점의 분석이다. 레닌은 사회주의 혁명과 새로운 프롤레타리아 국가 건설이라는 관점에서 분석하였고, 버크는 자유민주주의 근대국가 문명의 철학적 관점에서 분석한 것이다.

그런데 레닌이 프랑스혁명 분석에서 부르주아적 정당과 쁘띠 브루조아 정당 사이의 권력투쟁에 대해 버크는 다른 시각에서 비판하였다. 버크는 프랑스혁명 주도세력에 대해 '순수 민주정으로 가장하고 있으나 내 생각에는 해롭고 저열한 과두제'이고 '당파적 폭정'을 실행하고 있을 뿐이라고 주장하였다.

이 같은 지적을 남북한 간의 체제 경쟁과 한국의 상황과 연관해서 본다면, 한국의 얼치기 좌파는 프랑스혁명 주도세력과 유사성이 많다고 생각된다. 외형적으로는 반외세와 민주주의와 개혁을 내세우고 있지만 실제로는 자신들 당파의 이익을 위한 패거리 정치를 하고 있을 뿐이라는 점에서 그렇다. 근본적으로는 자유민주주의 근대국가 문명에 대한 이해의 빈곤에서도 일치한다. 또한 그들은 레닌의『국가와 혁명』을 따르는 사회주의자들이라고 할 수도 없다. 가끔 사회주의 비슷한 주장을 하기도 하지만 본질적으로는 이미 기득권 세력화되어 출세주의, 기회주의, 위선과 결합된 이익집단 성격이 강할 뿐이다.

그런면에서 한국의 얼치기 좌파는 프랑스혁명 주도세력의 후예들이라 할 수 있을 것이다. 반면에 북한의 노동당은 자유민주주의 근대국가 문명을 근본적으로 부정하고 사회주의 혁명을 통한 프롤레타리아 독재를 목표로 하는 레닌의『국가와 혁명』의 후예들이라 할 수 있을 것이다.

남북한 체제 경쟁의 과거와 현재, 북한의 현실과 한국의 현실에 대한 객관적이고 정확한 이해는 한반도의 올바른 미래를 위한 기초이다. 레닌의『국가와 혁명』은 세계사적 차원에서 보면 존 로크, 애덤 스미스, 토마스 제퍼슨, 에드먼드 버크 등이 주도하여 만든 자유민주주의 근대국가 문명에 대한 안티테제로 사회주의적 근대화의 길을 제시한 것이다. 그리고 레닌의『국가와 혁명』은 북한 체제의 성립 과정에서 핵심적인 사상, 이론으로 영향을 끼쳤으며, 한국의 좌파들에게도 다양한 차원에서 폭넓게 영향을 주었다고 할 수 있다. 따라서 마르크스와 레닌의 개인, 국가 혁명에 대한 철학 사상적 이해는 남북한 체제 경쟁의 역사를 성찰하는 과정에서 중요한 지적 무기가 될 것이다.

마르크스, 레닌과 좌파적 근대화

　마르크스는 서양철학 사상의 3대 핵심 기둥을 근본적으로 부정하면서 등장하였다. 서양철학 사상의 3대 핵심 기둥은 첫째, 플라톤, 아리스토텔레스로부터 시작되는 이데아로 상징되는 정신세계와 현실의 해석을 기본적으로 관념론 중심으로 보는 철학이고 둘째, 기독교 사상이며 셋째, 세계사의 근대로의 전환 과정에서 이 두 가지 사상을 실천적 관점에서 해석하여 자유민주주의 근대국가 문명을 설계한 존 로크, 애덤 스미스, 토마스 제퍼슨, 에드먼드 버크 등의 철학 사상이다.

　이에 대해 마르크스는 플라톤 등의 관념론은 지배계급의 통치 이데올로기로, 종교는 인민의 아편으로 비판하였고, 자유민주주의 근대국가 문명은 부르주아 계급의 사상을 대변하는 것으로 비판하면서 사회주의 혁명과 공산주의 사회 건설을 주장하였다. 철학사적으로는 존 로크, 애덤 스미스, 토마스 제퍼슨, 에드먼드 버크 등이 영국의 경험론 철학을 계승하면서 실천적 관점에서 자유민주주의 근대국가 문명의 기초가 되는 철학 사상을 정립해 가던 시기에 독일의 칸트는 영국의 경험론과 대륙의 합리론 등 서양철학 사상을 종합적으로 재정리하여 순수이성비판(진리의 세계), 실천이성비판(선의 구현), 판단력비판(미학)이라는 대작을 완성하였다. 상대적으로 학자적 관점에서 총괄적인 이론적 정리 작업을 하였다고 할 수 있을 것이다. 이를 계승하고 변화시켜 좀 더 정교하고 치밀하게 '정신 현상학' 등을 통해 이론적 정리를 한 사람이 헤겔이다. 마르크스는 소위 헤겔 좌파의 관점에서 헤겔 철학의 변증법을 수용하고 이를 유물론과 결합시켜 변증법적 유물론, 역사적 유물론을 정리하고 이에 기초한 사회주의, 공산주의 이론을 정립하여 1848년 '공산당 선언'을 발표한다.

마르크스는 인류 역사를 계급투쟁의 역사로 해석하고 '국가란 한 계급이 여타 계급을 통치하고 지배하기 위한 기관이며, 그와 동시에 계급 사이의 갈등을 조절함으로써 이러한 억압을 정당화하고 영속화하는 기관으로서 이른바 질서의 창출자'라고 보고서 프롤레타리아는 계급투쟁, 혁명을 통해 부르주아 국가를 폐지하고 프롤레타리아 독재를 실행할 것을 주장하였다. 그리고 마르크스주의는 '부르주아 국가는 소멸되는 것이 아니라 혁명 과정에서 프롤레타리아에 의해서 폐지되는 것이다. 혁명 후에 소멸되는 것은 프롤레타리아 국가 또는 준국가이다'라고 한다.

레닌은 나아가 '혁명은 국가 권력에 대항하여 모든 혁명적 파괴력을 집중하게 되고 혁명의 목적을 국가 기구의 개선에 두는 것이 아니라 그것을 타도하고 파괴하는데 두게 된다'라고 주장한다. 그리고 '제국주의 즉 금융자본의 시대이며 거대 독점자본의 시대이고 독점자본의 국가 독점자본으로의 발전 시대는 명백하게 국가 기구의 특이한 확장을 보여주고 있으며 절대 왕정 국가에서나 가장 자유로운 공화제 국가에 있어서나 간에 프롤레타리아를 억압할 수단의 확장과 연관하여 전무후무한 관료기구와 군사 기구의 확대를 보여주고 있다'고 하면서 제국주의 단계의 국가 특성에 대한 인식으로 확대해 나간다. 레닌은 국가에 대해 결론적으로 '국가론의 본질은 프롤레타리아 계급에 의한 독재가 모든 계급사회 일반을 위해서나 부르주아를 타도한 프롤레타리아만을 위해서 뿐만 아니라 자본주의와 무계급 사회 즉 공산주의를 분리시키는 완전한 역사적 시기를 위해서도 필요하다는 사실을 인식하고 이해하는 사람들에 의해서만 완성되는 것이다.

부르주아적 국가는 아주 다양한 형태를 지니고 있지만 그들의 본질은 동일하다. 즉 모든 부르주아적 국가는 그들의 형태가 아무리 다양하더라도 끝까지 그 본질을 분석해보면 부르주아적 독재라는 동일한 본질이 드러난다. 자본주의에서 공산주의로의 이행은 풍부하고 아주 다양한 정치적 형태들을 창출하는 것과 밀접하게 관련되어 있지만 그 본질은 필연적으로 동일하게 될 것이다. 즉 프롤레타리아 독재이다'라고 밝히고 있다.

이러한 마르크스 레닌주의의 국가관은 에드먼드 버크의 '인간과 국가는 신의 자선에 의한 창조물'이라는 국가관과 정면으로 충돌하게 된다. 이에 따라 마르크스레닌주의는 국가를 부정하는 프롤레타리아 혁명을 통한 프롤레타리아 독재를 추구하게 되며 필연적으로 자유민주주의 근대국가 문명과 정면으로 대립, 충돌하게 되는 것이다. 그리고 자유민주주의 근대국가 문명의 뿌리와 관련된 인간의 자유에 대해서도 '국가가 존재하는 한 자유는 없으며 자유가 향유되는 곳에 국가는 존재하지 않는다'라고 주장한다.

이 같은 마르크스 레닌주의에 입각한 인간, 국가, 혁명에 대한 이해는 1917년 러시아혁명으로 세계에서 현실화된다. 마르크스가『공산당 선언』에서 '인류역사를 계급투쟁의 역사'라고 규정하고『자본론』에서 노동가치설, 잉여가치설을 통해 자본가의 노동자에 대한 착취 구조를 비판하였는데, 실제 현실 속에서 최초의 사회주의 혁명은 자본주의적 성장과 자본가 대 노동자의 대립구도가 상대적으로 부족했던 러시아에서 발생하였던 것이다. 그리고 러시아혁명은 이후 유럽의 좌파운동과 아시아, 아프리카, 라틴아메리카 민족 해방운동에 지대한 영향을 끼치게 된다. 가히 20세기 이후 세계 절반의 인구에게 심대한 영향을 주었다. 세계 2차대전 이후에는 동유럽 국가들이 사회주의권으로 편입되었고, 중국, 베트남, 북한을 비롯한 적지 않은 아시아, 아프리카, 라틴아메리카 국가들도 사회주의를 선택하게 된다. 결국 사회주의는 자유민주주의 근대국가 문명과 대립, 경쟁하는 또 하나의 근대화 모델 즉 좌파적 근대화 모델로 자리 잡게 된다.

그러나 좌파적 근대화 모델인 사회주의는 세계 2차대전 이후 형성된 미국과 소련 간의 냉전시대를 거치면서 본질적인 문제점과 한계를 드러내게 된다. 그것은 자유민주주의 근대국가 문명을 설계했던 존 로크, 애덤 스미스, 토마스 제퍼슨, 에드먼드 버크의 사상적 뿌리 역할을 했던 인간관, 국가관과 연관된다. 자유민주주의 근대국가 문명의 뿌리 역할을 한 사상은 첫째, 인간의 자유는 무엇보다 소중한 권리라는 것이고 둘째, 인간은 본질적으로 불완전하기에 견제와 균형의 원리, 법치주의 등을 강조하였다. 또한 인간이 만든 국가 역시 불완전 할 수 있기 때문에 저항권까지 인정했던 것이다. 그런데 사회주의는 본질적으로 개인의 자유에 대한 부정적 인식과 연관되어 전체주의 문제를 야기해서 자유, 창의성, 다양성을 억압하게 된다. 또한 견제와 균형의 원리를 무시한 공산당 일당 독재는 부패 문제 등을 낳게 된다. 이는 결국 심각한 경제침체로 연결되었고 80년대 말 90년대 초 소련, 동구 사회주의권 붕괴로 현실화된다.

이러한 세계사의 흐름 속에서 한국은 세계 2차대전 종전과 함께 온 해방 이후 미국의 지원을 받으면서 자유민주주의 근대국가 문명을 수용하게 된다. 반면에 북한은 소련 주도의 사회주의 즉 좌파적 근대화 전략을 선택하게 된다. 이에 따라 남북한은 70여 년 동안 우파적 근대화와 좌파적 근대화라는 두 개의 사상과 국가 모델을 놓고 경쟁해왔다고 할 수 있다. 또한 한국에서는 북한이 추진하는 좌파적 근대화 전략에 동조하는 좌파 세력이 적지 않게 한국 사회에 영향을 미쳐왔다고 평가된다. 특히 80년 광주민주화운동 이후 80년대 학생운동의 대중적 확산과 조직적 성장은 한국 사회 전체에 좌파적 영향력을 확대하게 된다.

그런데 한국 사회 좌파는 북한식 좌파적 근대화에 사상적, 전략적으로 일치하는 일부 종북 세력과 좌파 경향적 주장에 정치적 이해관계를 결합시킨 얼치기 친중 친북 좌파 세력으로 나누어진다고 할 수 있다. 우리 사회에서 종북좌파 세력은 소수에 불과하지만 얼치기 친중 친북 좌파 세력은 한국정치 전체의 헤게모니를 좌우할 정도로 성장하였다. 그 배경에는 80년대 학생운동 세력의 사회 주류화와 정치권 헤게모니 장악과 연관된다. 그런데 이들의 근본적 문제점은 자유민주주의 근대국가 문명에 대한 이해도 빈곤할 뿐만 아니라 레닌의 '국가와 혁명'의 이념 즉 사회주의적 사상과도 거리가 있는 이익추구집단, 정치 패거리 집단이라는 데 있다.

이 같은 한국 사회 현실은 특히 21세기에 중국의 부상에 따른 미중 신냉전시대가 심화되고 북한이 핵무장 국가가 되어 제2의 남북한 체제 경쟁이 본격화 되어가고 있는 국면에서 그 문제가 심각하다.

좌파적 근대화 모델과 민족 해방운동의 결합

　레닌은 그의 저서 『제국주의론』에서 '자본주의는 이제 한 줌밖에 안 되는 선진 국가들이 대다수 인민을 식민지로 억압하고 금융적으로 교살하는 세계 체제로까지 성장했다. 그리고 이러한 전리품은 완전 무장한 미국, 영국, 일본과 같은 두세 개의 강력한 약탈자의 손에 분배되고, 또한 그들은 현재 그들의 전리품 분배를 넘어서서 전 세계를 자신들이 벌이는 전쟁 속으로 휘몰아 가고 있다. 1914년에서 1918년까지의 전쟁은 전쟁에 참여한, 양 진영 모두가 제국주의적 병합을 획책하고 약탈을 일삼았던 약탈 전쟁이었으며, 그 전쟁은 식민지와 금융자본의 영향권에 대한 분할과 재분할을 목적으로 한, 세계 분할 전쟁'이었다고 분석하였다. 그리고 제국주의는 자본주의 역사적 발전에 있어 최고, 최후 단계로 자본주의의 기생성과 쇠퇴를 표현하고 있으며 제국주의는 프롤레타리아 사회혁명의 전야이며, 그것은 1917년 이후에 전 세계적 차원에서 확인되고 있다고 주장하였다.

　마르크스레닌주의에서 민족문제에 대해 이론적 차원에서 체계적으로 처음 정리한 사람은 스탈린이다. 스탈린은 1913년 『마르크스주의와 민족문제』에서 마르크스주의적 민족이론과 민족문제 해결에 대한 공산주의적 태도의 기초를 정리하였다. 그러나 마르크스, 레닌, 스탈린은 식민지 조건에서 생활하거나 투쟁하지 않았기 때문에 민족문제에 대한 사상, 이론적 입장과 내용은 제한적이었다. 마르크스는 심지어 영국의 인도에 대한 식민지정책의 결과 인도의 근대화에 기여했다는 소위 '식민지 근대화설'의 초기적 주장을 하기도 했었다. 마르크스레닌주의에서 식민지 문제, 민족 문제, 민족 해방운동에 대한 사상 이론적 정리 작업은 제3세계 아시아, 아프리카, 라틴아메리카 민족 해방운동 과정에서 진행되게 된다. 마르크스레닌주의 입장에서 민족문제를 체계적으로 정리한 대표적 인물은 모택동이다. 모택동은 1937년 반일제국주의 투쟁을 본격화하면서 그의 대표 저서『모순론, 실천론』을 통해 민족 문제의 본질과 민족 해방운동의 기본 전략전술을 밝히게 된다.

모택동은 이 책에서 자본주의 전체 과정을 관통하는 기본모순은 계급모순이지만 제국주의 단계의 식민지 반식민지 국가들이 직면하고 있는 것은 민족 모순이고 이것이 당면하여 집중해서 해결해야할 주요 모순이라고 정식화하면서 민족 해방투쟁의 전략과 전술을 정식화하였다. 여기에서 민족 모순의 해결과 관련된 민족 해방을 위한 통일전선전술도 나오게 되고 중국에서는 중국공산당과 장개석이 주도하는 국민당 간의 합작전술이 현실화 된다. 이러한 모택동의『모순론, 실천론』에 기초한 민족 해방투쟁 이론은 아시아, 아프리카, 라틴아메리카 제3세계 민족 해방운동에 지대한 영향을 끼치게 된다. 사회주의 혁명의 중심무대가 유럽의 성장된 자본주의 국가가 아니라 아시아, 아프리카, 라틴아메리카로 옮겨지게 된 것이다.

이 같은 변화는 자유민주주의 근대국가 문명에 대한 안티테제로 등장한 사회주의 혁명을 통한 좌파적 근대화 전략이 자유민주주의 근대국가 내부에서 성장하는 것에는 한계를 보인 것이라고 할 수 있다. 대신 제국주의적 수탈의 피해자가 되었던 아시아, 아프리카, 라틴아메리카의 식민지, 반식민지 저개발 국가들에서 좌파적 근대화 전략의 한 모델로 시도되는 양상으로 변화되었다고 할 수 있다. 1차 급진주의 근대화 모델이었던 1789년 프랑스혁명은 버크의 예견대로 실패하였는데, 1917년 러시아혁명으로 현실화된 사회주의 혁명을 통한 2차 급진주의 모델 역시 미국과 유럽 등 자유민주주의 근대국가 문명이 발달한 지역에서는 소수화되거나 사회민주주의 등으로 개량화 되었던 것이다. 그 근본적 이유는 그들의 인간관, 국가관, 혁명관의 문제에 따른 급진주의적 평등의 추진 등이 합리성이 부족했음을 드러낸 것이라고 할 수 있다.

그런데 제3세계 아시아, 아프리카, 라틴아메리카 지역에서 좌파적 근대화 전략은 소련의 세계 프롤레타리아혁명의 지원 등과 결합되면서 근대화의 대안 모델로 떠오르게 된 것이다. 특히 반제국주의 민족해방투쟁의 전략전술과 결합되면서 광범위하게 확산된다. 가장 중요한 무대는 아시아였다.

자유민주주의 근대국가 문명의 성장, 발전 과정에서 17세기 초부터 네덜란드 등을 통해 유럽의 근대국가 문명의 흐름을 수용해왔던 일본을 제외한 대부분의 아시아 국가들은 식민지, 반식민지로 전락하게 된다. 아시아의 대국 중국까지도 1895년 청일전쟁에서 패배한 이후 단계적으로 반식민지 국가로 몰락의 길을 걷게 된다. 한국 역시 1894년 동학 농민혁명의 실패를 분수령으로 차차 단계적으로 일본의 식민지로 전락해 나가게 된다.

한국의 1894년 동학 농민혁명은 1789년 프랑스혁명과 비교될 수 있을 것이다.

쇠퇴하고 부패한 봉건국가에 반대하면서 급진주의적으로 근대화

혁명을 추진했던 측면과 함께 혁명주체들의 사상적, 조직적 준비의 부족이라는 측면에서 그렇다. 반봉건과 함께 반외세를 내세웠던 동학 농민혁명은 결국 청나라 군대, 일본 군대까지 끌어들인 정부군에 의해 진압되고 실패하게 된다. 동학 농민혁명은 한국 근현대사에서 거의 유일하게 근대화 혁명운동으로 평가될 수 있을 만큼 수십만 명이 참여하여 무장투쟁까지 불사하였고, 수만 명의 사상자를 낼 정도로 강력한 대중적 혁명투쟁이었다. 그리고 혁명주체들은 비록 근대국가 문명에 대한 이해도가 부족하였고 혁명의 전략전술에 대한 준비도 부족하였으나 인내천(人乃天 ; 사람이 곧 하늘이다)을 중심으로 한 동학이념에 기초하는 등 봉건 체제를 넘어선 새로운 혁명에 대한 꿈을 가진 혁명운동이었다고 할 수 있을 것이다. 혁명의 명분이라는 측면에서도 당시 조선왕조는 민중들의 개혁요구를 수용하지 못했을 뿐만 아니라 외국군에 진압을 요청할 정도로 최소한 국가로서의 자격을 상실하고 있었다. 이러한 상황은 자유민주주의 근대국가 문명에서 인정하고 있는 저항권의 조건을 넘어선 상태였다고 할 수 있다.

또한 동학 농민혁명은 자유민주주의 근대국가 문명에 대한 이해도는 부족하였지만 근대국가 문명의 가장 중요한 뿌리와 관련된 인간개인에 대한 존중과 연관된 인내천사상을 내세우는 등 근대화혁명의 요소를 가지고 있었다고 할 수 있다.

동학 농민혁명은 결국 근대국가 문명에 대한 사상적, 조직적 준비 부족으로 실패하였으나 이후 한국에서 민족 해방운동 흐름으로 발전하게 된다. 구체적으로는 동학 농민혁명 흐름의 일부는 동학접주 출신 김구와 같이 우파적 근대화를 추진하였고, 다른 흐름은 항일무장

투쟁으로 연결되면서 좌파적 근대화와 결합되게 된다.

중국, 베트남 등 다른 아시아 국가들 그리고 아프리카, 라틴아메리카의 많은 국가들에서는 반식민지적, 식민지적 상황을 극복하기 위한 민족 해방투쟁을 전개하는 과정에서 마르크스레닌주의가 제시했던 좌파적 근대화 전략을 적지 않은 정치세력들이 수용하게 된다.

그 중요한 이유는 자유민주주의 근대국가 문명을 주도했던 대부분의 국가들이 제국주의로 등장하여 식민지를 수탈하는 주역으로 등장하였기 때문에 이들과 맞서면서 근대화 혁명을 추진하는 과정에서 자유민주주의 근대국가 문명에 대한 안티테제로 등장한 사회주의 사상과 결합될 가능성은 높았다고 할 수 있다.

소련, 동구 사회주의권의 붕괴와 아시아 사회주의의 부상

1989년 베를린장벽의 붕괴와 1991년 소련공산당의 몰락 등을 계기로 소련, 동구 사회주의권이 붕괴되면서 1945년 세계 2차대전 종전과 함께 시작되었던 미국과 소련 간의 냉전 체제는 종언을 고하였다. 프랜시스 후쿠야마는 이를 '역사의 종언'이라고 평가하였다. 그러나 21세기 중국의 부상과 2008년 세계 금융 위기를 계기로 미국과 함께 중국이 G2 체제를 구축하면서 이른바 미중 신냉전시대가 단계적으로 확대되면서 후쿠야마의 예견은 틀렸음이 확인되었다. 그렇다면 "왜 소련 동구 사회주의권은 붕괴되었는데, 중국, 베트남, 북한의 아시아 사회주의는 생존하였고 나아가 강한 국가를 만들 수 있었는가?"를

정확히 알아야 할 것이다.

1688년 영국의 명예혁명, 1776년 미국의 독립혁명을 계기로 시작된 자유민주주의 근대국가 문명은 18세기 중엽부터 시작된 산업혁명과 결합되면서 본격적으로 성장해나갔다. 반면 1789년 프랑스혁명에서 시도된 1차 급진주의 근대화 모델은 실패하였는데, 자본주의 성장과 함께 확대된 자본가와 노동자 간의 갈등을 모태로 시작된 사회주의는 1917년 러시아혁명을 통해 2차 급진주의 모델이자 체계화된 좌파적 근대화 전략으로 역사의 현장에 출현하게 된다. 즉 자유민주주의 근대국가 문명에 대한 안티테제로서 사회주의적 근대화, 좌파적 근대화 전략이 1917년 러시아혁명을 계기로 본격적으로 자유민주주의 근대국가 문명에 도전하게 되었던 것이다. 이후 아시아 아프리카 라틴아메리카 민족 해방운동과 결합되면서 그 폭을 확대하였고 세계 2차대전 이후 동유럽권에 사회주의 체제를 확산시키면서 세계를 미국 중심의 자유민주주의 근대국가 문명과 소련 중심의 사회주의 체제간의 대결이라는 미소 냉전시대를 약 40년 정도 지속시켰던 것이다.

그러나 사회주의 체제는 본질적으로 인간의 자유, 창의성, 다양성을 억압하고 시장경제에 기반을 둔 경쟁을 부정함으로써 그 체제 발전의 동력을 제한시킬 수밖에 없음을 드러냈다. 특히 미국 레이건 정부의 사회주의 체제에 대한 무한경쟁과 강력한 압박전략은 사회주의 체제의 문제점을 현실화시키는 결과를 낳았다. 뿐만 아니라 공산당 일당독재는 필연적으로 부패 문제 등을 초래하여 경제적 침체와 결합되어 사회주의 체제의 위기를 심화시켰고 결국 소련, 동구 사회주의권 붕괴라는 역사적 결과로 이어졌던 것이다.

이 같은 결과는 존 로크, 애덤 스미스, 토마스 제퍼슨, 에드먼드 버크가 만들었던 자유민주주의 근대국가 문명의 두 가지 철학적 원리 즉 첫째 인간의 자유가 중요하다는 것, 둘째 인간은 불완전하기 때문에 견제와 균형의 원리, 법치주의 등이 중요하다는 것이 옳다는 것을 반세기 가까운 미소 냉전시대 경쟁의 역사적 결과를 통해 확인시켜주었다고 할 수 있다.

그런데 아시아 사회주의는 어떻게 생존하고 발전할 수 있었는가? 첫째, 미국의 소련붕괴를 위한 포위 전략에 중국이 동조하면서 1972년 미중 정상회담, 1979년 미중 수교를 통해 중국은 미국의 사회주의 체제 압박, 고립작전에서 벗어날 수 있었다. 둘째, 중국은 1978년부터 시작된 개혁개방을 통해 시장경제를 수용함으로써 사회주의 경제의 구조적 문제를 상당 부분 해소하게 만들었다. 베트남은 1995년 미국 베트남 수교를 통해 개혁개방을 본격화하면서 비약적 경제성장의 출발을 하게 된다. 북한의 경우 90년대 말 100만 명 내외의 아사 사태를 겪을 정도의 식량난과 경제위기를 2000년대 이후 단계적으로 극복하여 2016년경 약 1000여 개로 확대된 소위 장마당 경제로 상당 부분의 경제위기를 극복하게 된다. 셋째, 중국, 베트남, 북한의 공산당, 노동당은 소련, 동구 사회주의 체제의 공산당과 비교할 때 유교적인 국가 통치 이데올로기를 이용하는 등 상대적으로 체제 위기관리를 효율적으로 하면서 체제 붕괴 위기를 넘길 수 있었다.

결론적으로 전통적 사회주의 체제를 변형시켜 시장경제를 수용하고 공산당 통치의 아시아적 유교 문화와의 결합을 통한 위기 극복이었다고 할 수 있다. 아시아 사회주의 체제의 위기 극복 과정에서도 핵심적으로 검증된 것은 인간의 이기심을 기반으로 한 시장경제의 경쟁시스템이 인간사회에서 가장 현실적으로 경제력을 성장시킨다는 사실이었다. 또한 불완전한 인간이 만든 국가 역시 불완전하기 때문에 끊임없이 혁신해야 하고 진화해야 한다는 사실이다. 사회주의 국가에서도 예외가 있을 수 없음을 증명한 것이다.

그러나 다른 한편으로 사회주의 국가, 전체주의 체제는 일정 기간 동안 자유민주주의 근대국가 문명보다 더 높은 효율성을 보여주기도 한다. 특히 탈냉전시대 이후 중국은 시장경제를 수용하고 이를 국가가 적극 돕는 역할을 하면서 자유민주주의 국가 체제의 기업과 국가들을 세계시장의 많은 영역에서 빠른 속도로 추월하는 모습을 보여주었다. 중국의 인구 규모, 경제 규모도 중요하게 작용하였으며 키신저와 같은 소위 친중 전문가들의 협력도 적지 않게 작용하였다. 키신저의 경우 미중 수교를 통해 소련을 고립시키는 데는 큰 공을 세웠지만 소련이 망한 탈냉전시대에도 중국 사회주의의 위험성에 대해 객관적으로 이해하고 대응하기보다는 중국공산당의 각종 로비 등에 휩쓸리면서 결국 중국이 미국의 패권에 도전할 정도로 성장하는데 적지 않게 기여하는 역할을 하였다. 자유민주주의 사회의 개인의 경우 자유를 이기적으로 이용만 하고 애국심을 잃어버릴 경우에 이기적 욕망과 타락의 길로 접어들게 되는 것이다.

이러한 역사적 사실들을 배경으로 중국, 베트남, 북한 등 아시아 사회주의는 새롭게 미국 중심의 자유민주주의 근대국가 문명에 도전하는 강력한 경쟁자로 부상하게 된다. 그런데 중국은 21세기에 들어서면서 커진 경제적 파워를 배경으로 패권적 민족주의를 단계적으로 강화시켜왔다고 평가된다. 대표적으로 2002년 시작된 한반도를 대상으로 한 동북공정, 몽골을 대상으로 한 북방공정, 베트남 등을 대상으로 한 남방공정 등 중국 중심의 역사왜곡 작업이었다. 2012년 시진핑 체제의 등장 이후에는 중국몽, 일대일로 프로젝트 등으로 확대되었다. 이러한 중국의 패권적 민족주의는 아시아 사회주의의 분열을 야기시킨다. 베트남의 경우 남방공정 등 역사왜곡 뿐만 아니라 남중국해 섬 영토분쟁과 관련된 중국의 패권적 모습에 분노하면서 결국 미국과 안보적 협력을 높이는 소위 '친미비중 국가'전략으로 변화한 것이다. 일찍이 주은래는 국수적 사회주의는 또 다른 제국주의일 뿐이라고 하면서 동북공정 등을 비판한 바 있는데 시진핑 체제의 중국은 패권적 민족주의를 표출시켜 같은 사회주의 국가인 베트남과의 균열까지 초래한 것이다. 북한의 경우에도 핵무장 국가전략 추진 과정에서 2009년 2차 핵실험 때는 중국보다 미국에 먼저 핵실험 사실을 알려주었고, 2017년 6차 핵실험 때는 시진핑이 상해에서 브릭스(BRICS) 정상회담을 하는 큰 잔칫날 실행하면서 미국에게 북한도 친미비중 국가가 될 수 있다는 메시지를 강렬하게 보낸 적도 있다.

이러한 아시아 사회주의의 지속, 중국의 미국의 패권에 대한 도전, 아시아 사회주의 국가들의 다양한 변화 등은 향후 세계질서의 대변동 과정에서 가장 중요한 변수로 작용을 하게 될 것이다.

한국의 좌파적 근대화 모델과 김구, 김대중, 80년대 학생운동

1789년 프랑스혁명이 세계사적 차원의 1차 급진주의 근대화혁명이었다면 동학 농민혁명은 한국에서 발생한 1차 급진주의 근대화혁명이었다고 할 수 있다. 동학 농민혁명은 프랑스 대혁명과 마찬가지로 사상 이론적 한계와 리더십, 조직역량 등의 한계로 실패하게 된다. 지도부의 근대국가 문명에 대한 이해도 부족했고, 조선왕조의 청나라 군대, 일본 군대 지원요구 등의 국가적 배신행위를 심판하기에는 리더십과 조직역량도 한계가 있었다. 동학 농민운동은 수십만 명의 사상자를 내는 실패를 경험한 이후 두 개의 흐름으로 분화된다.

동학접주 출신 김구와 3세대 지도자 손병희의 경우 우파적 근대화를 추진하면서 독립운동을 하였고, 중하층의 적지 않은 사람들은 항일무장투쟁에 참여하는 등 좌파적 근대화를 추진하게 된다. 해방 이후 한국 사회에서 동학의 흐름은 많이 약화되었으며 일부는 좌파적 근대화를 추진하는 세력으로 흡수되었다고 평가된다. 동학 농민혁명은 한국에서 2019년 국가기념일로 지정되었고 동학 농민혁명 기념재단을 발족시키기도 했다.

1948년 대한민국 국가 수립은 1688년 영국의 명예혁명, 1776년 미국의 독립혁명으로부터 시작된 자유민주주의 근대국가 문명을 수용하여 새로운 근대국가를 수립한 역사적 의미가 있었다. 비록 미국의 지원 하에 이루어졌지만 이승만 등 자유민주주의 근대국가 문명의 흐름을 이해하고 새로운 국가를 세우고자 했던 지도자들의 역할도 적지 않았다. 그리고 대한민국 국가의 수립은 북한에서 소련의 지원

에 의한 사회주의 국가 수립과 병행해서 진행됨으로써 남북한의 본격적인 체제 경쟁으로 돌입하게 되었고 결국 1950년 한국 전쟁의 비극으로 연결된다.

한국에서 좌파적 근대화 추진세력은 한국 전쟁 때 심각한 타격을 입었는데 이후 4·19혁명, 반유신독재 민주화 운동, 부마민주항쟁, 광주민주화운동을 거치면서 단계적으로 다시 그 세력을 확대, 성장시켰다. 이 과정에서 한국의 좌파적 근대화 추진 세력은 이승만과 대립했던 김구, 박정희와 대립했던 김대중과 제휴하면서 대중성을 확대시켜왔다고 평가된다. 특히 1948년 대한민국 국가 건국 이후에 좌파적 근대화 추진은 미소 냉전 시기의 남북 체제 대결 조건에서 반국가 행위로 처벌되는 상황에 높이게 된다. 이에 따라 좌파 근대화 세력은 비합법적 혁명의 추진과 함께 합법적 영역에서 대중성을 확대하기 위해 김구, 김대중 등 제도정치권 세력과 연대하는 전략을 취했던 것이다. 이러한 좌파 세력의 연대전략이 상당 수준에서 성공하게 된 배경에는 우파 근대화 세력이 이승만, 박정희를 절대화시키면서 김구, 김대중을 적대시 또는 경원시 했던 것도 적지 않게 작용하였다고 분석된다. 자유민주주의 근대국가 문명의 철학적 관점에서 볼 때 김구는 우파 지도자였다고 할 수 있고, 김대중은 70년대에는 경부고속도로 건설을 반대하는 등 좌파적 성향을 띠기도 했으나 80년대 초반 미국 망명 체류 이후에는 의회 민주주의와 한미동맹을 강조하는 등 중도적 성향으로 바뀌었다.

특히 1998년 집권 이후에는 한미동맹의 연장선 상에서 김대중 오부치 선언을 통해 한일관계를 개선하였고, IT산업을 부흥시키는 등 중도 우파적 정책을 실행하기도 했었다. 따라서 한국의 우파가 자유민주주의 근대국가 문명의 계승자, 발전자라면 이승만과 김구의 역사적 대화, 박정희와 김대중의 역사적 대화라는 관점에서 김구의 역사 사회적 흐름과 김대중의 역사 사회적 흐름을 포용했어야 한국의 우파는 그 폭을 확대하고 발전시킬 수 있었을 것이다. 그러나 한국의 우파는 그 같은 포용성을 보이는 대신 편협한 길로 가면서 좌파의 김구, 김대중과의 연대전략을 성공시킬 수 있는 조건을 만들어 주었다고 평가된다.

그리고 80년대 학생운동은 1980년 광주민주화운동의 영향 등으로 대중운동, 조직운동 측면에서 비약적으로 성장하게 되고 이념적으로는 마르크스, 레닌주의, 주체사상까지 수용하면서 급진화되었다. 특히 1987년 6월 민주항쟁의 성공은 80년대 학생운동과 전체 좌파 세력의 대대적인 팽창을 일으키게 된다. 1987년 6월 민주항쟁은 운동주체와 대중투쟁의 양상 등을 종합적으로 고려할 때 자유민주주의적 성격과 사회주의적 성격이 혼재된 상태였다고 평가된다. 김대중, 김영삼 등의 제도 정치권은 자유민주주의적 성격이었다면, 학생운동 노동운동은 자유민주주의적 성격과 사회주의적 성격이 혼재되었던 것이다. 그런데 학생운동의 학생회 등 대중 조직 간부들이 군사독재의 종언 등을 배경으로 대거 제도정치권에 참여하였고 이 과정에서 김대중, 김영삼 등의 역할이 컸다. 특히 2000년 이후 학생운동 출신 소위 86세대 정치인들은 김대중, 노무현과의 연대 등을 발판으로 그 세력을 단계적으로 확대하여 문재인 정부에서는 명실상부한 한국정치 주도 세력으로 부상하게 된다.

그런데 이들 86세대 정치인들 대다수는 자유민주주의 근대국가 문명에 대한 이해에 대한 빈곤은 말할 것도 없고 레닌의『국가와 혁명』등을 핵심내용으로 한 좌파적 근대화, 사회주의적 근대화 전략에 대한 공부도 제대로 안한 채 정치공학, 선거공학을 통한 권력의 쟁취에 함몰되었다. 출세주의, 기회주의였다고 할 수 있다. 이러한 문제들은 조국사태를 통해 적나라하게 표출되었고 이에 따라 전체 좌파의 몰락을 촉진하는 역할을 하게 되었다. 또한 이들은 근대국가 문명에 대한 이해의 부족뿐만 아니라 세계정세가 탈냉전시대에서 미중 신냉전 시대로 바뀌었음에도 불구하고 90년대 말 2000년대 초반 탈냉전의 일정시기에 부분적으로 유효했던 햇볕정책 등을 2010년대 이후에도 고집하면서 얼치기 친북정책으로 북한에 무시당하고 얼치기 친중정책으로 중국에 무시당하는 얼치기 친북친중 좌파가 된 것이다.

자유민주주의 근대국가 문명의 차원에서 한국의 근현대사를 철학적 관점에서 평가해 볼 때 동학 농민혁명은 당시에 조선왕조의 고종이 농민들의 반봉건 반외세 개혁요구를 스스로 해결하지 못한 채 청나라 군대, 일본 군대까지 요청한 것은 기본적으로 국가로서의 역할을 포기한 것이었다. 자유민주주의 근대국가 문명의 설계사 존 로크는 정부가 국민의 자유권, 생명권, 재산권을 지켜주지 못하는 등 제역할을 못할 때 국민들은 저항권을 가질 수 있다고 주장하였으며 미국 독립선언서를 작성한 토마스 제퍼슨은 "언제든 정부가 자유권, 생명권, 행복추구권을 파괴한다면, 국민들은 그 정부를 폐지하고 새 정부를 도입할 권리가 있다"라고 하였다. 이 같은 기준을 적용하더라도 동학 농민혁명은 정당했다고 할 수 있다. 그리고 4·19혁명, 광주민주화운동, 6월 민주항쟁 역시도 동일한 원칙과 기준 즉 자유민주의 근대국가 문명 설계자들의 철학적 관점에서 보더라도 정당했던 것이다.

그런데 한국의 좌파가 가져왔던 문제는 각 시기에 일어났던 국민들의 민주화운동과 개혁에 대한 요구가 문제였던 것이 아니라 좌파 운동권과 정치권이 이를 정치 공학적으로, 정략적으로 이용해 왔다는 데 있다.

북한의 주체사상과 한반도

주체사상과 홉스, 헤겔, 마르크스레닌주의

　남북한 체제 경쟁 과정의 역사에서 상대방을 악마화(Demonization)하는 경우가 많았다. 그러나 상대방을 악마화 하는 것은 상대방에 대한 정확한 이해를 가로막을 뿐만 아니라 증오심을 키움으로써 상호 간에 피를 부르는 투쟁으로 발전할 가능성을 확대하고 나아가 전쟁의 가능성까지 높일 수 있다. 그리고 한국의 자유민주주의 근대국가 문명의 발전이라는 관점에서 20~30대와 소통하기 위해서라도 상대방을 악마화 하기보다는 상대방의 문제점을 구체적으로 분석하고 구체적인 대안을 제시하는 것이 필요할 것이다. 이는 자유민주의 근대국가 문명의 뛰어난 사상가였던 에드먼드 버크의 '처방전의 정치(The Politics of Prescription)'라는 관점에서도 타당하다. 이 같은 관점에서 남북한 체제 경쟁의 상대방이었던 북한에 대한 구체적 분석을 해보고자 한다.

　지난 70여 년 동안 남북한의 체제 경쟁 과정에서 북한의 국가전략에 가장 큰 영향을 끼친 것은 주체사상이었다. 주체사상의 실질적 출발점은 1956년 반종파 투쟁이었다. 반종파 투쟁은 소련의 스탈린 사후 1956년 소련공산당의 스탈린 격하와 개인숭배 비판을 계기로 일어난 북한 내의 권력투쟁으로 김일성이 주도하여 남노당파 박헌영을 처형하고, 친중파인 연안파와 친소파를 숙청한 사건이다. 이 사건을 계기로 북한은 북한 사회주의 건국 과정에서 중요한 도움을 준 소련과 한국 전쟁 과정에서 큰 도움을 준 중국공산당의 영향력을 배제하고 독자적인 사회주의 근대화 국가전략을 추진하게 된다. 이는 김일성의 1955년 '사상사업에서 교조주의와 형식주의를 퇴치하고 주체를 확립할 데 대하여'라는 문건으로 출발하였다고 평가된다.

그런데 '하늘아래 완전하게 새로운 것은 없다'라는 말이 있듯이 주체사상 역시 철학 사상적 차원에서 검토해보면 역사적으로 내용적 연관성과 유사성을 갖는 철학 사상을 찾아볼 수 있다. 사회주의 사상이론 중에서 주체사상의 핵심 특징은 당과 국가의 절대주의적 특성과 수령이라는 절대적 지도자의 역할을 강조한 것이라 할 수 있다. 근대국가 문명으로 전환하는 과정에서 국가의 절대적 역할을 강조한 사람은 영국의 토마스 홉스이다. 그는 인간의 자연 상태를 '만인의 만인에 대한 투쟁'이라며 이 무질서 상태를 벗어나기 위해 국가가 계약을 바탕으로 만들어졌다는 국가 계약설을 폈고 국가계약의 절대성을 강조하여 절대주의적 군주제의 기초가 되는 정치사상을 제시하였다. 이러한 홉스의 정치사상은 역사적으로 대영제국의 기초를 마련하였던 대표적인 절대 군주 엘리자베스 1세 시대인 16세기말 17세기 초에 자신의 성장기를 보낸 것과 연관된다고 할 수 있다. 엘리자

베스 1세는 1588년 당시 세계 패권 국가였던 스페인의 무적함대를 패퇴시키고 대영제국 발전의 기초를 마련하였고 평생 독신으로 살면서 국가에 헌신하였고, 지적으로도 누구보다 우수했던 전형적인 절대적 계몽군주였다. 홉스는 성장기에 이 같은 역사적 변화 과정과 절대 군주국가의 모습을 보면서 절대 국가적 '국가계약설'을 만들었다고 할 수 있다. 이러한 홉스의 절대 국가에 관한 이론은 주체사상에서 강조하는 당과 국가의 절대성에 관한 이론과 상당한 유사성이 있다고 할 수 있다.

그리고 주체사상의 수령에 관한 이론은 헤겔의 절대 이성에 관한 이론과 유사성이 있다고 할 수 있다. 헤겔은 모든 사건에는 본질적인 면이 숨겨져 있는 데, 그 본질적인 면이란 절대 정신이고, 인간의 역사는 이 절대 정신이 그 본질을 점차 분명하게 드러내는 과정이자 이성적인 자유를 점차 실현해 가는 과정으로 보았다. 그런데 그는 절대 정신의 현실적 구현자를 현실 속에서 찾아보기도 했는데, 나폴레옹이 진군하는 모습을 보고 '말을 탄 절대 정신을 보았다'라고 표현했다고 한다. 또한 헤겔은 절대 정신이 영웅을 선택해 자신을 실현시킨다고 해석하기도 했다. 이 같은 역사속의 절대적 지도자의 역할에 관한 헤겔의 사상은 주체사상의 수령론과 유사성이 있다.

주체사상은 이처럼 홉스의 절대 국가적 요소와 헤겔의 절대 이성의 실현자로서 강력한 지도자론 등의 요소를 포함하면서 마르크스레닌주의에 기반하고 있다고 할 수 있다. 주체사상을 총괄적으로 정리한 주체사상 총서 등에 의하면 마르크스레닌주의의 변증법적 유물론은 사람 중심의 철학적 원리로 역사적 유물론은 사람 중심의 사회 역사 원리로 발전시켰다고 주장한다. 여기에 사회주의 혁명 이론과 프롤레타리아 독재론 등을 포함하였고 민족 해방혁명에 관한 이론, 혁명적 수령론 등을 추가하였다.

이러한 북한식 좌파적 근대화 전략에 관한 이론은 본질적으로 자유민주주의 근대국가 문명과 대립·충돌하게 된다. 철학 사상적으로는 자유민주주의 근대국가 문명이 강조하는 인간의 자유에 대한 존중, 인간의 불완전성에 대한 이해와 이를 보완하기 위한 제도적 장치 등에 관한 사상, 이론 측면에서 다른 것이다. 인간의 자유를 존중하기 보다는 혁명과 프롤레타리아 독재의 중요성, '하나는 전체를 위하여 전체는 하나를 위하여'라는 구호에서 확인되는 전체주의적 요소가 강하다고 할 수 있다. 특히 종교의 자유, 사상의 자유도 인정되지 않는다. 또한 인간의 불완전성에 대한 이해에 기초한 견제와 균형의 원리도 무시된다. 대신 절대적 사회주의 국가와 당의 중요성이 강조된다. 특히 북한에서는 다른 사회주의 국가보다도 더 강력한 전체주의적 특성을 띠게 된다. 그 이유는 한국 전쟁 때 북한 전체가 융단폭격을 당한 경험 속에서 미국에 대한 피해의식과 그 이후에도 세계 초강대국 미국에 포위, 고립되어 언제 체제가 붕괴될지 모른다는 위기의식 등이 중요하게 작용되었다고 보여진다.

그런데 남북한 체제 경쟁의 과정에서 북한의 주체사상은 북한뿐만 아니라 한국의 좌파운동 세력에도 많은 영향을 끼치게 된다. 60~70년대에는 통혁당, 인혁당, 남민전 사건 등 일부 지식인 사회에서 영향을 끼쳤다면 80년대에는 학생운동, 노동운동, 농민운동 등의 대중적, 조직적인 비약적 성장과 함께 사상적으로도 마르크스레닌주의와 함께 주체사상을 수용한 세력이 좌파운동 세력의 주류로 등장하게 된다. 그 이유는 한국의 건국과 산업화 과정의 주체들 중에 적지 않은 수가 친일논란과 결합되어 국가 정통성에 대한 회의가 작용한 부분과 이승만, 박정희 시대의 독재 행태에 대한 반발이 작용하였다.

특히 80년대에는 광주민주화운동의 영향과 함께 전두환, 노태우 신군부 세력의 정통성 문제, 부패 문제, 독재 행태 문제 등이 결합되어 민주화운동의 좌파화를 촉진시켰다. 그 결과 80년대 중후반 이후 90년대 초까지 소위 주사파 학생운동 세력이 매해 수만 명씩 사회에 진출하는 결과를 낳았다. 이와 함께 전교조의 중·고등학생에 대한 의식화교육 등의 영향, 민노총의 성장과 확대 등은 21세기 한국 사회에서 좌파적 정치세력이 한국 정치의 헤게모니를 장악하기 위한 강력한 원동력이 된다. 그런데 이들은 위에서 살펴본 바와 같이 86세대 학생운동권 학생회 간부출신 등이 정치권의 주도세력 역할을 하면서 출세주의, 기회주의와 결합되어 얼치기 친중 친북 좌파 세력으로 전락하게 되었던 것이다. 그 이유는 이들이 자유민주주의 근대국가 문명에 대해서 이해가 부족했을 뿐만 아니라 마르크스레닌주의와 주체사상에 대한 공부도 부족한 상태에서 정치공학, 선거공학만 개발해 왔기 때문이라고 분석된다.

주체사상은 스탈린주의와 동학의 만남이다

'주체사상은 한반도의 근대국가 문명을 어떻게 만들 것인가?'와 관련해서 좌파적 근대화 전략의 기초가 된 마르크스레닌주의와 사회주의 혁명이론을 기반으로 형성되었다. 역사적으로는 일제 식민지 시절 무장투쟁을 통한 사회주의 민족 해방운동으로 출발하였고 해방 이후 소련의 지원을 받아 사회주의 국가를 수립하게 된다. 그리고 1956년 반종파 투쟁을 계기로 주체사상을 만들었다고 할 수 있다.

그런데 주체사상의 사상적 뿌리를 분석해 보면 두 가지라고 할 수 있다. 먼저 스탈린주의를 들 수 있다. 주체사상은 기본적으로 마르크스레닌주의와 사회주의 혁명 이론을 밑바탕으로 하고 있는데, 구체적인 특성을 보면 스탈린주의라고 할 수 있다. 스탈린주의는 전통적인 마르크스레닌주의와 비교할 때 전체주의적 성격이 강화되었고 지도자의 절대성이 높아졌다고 할 수 있다. 중요한 배경은 사회주의 혁명 이후 공산당 내의 심각한 권력투쟁에 의한 숙청운동과 함께 세계 2차대전 과정의 희생, 치열성과 연관된다. 세계 2차대전에서 가장 많은 희생자를 낸 국가는 압도적으로 소련이었다. 전체 군인 희생자 1500만 명 중 약 절반이 소련인이었고 민간인 희생자도 절반 가까이가 소련인이었다. 이러한 치열한 전쟁을 치르면서 소련의 전체주의성과 지도자 스탈린의 절대성은 더욱 강화되었던 것이다. 그런데 1953년 스탈린 사망 이후 1956년 소련공산당 20차 대회에서 흐루시초프는 스탈린 격하운동을 시작하게 된다, 그러나 북한은 소련의 스탈린 격하운동을 비판하면서 1956년 반종파 투쟁을 전개하여 친소파와 친중파인 연안파를 숙청하였고 사회주의권 내의 독자노선을 걷기 시작하게 된다. 이것이 실질적인 주체사상의 출발점이었다.

이 과정에서 주체사상은 당과 국가의 전체주의성을 강화시키고 지도자의 절대성을 강조했던 스탈린주의를 자연스럽게 수용하게 되었다고 평가할 수 있다. 철학 사상적으로는 홉스의 절대주의 국가론과 헤겔의 절대정신의 구현자로서 절대적 지도자에 관한 이론 등의 요소를 포함하고 있다고 할 수 있다.

다음으로 주체사상은 동학을 또 다른 사상적 뿌리로 삼고 있다고 평가된다. 서양은 1688년 영국의 명예혁명과 1776년 미국의 독립혁명과 18세기 중반부터 시작된 산업혁명 등을 통해 자유민주주의 근대 국가 문명을 발전시켰고 이후 다른 제국주의 국가들과 함께 아시아 아프리카 라틴아메리카 등에 식민지를 개척하였다. 한반도도 예외가 아니다. 당시 조선은 17세기 이후 당파싸움에 세월을 보내면서 세계의 변화에는 눈을 감고 있다가 세계열강의 압박을 받기 시작했다. 국내적으로 조선왕조는 당파싸움, 무능, 부패가 누적되어 민중들의 고통은 날로 심화되었다. 이 같은 시대를 배경으로 활동한 동학의 창시자 최제우는 "서양은 전쟁을 하면 승리하고 공격하면 빼앗아 이루지 못하는 일이 없다"면서 서양열강을 경계하고 서학에 대항하여 세상과 나라를 구하려는 제세구민(濟世救民)의 입장에서 유교, 불교, 도교의 내용을 통합하는 동학을 창시하였다. 3대 교주 손병희는 이를 인내천(人乃天) 즉 '사람이 곧 하늘이다' 사상으로 발전시켰다.

동학은 1894년에 보국안민(輔國安民)의 기치 하에 일어난 동학 농민혁명에서 주도적 역할을 하였다. 동학 농민혁명은 한반도에서 일어난 최대 규모의 근대국가로 전환을 위한 혁명운동이었다. 비록 자유민주주의 근대국가 문명에 대한 이해가 부족하였고, 지도력의 한계 등으로 인해 실패하였으나 당시 조선왕조가 국가로서의 기능을 상실할 정도로 무능하였을 뿐만 아니라 동학 농민혁명 진압을 위해 청나라 군대, 일본 군대까지 지원요청을 한 것은 국가로서의 최소한의 존재명분까지 상실한 것으로 동학 농민혁명은 당시 조선 민중들의 정당한 혁명투쟁이었다고 할 수 있다. 그리고 이 과정에서 결정적 역할을 한 동학은 한반도의 근대국가 문명의 추진 과정에서 역사적 의의가 큰 사건이었다고 할 수 있다. 동학 농민혁명 세력은 이후 손병희, 김구 등의 우파적 근대화 추진 세력과 항일무장 투쟁 등에 참여하는 좌파적 근대화 추진 세력으로 분화된다. 그리고 북한의 사회주의 건국 과정에서 북한의 동학 세력은 '천도교 청우당'이라는 이름으로 활동하게 된다.

또한 한국광복군 총사령부 선전과장으로 잠시 지낸 이외에 주로 중국중앙군에 근무한 최덕신은 해방 후 육군 사단장(중장)과 한국에서 천도교 교령을 지내기도 하였는데 변절하여 월북, 1989년 천도교 청우당 중앙위원장을 맡기도 하였다. 북한의 천도교 청우당은 조선노동당 독재 치하에서 사회민주당과 함께 정당 활동이 합법적으로 인정되고 있는 상태이다. 한반도에서 근대국가 문명을 추진하는 과정에서 남북한 체제 경쟁이 치열하게 전개되었는데 동학 세력은 한국과 북한 양 체제에서 동시에 활동하는 독특한 지위를 가지고 있는 것이다. 특히 북한의 김정은 체제는 동학 사상과 유사한 이민위천(以民爲天) 사상을 국정철학의 중요한 기치로 내세우고 있기도 하다. 철학적 내용의 측면에서는 동학의 핵심사상인 인내천(人乃天) 즉 '사람이 곧 하늘이다'는 원리와 주체사상의 핵심내용인 '사람 중심의 철학' 원리는 여러 가지 측면에서 유사성을 가지고 있다고 할 수 있다. 따라서 주체사상은 사상적 뿌리의 측면에서 스탈린주의와 동학의 만남을 통해 형성된 것이라고 평가된다.

그런데 동학에서 말하는 인내천 사상의 사람과 주체사상에서 주장하는 사람 중심의 철학에서 말하는 사람은 자유민주주의 근대국가 문명에서 강조해온 인간 개인의 자유에 대한 존중을 말할 때의 사람과는 본질적으로 차이가 있다. 핵심적인 차이는 자유민주주의 근대국가 문명에서 강조되어온 개인의 자유는 보편적인 개념으로서의 사람 또는 국민 전체와 구별이 안 되는 일반적인 사람이 아니라 개별적인 인간 개개인의 독립성에 기초한 자유를 말해온 것이다. 이에 기초하여 독립된 개인들의 자유권, 생명권, 재산권 등의 중요성을 강조한 것이다. 그런데 동학의 사람과 주체사상의 사람은 독립된 개인과 전체 국민 또는 보편적 개념으로서의 사람과 구별이 안 된 상태라고 할 수 있다. 그런 이유로 인해 주체사상의 사람 중심의 철학은 홉스의 절대주의 국가, 헤겔의 절대 이성의 실현자로서 절대적 지도자, 스탈린의 강력한 전체주의와도 충돌하지 않는 것이다. 나아가 동학에서 종교적으로 이야기 한, 인내천 사상과도 충돌하지 않고 서로 인정하면서 통합적으로 해석될 수 있었던 것이다.

그리고 한국에서도 주체사상이 80년대 학생운동에서 광범위하게 수용되었던 배경에는 한국 사회 전체의 자유민주주의 근대국가 문명에 대한 이해의 빈곤과 관련된다고 생각된다. 한국은 이승만 시대에

1948년 대한민국이라는 자유민주주의 국가를 건국하였고, 박정희 시대에 세계가 놀란 '한강의 기적'을 통해 산업화 혁명을 이루어 냈고 2019년에는 식민지 국가 출신 중에서는 유일하게 세계 경제 7대 강국으로 평가되는 30~50 클럽 즉 1인당 국민소득 3만 달러 이상, 인구 5,000만 명 이상의 조건을 만족하는 국가들에 가입하는 놀라운 성과를 이루었다. 그럼에도 불구하고 한국 사회는 아직도 자유민주주의 근대국가 문명의 가장 중요한 철학인 인간 개인 자유의 중요성에 대한 이해가 부족하다고 할 수 있다.

그 이유는 한국의 우파적 근대화 과정이 이승만, 박정희, 정주영, 이건희 등의 뛰어난 지도자들과 피, 땀, 눈물을 마다하지 않았던 성실한 국민들의 힘이 크게 작용하였지만, 그에 못지않게 중요하게 작용한 것이 자유민주주의 근대국가 문명의 주도자인 미국과의 한미동맹이었다. 건국과 산업화, 민주화 과정에서 단계 단계마다 미국의 힘이 적지 않게 작용했던 것이다. 결과적으로 한국의 우파적 근대화는 자체의 뿌리가 취약하고 이식성이 적지 않게 작용해 온 것이다.

이에 따라 개인의 자유의 중요성을 구체적인 생활과 투쟁의 과정에서 습득하지 못한 채 반공 반북 이념으로써 자유민주주의를 수용했던 것이다. 소위 내용적 근대성이 취약했던 것이다.

그리고 이 같은 문제는 80년대 학생운동에서 주체사상의 광범위한 수용을 낳았을 뿐만 아니라 21세기 한국 사회에서도 지속적으로 전체주의적 정치선동이 횡행하게 되는 결과를 초래하고 있는 것이다. 이처럼 자유민주주의 근대국가 문명 철학 사상의 핵심 중 하나인 개인의 자유에 대한 존중이 갖는 중요성에 철학적 이해의 빈곤은 한국의 진보좌파 뿐만 아니라 보수우파 내에도 적지 않은 것이 현실이다.

북한 중국관계의 실상과 허상

한반도 문제를 이해하는 데 있어서 오해와 오판을 낳게 되는 가
장 중요한 문제가 북한과 중국의 관계에 대한 잘못된 인식이다. 한
국 우파의 경우 대표적으로 박근혜 정부 전반기에 상당부분 친중정
책을 취하게 만들었던 가장 중요한 이유가 북핵 문제 해결과 관련해
서 중국의 역할이 가장 중요하다고 오판한데 있었다. 이에 따라 박근
혜 정부는 2013년 2월 3차 핵실험 이후 미국이 요구했던 사드배치를
지연시켰고, 중국의 요청에 따라 화웨이 4, 5세대 정보통신 장비에 대
한 한국통신회사의 구매를 허용하였다. 그 외에도 한일FTA보다 먼
저 한중FTA를 체결하였고 미국, 일본 주도의 TPP(환태평양경제협정)에
는 참여하지 않고 중국주도의 AIIB(아시아인프라투자은행)에는 참여하
였으며, 상징적으로는 2015년 중국공산당 주도의 세계 2차대전 승전
기념식에 천안문망루에 오르는 등 친중정책을 취하였다.

이 같은 박근혜 정부 전반기 친중정책은 2016년 북한의 4차 핵실
험 직후 사드배치를 결정하고 한미동맹 중심의 외교 안보정책으로
전환하면서 수정되었다. 이러한 외교 안보와 관련한 중대한 실책을
저지른 핵심원인이 바로 북한과 중국의 관계에 대한 잘못된 인식 때
문이었다. 북한은 자신들의 핵무장 국가전략과 관련해서 중국으로부

터 어떤 영향도 받지 않는다는 것을 2017년 9월 6차 핵실험을 중국의 시진핑이 상해에서 브릭스(BRICS) 정상회담이라는 큰 잔치를 벌이고 있는 같은 날 감행함으로써 너무도 명백하게 극적으로 보여주었다. 그런데 한국의 좌파는 이처럼 북핵 문제 해결과 관련해서 중국이 거의 영향을 주지 못하고 있음을 너무도 명명백백하게 확인이 되었음에도 불구하고 2017년 말 문재인 정부는 중국에 소위 3불정책(① 사드 추가배치 않는다. ② 미국의 미사일 방어시스템 참여하지 않는다. ③ 한미일군사협력 하지 않는다)을 약속한다. 그리고 그 이유로 한국의 중국 경제에 대한 의존문제와 함께 북핵 문제, 북한 문제 해결과 관련해서 중국의 역할이 대단히 중요하기 때문이라고 주장하였다. 이처럼 한국의 우파와 좌파 공히 북한과 중국의 관계에 대한 인식에서 큰 문제가 있음을 확인시켜 주었다.

북한과 중국과의 관계는 외형적으로 보이는 동맹관계와 내면적으로 존재하는 북한의 중국에 대한 불신과 경계를 함께 정확히 보아야 한다. 역사적으로 보면 첫째, 1956년 반종파 투쟁 사례이다. 북한은 한국 전쟁 패전의 위기에서 도와준 중국에 대해 고마워하면서도 중국의 북한 내정간섭에 대한 강한 경계를 가지고 있었다. 구체적으로 중국은 한국 전쟁 시 인민지원군 총사령관을 지냈던 팽덕회를 중심으로 종전 이후에도 북한에 대한 내정간섭을 거칠게 시도하는 등의 모습을 보이기도 했다. 이에 대한 불만이 반종파 투쟁 때 폭발하면서 친중파 연안파에 대한 대대적인 숙청을 하게 된다. 그리고 중국 공산당은 친중파인 연안파가 중국으로 쫓겨난 뒤에도 계속 관리하다

2009년 5월, 2차 핵실험 이후 북한 정권을 친중 정권으로 만들기 위한 공작에 활용하기도 하였다.

둘째, 1992년 한중수교이다. 1980년대 말 1990년대 초 소련, 동구 사회주의권이 붕괴되면서 북한 체제는 최악의 고립과 체제 붕괴의 위기를 겪게 되는데 이 과정에서 가장 큰 결정타가 1992년 한중수교였다. 북한은 혈맹, 동맹이요, 사회주의 형제 국가를 외치던 중국으로부터 완전하게 뒤통수를 맞은 것이다. 이후 북한은 '믿을 것은 자체 핵무장밖에 없다'라는 결론을 내리게 된 것이다.

셋째, 1990년대 중·후반 북한의 대량 아사 사태 때 나타난 북중관계이다. 북한은 소련 동구사회주의권의 붕괴와 한중수교 등을 통해 최악의 고립상태에 놓이게 되고 여기에다 자연재해까지 겹쳐서 100만명 내외의 아사 사태까지 초래하게 된다. 그런데 이러한 최악의 경제난 속에서도 동맹이요, 혈맹이라는 중국은 특별히 내세울 만한 지원을 한 것이 없었다. 이는 외형적으로는 동맹이지만 알맹이는 부실한 북중 동맹 관계의 현실을 적나라하게 드러냈던 것이다. 한미동맹을 비교한다면 한국이 한국 전쟁 이후 경제적으로 어려운 조건에 있을 때 미국이 각종 원조와 차관을 제공한 것과 비교하면 북중 동맹의 허상을 정확하게 보여주었던 것이다.

넷째, 2013년 친중파 장성택 숙청 사태이다. 친중파 장성택 사건은 1956년 반종파 투쟁 이후 최대 규모의 북한 정권 교체 시도이자 숙청사태였다. 친중파 장성택은 2011년 말 김정일 사후 자신의 독자적인 조직적, 정치적 영향력을 확대하면서 정권 장악을 추진하였다.

그런데 중국은 2009년 5월 북한의 2차 핵실험 이후 시진핑 책임하의 '한반도 공작소조'에서 내린 결론 즉 '북핵 문제와 북한 문제를 분리해서 해결을 추진하며 북핵 문제는 중장기적 해결을 도모하고 북한에 친중 정권 구축을 추진 한다'라고 결정을 내린 바 있다. 이에 따라 과거 50년대 말 북한에서 숙청되어 중국으로 쫓겨난 친중 연안파의 자식들까지 활용하는 등 다양한 형식과 방법으로 북한 내의 친중세력을 확대하는 과정에서 친중파 장성택과 연대하여 본격적인 친중정권 수립을 추진했던 것이다. 친중파 장성택은 1997년 월남한 황장엽과 연결하여 활동하기도 했는데, 중국공산당은 황장엽의 월남 시부분적인 도움을 주기도 하였다. 이러한 중국공산당과 제휴한 친중파 장성택의 친중 정권 구축 시도는 2013년 말 대대적인 숙청사태로 귀결된다. 이 사건은 북중관계에 또 다른 상처를 남기게 되며 북한은 2017년 9월 6차 핵실험을 시진핑이 상해에서 브릭스 정상회담을 하는 큰 잔칫날 실행하는 것으로 중국에 대한 불만을 노골적으로 표출시키기도 하였다.

결론적으로 북한과 중국의 관계는 외형적으로는 동맹, 혈맹을 외치지만 실제로는 서로의 필요에 따라 주고받는 외교적 관계이고 중간 중간에 적지 않은 갈등도 지속적으로 존재했음을 알 수 있다. 또한 중국공산당이 북한 핵심 권력집단 내부의 동향도 제대로 파악하지 못하고 있었다는 중요한 사례 중 하나로 2010년 9월 김정일이 김정은을 후계자로 공식 지명하기 불과 몇 달 전에 당시 중국공산당 2인자 원자바오 총리가 '김정은 후계자 설은 서방의 뜬소문에 불과하다'라고 미국 전 대통령 카터에게 말함으로써 중국공산당 핵심부의 북한 권력 핵심부에 대한 정보수준을 드러내기도 했다. 이 같은 북중관계의 실상과 허상이 지속되는 상황에서 6·19북중 정상회담에서 중국공산당의 전략가이자 책사로 정치국 상무위원 중 1인인 왕후닝이 파격적으로 김정은을 수행, 안내하는 모습을 보여주기도 했다. 중국공산당이 북한 권력 심층부의 동향을 제대로 파악해오지 못하고 있는 상황에서 중국공산당의 책사 왕후닝이 직접 김정은의 가장 가까이에서 북한 지도부의 사정을 파악해보고자 했던 것으로 보여진다.

그런데 이 같은 북중관계는 동북아 정세의 게임체인저가 된 북한의 9월 6차 핵실험과 11월 대륙간탄도미사일(ICBM) 실험의 성공에 뒤이은 6·12북미 간 싱가포르 회담 등을 계기로 질적으로 전환되었다고 평가된다. 이는 결정적으로 6·19북중 베이징 정상회담을 통해 확인되었다. 중국은 6·19북중 정상회담을 계기로 북한을 현실적 핵국가, 전략국가로 인정하였던 것이다. 현재의 국제관계 질서에서 북한을 공식적 핵국가로 인정할 수는 없지만, 북한의 핵개발 단계, 핵무기 보유 숫자, 핵반격 능력 등을 고려할 때 북한을 현실적 핵국가로 인정하는 방향으로 결정하였고 이에 기초하여 북한을 전략국가로 대우할 것임을 내용적으로 확인하였다고 분석된다. 그 배경에는 북한이 6·12 싱가포르 북미 정상회담 등을 통해 북한도 베트남처럼 친미비중 국가가 될 수도 있다는 외교전술을 사용한 것도 영향을 미쳤다고 할 수 있다. 따라서 북중관계는 2018년 6·19정상회담을 기점으로 질적으로 전환되었다고 보아야 한다. 최근의 북한과 중국의 이런저런 외교적 접촉에 대해 북한이 2019년 북미 하노이 회담의 실패 이후 중국에 기대는 전략으로 돌아선 것이 아닌가 라는 등의 분석은 기존의 관성적인 잘못된 분석의 연장일 뿐이다. 북중관계의 특수성에 대해서는 역사적 구조적 구체적 분석이 중요하며 2018년 이후 북중관계가 왜 어떻게 질적으로 전환되었는가에 대한 정확한 분석이 중요하다. 2018년 이후 북중관계는 중국이 북한을 핵국가, 전략국가로 인정하는 것을 배경으로 수평적 차원에서 서로의 필요에 따라 주고받는 외교적 관계로 재정립된 것이다. 한반도 문제를 분석하고 미래를 전망하는 데서도 북중관계에 대한 어떤 편견도 내려놓은 상태에서 진공묘유(眞空妙有) 중도의 철학적 관점에 기초한 정확한 이해가 중요하다. 그렇지 못하면 잘못된 진단과 처방이 반복적으로 되풀이 될 것이다.

김일성의 건국, 김정일의 핵무장 국가, 김정은의 전략국가

북한의 김일성과 김정일에 대한 평가는 한국에서 좌파와 우파간에 너무나 간극이 크다고 할 수 있다. 정치권과 사회적으로 뿐만 아니라 학계에서도 마찬가지다. 그런데 미국 콜롬비아대학에서 박사를 받고 하와이대 교수를 오래 지낸 서대숙 교수의 연구 성과에 대해서는 보기 드물게 좌파와 우파 공히 인정하는 정도가 높다고 평가된다.

그의 대표적인 저서 『현대 북한의 지도자 김일성과 김정일』은 북한의 현대사, 김일성, 김정일을 이해하는데 필독서라고 할 만하다. 서대숙은 '북한은 기아, 탈북, 정치범 수용소 등 북한식 공산주의 실험은 실패했지만 북한 체제는 붕괴하지 않는다. 한국은 안전하고 북한은 망한다고들 하지만 북한은 망하지 않는다. 정치학에서 정권은 경제가 어렵다고, 외부 정보가 유입된다고 망하는 게 아니다. 정권은 반대 세력이 생겨서 도전하기 전엔 절대 무너지지 않는다. 북한은 반체제 세력의 존재가 없다'면서 김일성, 김정일의 공과 과에 대해 객관적 분석을 해왔고, 북한 체제 붕괴론의 비현실성에 대해 일관되게 비판해왔다.

김일성은 중국공산당 산하 동북항일연군에 참여하여 항일무장 투쟁을 전개하였다. 그리고 1939년 몽골의 할힌골 전투를 계기로 소련군과 연대를 시작하였다. 할힌골 전투는 일본 제국주의에 대항한 몽골, 중국, 한국인 항일유격대, 소련군이 연대해서 투쟁하여 승리한 사건이다. 1940년대에는 일본군 토벌작전을 피해 소련지역에서 제한적인 항일투쟁을 벌였고 1945년 일본의 항복과 세계 2차대전 종전을 계기로 맞이한 8·15 해방 이후 북한 지역에 주둔한 소련 군정의 지원을 받아 북한 정권을 수립하게 된다. 한국의 이승만 주도의 대한민국 건국이 미 군정의 지원이 절반이고, 이승만의 지도력이 절반의 역할을 한 것으로 평가할 수 있는 맥락에서 북한의 사회주의 국가 건국에서도 소련 군정의 지원이 절반이고, 김일성의 지도력이 절반의 역할을 한 것으로 평가된다. 한국 전쟁 패배로 김일성은 위기를 맞이하기도 했으나 박헌영 등 남노당파에게 책임을 묻는 것으로 위기를 극복하였고 결정적으로는 1956년부터 수년 동안 전개된 반종파 투쟁을 통해 남노당파, 친중 연안파, 소련파 등을 대대적으로 숙청함으로써 김일성 중심의 북한 국가 체제를 수립하였다.

1950년대 말 반종파 투쟁을 통해 김일성 중심의 당과 국가 체제를 정비한 북한은 세계 차원의 미소 냉전시대를 배경으로 본격적인 남 북한 체제 경쟁을 전개한다. 대부분 사회주의 국가들은 사회주의 경제 초기에는 계획 경제의 효율성과 민중들의 혁명 열기 등을 결합시켜 상당한 성과를 올리는데, 일정 시간과 단계가 지나면 사회주의 경제의 비효율성과 일당독재로 인한 부패 문제 등이 결합되어 침체의 길을 걷게 된다. 북한도 예외가 아니었다. 1960년대부터 본격화된 천리마운동의 성과 등으로 1970년대 중반까지는 북한의 경제가 한국 경제보다 우위를 나타냈다. 그러나 한국은 미국의 원조와 차관, 1965년 한일협정으로 받은 배상금과 차관, 새마을 운동, 정부 주도의 중화학공업 투자 등의 성과로 1970년대 중반 이후에는 한국 경제가 북한 경제에 대해 우위로 역전하게 된다. 이러한 치열한 남북한 체제 경쟁은 1980년대 미국 레이건 정부의 소련 중심의 사회주의 체제에 대한 무한 경쟁 추진 및 강력한 압박과 사회주의 체제 내부의 여러 가지 문제점 등이 결합되면서 소련과 동구 사회주의권의 붕괴를 초래하게 된다. 이로 인해 김일성 시대 말기인 1990년대 초부터는 북한 체제는 심각한 위기를 맞이하게 된다.

김정일은 1980년 5차 당대회에서 후계자로 지명되면서 1980년대 이후 1994년 김일성 사망까지 사실상 공동 집권기간을 거쳐서 김일성 사후 북한의 체제 위기를 극복하기 위한 전략으로 선군정치와 핵무장 국가전략을 본격화하게 된다. 김일성이 북한 사회주의 국가 건국의 지도자라면, 김정일은 북한 사회주의 국가의 통치시스템을 구체적으로 정비한 지도자였다고 할 수 있다. 김정일은 우선 82년 '주체사상에 대하여'를 발표하고 85년『주체사상 총서』10권을 발간하는 등 북한의 체제 이념인 주체사상을 실질적으로 완성하였다. 그리고 90년대 초, 사회주의 체제의 위기 속에서 선군정치와 핵무장 국가전략을 통해 북한 역사상 최대의 체제위기를 극복하기도 하였다. 또한 김정일은 체제 위기적 조건에서 각종 숙청과 정치범수용소의 확대, 보위부 중심의 공포 정치시스템을 구축하였다. 김정일은 2005년과 2009년 두 차례 핵실험을 성공시키고 2010년 김정은을 후계자로 내세운 뒤 2011년 건강 문제로 사망하게 되고 김정은 체제가 시작된다.

김정일로부터 핵무장 국가전략을 이어 받은 김정은은 2017년 동북아 정세의 게임체인저가 된 9월의 수소폭탄 실험과 11월의 대륙간탄도미사일 실험을 성공하게 된다. 이에 따라 2018년 4월 노동당 7기 3차 중앙위 전원회의에서 핵무장 국가전략의 승리를 선언하게 된다. 이후 북한은 자신들을 전략국가의 지위에 서게 되었다고 평가하고 있다. 그리고 김정은은 2016년 4차 핵실험 성공 이후 1980년부터 36년 동안 실행하지 못했던 노동당 당 대회를 개최하고 당 중심의 국가시스템을 재정비하기도 하였다. 1990년대 체제 위기 속에서 김정일이 주도했던 선군정치와 핵무장 국가전략의 승리와 졸업을 선언하였고 이를 배경으로 북한은 2018년 역사적인 외교적 성과도 거두게 된다. 첫째는 북한이 한국 전쟁 이후 지속적으로 추구했던 정상 간의 북미협상을 2018년 6·12북미 싱가포르 정상회담을 통해 성사 시켰던 것이다. 미국은 지난 기간 북한을 정상적인 협상 파트너로 인정해오지 않다가 북한의 핵무장 국가화가 현실화되면서 트럼프의 독특한 협상 스타일과 결합되어 북미 간 정상회담이 성사되었다. 6·12 북미 정상회담은 공식적은 아니지만 북한이 현실적으로 핵국가로 진입하고 있음을 인정하게 된 성격을 가지고 있다. 또한 북한은 6.12 북미 정상회담을 전후하여 북미 협상을 지렛대로 중국이 북한을 현실적 핵국가이자 전략국가로 전환되었음을 인정하게 만든 6·19북중 베이징 정상회담을 성공시키게 된다. 그리고 북한은 2018년 초, 평창동계 올림픽 참가를 출발점으로 2019년까지 세 차례 남북 정상회담 등을 통해 북한이 한반도 정치의 주도자로 등장하였음을 보여주었다.

결과적으로 2018년은 남북한 체제 경쟁의 역사에서 중요한 전환점이 된 해가 되었다. 남북한 체제 경쟁의 역사를 보면 한국 전쟁 이후 1970년대 중반까지는 북한 우위였다고 평가할 수 있고, 1970년대 중반에 한국이 북한을 추월한 이후 2018년까지 약 40여 년 동안 한국이 북한에 대한 체제 우위를 지속시켜 왔다. 그런데 2018년 북한이 핵무장 국가가 된 것을 계기로 북한이 남북한 체제 경쟁에서 역전을 시키게 된 것이다. 한국은 여전히 경제적, 문화적 파워에서는 삼성전자, BTS 등을 통해 확인되듯이 북한에 대해 압도적 우위를 가지고 있으나 군사적, 외교적 파워에서는 북한이 현실적 핵무장 국가가 된 것을 지렛대로 역전시킨 것으로 평가된다. 상징적으로 분석해보면, 2018

년 북미 정상회담, 북중 정상회담에서 미국과 중국이 북한의 김정은을 어떻게 대우했는가와 비슷한 시기에 진행되었던 한미 정상회담, 한중 정상회담에서 미국과 중국이 한국의 문재인 대통령을 어떻게 대우했는가를 당시 동영상, 사진 등을 통해서 보면 대단히 적나라하게 확인할 수 있다. 특히 21세기 이후의 남북한 체제 경쟁의 역사를 분석해보면 2002년경 한국은 종합적 국가 경쟁력의 측면에서 정점을 찍고 내리막길을 걸었다고 할 수 있다. 특히 정치 리더십 측면에서 그러하다. 반면에 북한은 1990년대 말 100만 명 내외의 아사사태를 겪는 등 체제 붕괴 위기까지 갔다가 2002년경에 바닥을 치면서 차츰 개선되다 2018년 핵무장 국가전략의 승리를 선언하면서 종합적 국가 경쟁력의 측면에서 한국에 대한 우위를 확보하게 된 것이다. 남북한 체제 경쟁의 역사에서 2018년은 한국 입장에서는 데드크로스이고 북한 입장에서는 골든크로스가 된 것이다.

북한의 미래와 베트남 모델

북한과 베트남은 역사성이나 체제 특성의 측면에서 유사성이 많다. 2019년 하노이 2차 북미 정상회담 할 때 북한과 베트남은 소련, 동구 사회주의권 붕괴 이후 거의 중단되다시피 했던 외교적 관계를 정상화하였다. 베트남은 프랑스 제국주의 일본 제국주의와 독립전쟁을 치렀고, 세계 최강대국 미국과의 전쟁에서 승리하였으며, 사회주의 대국 중국을 상대로 1979년 국지전 끝에 승리하기도 했다. 북한 역시 일본 제국주의와 투쟁했고, 미국과 한국 전쟁에서 격돌하기도 했으며, 사회주의 강대국 소련과 중국을 상대로 자주적 등거리 균형 외교를 전개하기도 하였다. 두 나라 모두 주체적, 자주적 성향이 세계 어느 나라보다도 강력하다고 평가된다. 그런데 베트남은 1980년대 후반 개혁 개방정책을 추진하였고 1995년 미국과 수교를 계기로 비약적 경제성장을 시작하게 된다. 2007년에는 세계무역기구(WTO)에 가입하면서 또 한번 도약의 발판을 마련하여 지난 30년 동안 세계 최고 수준의 경제 성장률이라는 성과를 이루었다. 이러한 놀라운 경제 성과는 미국과의 관계 개선과 협력 없이는 상상할 수 없는 것이었다. 이 과정에서 사회주의 국가 베트남은 외교 안보적인 중대한 전환을 하게 된다. 2012년부터 시작된 시진핑 체제의 강화된 패권적 민족주의에 대응하여 친미비중 국가 외교 안보 전략을 보여준 것이다.

상징적으로 베트남은 2018년 미국 군사력의 상징이자 군사적 협력의 상징인 미국 항공모함의 다낭항 기항을 허용하였다. 중국의 군사적 패권주의를 견제하기 위한 전략이었다. 이러한 베트남의 친미비중 국가화는 미중 신냉전시대에 대단히 중요한 전략적 선택이었다고 평가된다.

북한의 2021년 1월 개최된 노동당 8차 대회는 남북 체제 경쟁의 역사에서 중요한 전환적 의미를 갖는다. 북한은 2017년 동북아 정세의 게임체인저가 된 6차 핵실험과 대륙간탄도미사일 실험의 성공을 지렛대로 2018년 6·12북미 정상회담과 6·19북중 정상회담을 성공시켜 동아시아의 현실적 핵국가로 부상하고 전략국가를 자처하게 된다. 남북 관계에서는 세 차례 남북 정상회담을 주도하는 등 한반도 정세를 주도하면서 새로운 한반도 정치 시대의 서막을 열었다. 이 같은 모습이 상징적으로 나타난 것은 2019년 판문점에서 한국의 문재인 대통령은 손님 비슷한 모습을 보이는 가운데 열렸던 김정은-트럼프간 북미 3차 정상회담이었다. 이러한 성과에 기반해서 북한은 2021년 1월 노동당 8차대회에서 남북한 체제 경쟁의 절반의 승리를 선언한 것으로 평가된다. 절반의 승리란 군사적, 외교적 차원에서는 북한이 한국에 대해 우위를 차지하는 성과를 거두었지만, 경제적, 문화적으로는 아직 해결해야할 문제들이 많고 통일이라는 역사적 과제를 남겨두고 있다는 의미이다. 북한의 2016년 7차 당대회가 선군 정치시대, 체제 위기의 비상 체제 시대에서 당 중심의 정상적 국가 체제의 부활을 선언한 것이었다면, 2021년 8차 당대회는 새로운 차원에서 수령 당 대중의 통치시스템 및 국가시스템의 정비가 마무리 되었음을 선언한 의미가 있다. 이에 따라 북한은 '우리민족 제일주의' 강조에서 '우리 국가 제일주의' 강조로 전환하고 있다. 북한은 '우리 국가 제일주의는 사회주의 조국의 위대성에 대한 긍지와 자부심이며, 나라의 전반적 국력을 최고의 높이에 올려 세우려는 강렬한 의지이다'라고 주장하였다. 북한은 그동안의 체제 위기를 극복하고 핵국가, 전략국가로 성장한 것에 대한 체제적 자부심에 기초해서 우리국가 제일주의를 내세우고 있는 것이다. 그리고 우리국가 제일주의는 우리민족 제일주의의 대체 이념이 아니며 우리국가 제일주의에 기초하여 우리민족 제일주의라는 목표를 달성하겠다는 관계 속에서 분석하는 것이 타당하다. 이에 따라 남북관계에서는 '강력한 국방력에 의거하여 한반도 평화를 보장하고 조국의 통일을 달성하겠다'고 선언하였다. 그런데 북한이 경제 문제를 해결하고 북한 주도 한반도 통일을 실현하기 위해서는 베트남의 사례에서 확인되듯이 미국과의 관계문제를 해결하지 못하면 힘들다고 할 수 있다.

북한의 미래와 관련해서 베트남 모델은 구체적 분석과 전망이 필요하다. 한반도에서 베트남 모델은 두 가지 경우가 발생할 수 있을 것이다.

첫째는 한국과 미국 주도로 북한을 개혁개방으로 유도하고 친미비중 국가로 만드는 것이다. 이는 자유민주주의 근대국가 문명의 성과에 기초하면서 21세기 새로운 차원에서 한반도와 미국의 관계를 더욱 발전시켜 한국이 명실상부한 세계 강국으로 발전할 수 있는 길이다. 그런데 한국은 2002년 2차 북핵 위기가 발생한 시점으로부터 '한국과 미국 주도의 북한의 베트남 모델화'를 추진했어야 했지만 지난 20년 가까운 세월 동안 진보좌파 정부 10년 보수우파 정부 9년이라는 시간만 낭비하고 말았다. 진보좌파 정부는 탈냉전시대에 부분적 타당성이 있었던 햇볕정책을 중국공산당의 패권적 민족주의 위협과 북한의 핵무장 국가전략이 현실화되고 있는 미중 신냉전시대 상황에서도 강변하면서 그 많은 시간과 자원을 낭비해버렸다. 또한 보수우파 정부는 미소 냉전시대의 사고수준을 크게 넘어서지 못하는 대북봉쇄 정책과 북한 체제 붕괴론에 기대어 그 많은 시간과 자원을 낭비해버렸다. 그 결과 2018년 북한은 핵국가, 전략국가를 선언하였고, 남북한의 체제 경쟁은 역전이 초래되었다. 결국 현재 한국과 미국 주도로 북한을 베트남처럼 변화시키는 전략은 약 40% 정도의 가능성으로 존재한다고 생각된다.

두 번째 한반도의 베트남 모델은 북한이 북미관계 개선을 북한의 전략대로 성공시키고 결국 '북한 주도 한반도 통일'을 현실화 시키는 모델이라 할 수 있다. 이 모델은 지금까지의 세계사를 이끌어온 자유민주주의 근대국가 문명의 흐름을 거스르는 것이고, 경우에 따라서 전쟁 상황까지 닥칠 수 있는 위험한 경우라고 할 수 있다. 그런데 현실은 지난 6·12 싱가포르 북미 정상회담에서 나타나듯이 북한이 친미비중 국가전략을 취한다면 미국은 북핵 문제, 북한 체제 문제에 대해서 상당히 유연한 태도를 취할 수 있음을 보여주었다. 특히 현재 동아시아 정세는 대만 문제를 매개로 미중 충돌 가능성까지 높아져 가고 있는 상황이다. 대만 문제가 폭발할 경우에 한반도 상황 역시 연동해서 다양한 큰 변화들이 일어날 가능성이 높아져 가고 있다.

따라서 2018년부터 북한이 동아시아에서 현실적으로 핵국가, 전략국가 지위를 확보해 나가고 있고, 남북한 체제 경쟁에서 역전을 시키고 있는 조건에서는 '북한 주도 한반도 통일을 통한 한반도의 북한 주도 베트남 모델화' 가능성은 한국과 미국 주도로 북한을 베트남처럼 변화시킬 가능성 보다 더 높은 약 60% 정도에 이른다고 판단된다. 이 모델의 경우 최대 관건은 첫째 북한이 북한 주도 한반도 통일을 추진하는 과정에서 친미비중 국가전략을 핵심으로 한 북미협상을 얼마만큼 성공적으로 해낼 수 있는가이고, 둘째는 통일 과정에서 베트남 공산당 수준의 개혁개방 정책을 한반도 전체 국민이 얼마만큼 수용할 수 있게 만들 수 있는가에 달렸다고 할 수 있다. 이 두 가지 과제를 해결하지 못한다면 또 다른 혼란과 변화가 닥쳐올 것이다.

그리고 근본적으로 한국이든 북한이든 한반도의 바람직한 통일을 실현하기 위해서는 1688년 영국의 명예혁명, 1776년 미국의 독립혁명으로부터 시작된 자유민주주의 근대국가 문명에 대한 깊은 이해가 무엇보다 중요할 것이다. 자유민주주의 근대국가 문명에 대한 이해가 깊지 못하면 현재 갈수록 심화되고 있는 미중 신냉전시대라는 세계 질서의 변동에 대한 이해도 부족하게 되고 여러 가지 갈등과 문제점을 발생시킬 수밖에 없다. 이는 필연적으로 국가적인 어려움을 초래하게 될 것이고 나아가 한반도는 혼란으로 빠져들게 될 것이다.

PART 2

중도회통 사상에
기초한
남북한 체제 경쟁의 이해

중도회통사상이란 무엇인가?

철학은 인간의 자유와 행복의 실현에 도움을 주는 것

  토마스 제퍼슨은 1776년 미국 독립혁명의 정신을 담은 '독립선언
서'에서 창조자로부터 주어졌고 양도할 수 없는 자유권을 인간의 모
든 권리의 앞자리에 놓아 그 중요성을 역설하였다. 영국의 1688년 명
예혁명의 철학적 기초를 제시한 존 로크의 사상을 계승한 것이기도
하지만, 결국 미국과 영국이 주도해서 만든 자유민주주의 근대국가
문명을 형성하는 가장 중요한 철학적 명제는 인간의 자유에 대한 존
중이었던 것이다. 그리고 자본주의의 아버지이자 자유민주주의 근대
국가 문명의 어머니라고 할 수 있는 애덤 스미스는 그의 철학을 담은
『도덕 감정론』에서 인간의 행복의 조건에 대해 설명한 바 있다. 그는
첫째, 인간이 행복하기 위해서는 우선 육체적으로 건강해야 하며 둘
째, 최소한의 경제적 부가 필요하고 셋째, 정신적으로 아무 거리낌이
없어야 한다고 주장하였다.

  인류 역사의 철학에서 인간의 자유와 행복에 대해 말한 성인들과

철학자들은 헤아릴 수 없이 많다. 석가모니, 노자, 공자, 예수, 마르크스가 대표적이다. 그런데 왜 자유민주주의 근대국가 문명을 설계한 사상가들인 존 로크, 애덤 스미스, 토마스 제퍼슨, 에드먼드 버크 등의 자유와 행복에 대한 철학적 견해가 중요한가를 이해할 필요가 있다. 앞서 밝힌 바와 같이 인류 역사를 분석해보면 인류의 평균 소득이 BC 1000년 전 21세기 가격 기준으로 약150달러, 1750년 산업혁명 직전 약 180달러로 거의 3000년 동안 변화가 크지 않았는데, 2000년 기준 약 6600달러로 크게 성장한 것으로 확인된다. 이는 자유민주주의 근대국가 문명이 얼마만큼 인류의 발전과 행복에 기여했는가를 확인할 수 있다. 경제성장에 핵심적 역할을 한 산업혁명과 과학기술혁명도 자유민주주의 근대국가 문명의 설계사들이 철학적으로 그 중요성을 강조한 인간의 자유권, 재산권, 행복추구권이 산업혁명 전사들의 적극적 활동을 이끌어낸 핵심적인 동기역할을 했다. 그 결과 압도적 다수의 사람들이 고대사회의 노예로, 중세 봉건사회의 농노로 살면서 생존을 위한 최소한의 경제적 기초도 마련하지 못한 상태에서 비인간적인 생활을 하다가 생을 마감한 경우가 다반사였던 사회에서 압도적 다수의 사람들이 자신의 자유권, 생명권, 행복추구권을 실현하기 위해 모든 노력을 다하는 사회로 변모한 것이다. 이것이 바로 자유민주주의 근대국가 문명의 지대한 역사적 역할이고 자유민주주의 근대국가 문명의 설계사들, 철학자들이 갖는 위대성이다. 특히 애덤 스미스는 그의 행복의 조건에 대한 주장에서 인간과 세계에 대해 구체적이면서도 깊은 통찰을 보여주었다고 생각된다.

그런데 21세기 자유민주주의 근대국가 문명은 새로운 차원에서 깊은 철학적 고민을 요구하고 있다.

자유민주주의 근대국가 문명은 지난 300여 년 동안 인류 역사 발전 과정에서 그 이전의 문명과 비교하기 힘들 정도로 인류에게 자유롭고 행복하게 살 수 있는 조건을 만들어 주었다. 20세기에는 좌파적 근대국가 문명을 시도했던 사회주의 체제의 도전도 물리쳤다. 그러나 21세기 자유민주주의 근대국가 문명은 내외적으로 심각한 도전에 직면하고 있다. 대내적으로는 자유민주주의 근대국가 문명의 세계화 과정에서 심화된 자유민주주의 국가 내부의 양극화 문제이고 대외적으로는 중국을 중심으로 한 아시아 사회주의 체제의 도전과 세계적인 민족주의의 부상 문제이다. 자유민주주의 체제 내부의 양극화 문제는 유럽에서 영국의 브렉시트(BREXIT) 사태와 미국의 트럼프를 중심으로 한 경제 민족주의의 부상으로 현실화되었다. 미국의 세계 패권에 대한 중국의 도전과 세계적인 민족주의의 부상은 미중 신냉전 시대로 현실화되었다.

이러한 자유민주주의의 근대국가 문명에 대한 대내외적 도전은 지난 역사적 발전 과정과 현재에 대한 철학적 성찰을 요구하고 있다. 철학적 성찰 과정에서 핵심적 내용은 인간의 자유와 행복에 대한 이해를 더욱 심화시키는 것이다. 자유민주주의 근대국가 문명의 형성 과정에서는 인간의 자유와 행복을 물질적 요소를 중심으로 해석하고 정신적 요소는 부차적으로 생각하는 경향이 있었다. 그러나 21세기 자유민주주의 근대국가 문명이 새로운 대내외적 도전을 극복하기 위해서는 인간의 자유와 행복을 위한 물질적 요소를 넘어서서 정신적 요소의 중요성에 대해서 깊이 이해하고 그 실현을 위해 노력하는 것이 중요해지고 있다.

물론 우선적으로 자유민주주의 근대국가 문명이 형성, 발전되어 온 과정에서 물질적 요소가 왜 중요했고, 그것이 인류의 문명을 어떻게 발전시켜 왔는가에 대한 정확한 이해를 기반으로 해야 할 것이다. 그렇지 못하고 정신적 요소만을 강조한다면 그 이전 인류의 역사 속에서 수천 년 동안 지속되어온 불교, 도교, 유교, 기독교 사상의 경전에 나타난 문구를 그대로 옮기는 것과 별다른 차별성을 보여주지 못할 것이기 때문이다. 따라서 자유민주주의 근대국가 문명에 대한 충분한 이해에 기초하여 정신문명적 요소에 대한 보다 깊은 이해를 실현해야 21세기 자유민주주의 근대국가 문명의 내외적 도전을 극복할 수 있을 것이다.

동서양의 철학 사상과 종교 사상을 통틀어 인간과 세계와 우주에 대해 가장 깊은 통찰을 보여주고 있다는『화엄경』에서는 자유에 대해 궁좌실제중도상(窮坐實際中道床) 즉 '다함없는 중도의 해탈 상에 편안히 앉아'로 표현하고 있다. 여기에서 중도란 진공묘유를 의미하여 모든 편견과 걸림돌을 넘어서서 진실로 빼어나게 존재하는 진리를 얻어 자유롭게 되었다는 의미라 할 수 있다. 한국 도교를 대표하는 경전인『천부경』에서 자유와 관련해서는 운삼사성환(運三四成環)으로 표현하고 있다.『천부경』의 내용은 고대의 숫자 철학을 담은 숫자 마방진(魔方陳; Magic square; 가로 세로 대각선 수의 합이 모두 같은 숫자 배열표)과 밀접하게 연관되어 있어서 한국 근대의 대표적 기독교 사상가인 유영모 등이『천부경』과 숫자 마방진을 결합한 해석을 시도하기도 하였다. 운삼이란 숫자 마방진에 나타나는 사방의 네 테두리의 숫자 세

개씩을 합한다는 것이고 사성환은 그 결과 모두 네 테두리의 숫자 합이 모두 15가 되어 사성환을 이루게 된다는 것이다. 그리고 15라는 숫자는 십오(十吾)가 되어 그 뜻은 십(十) 즉 천지를 관통하여 깨달음을 얻은 나(吾)가 된다. 이에 따라 사방에 걸쳐서 깨달음을 얻어 어떤 걸림돌도 없어진 상태 즉 자유로운 상태가 되어 인간과 세계가 균형을 이루어 행복한 결과를 얻게 됨을 뜻한다고 할 수 있다.

이를 현대적으로 해석한다면 자유는 사무애를 실현한 상태 즉 첫째, 경제적으로 기본적인 생계 걱정을 벗어나고 둘째, 정치적으로 독재나 전쟁으로부터 자유로운 상태를 유지하고 셋째, 육체적으로 건강하며 넷째, 정신적으로 어떤 걸림돌도 없는 상태가 실현된 것을 말한다고 할 수 있다.

행복은 이와 같은 네 가지 자유가 실현된 결과로 얻어지는 것이다. 따라서 애덤 스미스가 행복의 조건으로 말한 육체적 건강, 최소한의 경제적 부, 정신적 걸림돌이 없는 상태를 포함하고 있다고 할 수 있다. 독재와 전쟁으로부터 자유란 존 로크와 토마스 제퍼슨이 말했던 저항권의 실현과 관련된다고 할 수 있다. 21세기는 갈수록 복잡해지는 현대 문명 속에서 인간의 자유와 행복을 실현하고 나아가 자유와 행복이 실현되는 공동체를 만들기 위해서는 이러한 철학적 내용에 대한 이해와 더불어 불교적 도교적 차원의 깨달음을 포함한다면 진정으로 자유로운 인간이 될 수 있을 것이다. 현대 철학에서 이와 같은 철학적 내용에 가장 가까이 접근하여 자신의 철학 사상을 제기한 대표적인 철학자는 니체라 할 수 있다. 그가 말한 초인이란 바로 사무애를 실현한 자유인이라 할 수 있을 것이다. 니체는 자신이

"'유럽의 붓다'가 될 수 있을 것이다"라는 말을 남기기도 했다. 불교에서는 이 같은 사람을 깨달은 사람 즉 각자(覺者), 도교에서는 도인(道人)이라 한다. 그리고 이 같은 깨달음을 얻은 사람들은 주위의 사람들과 공동체 전체의 자유와 행복을 위한 실천을 지속해야 더욱 성숙된 자유로운 인간이 될 수 있을 것이다.

플라톤의 이데아론, 조선의 유교논쟁과 원효의 일심회통사상

철학의 가장 근본적인 주제 중 하나는 '보이는 현상세계와 보이지 않는 본질의 세계를 어떻게 이해 할 것인가?'이다. 그것은 '눈으로 보이는 세계가 세계의 전부이거나 본질적인 것은 아닐 것이다'라는 의문 속에서 시작되었다. 이 같은 철학의 근본문제를 인류에게 질문을 던진 대표적인 철학자가 플라톤이다. 플라톤은 우리가 보고 듣고 만질 수 있는 세계가 사실은 가짜에 불과하고 지성의 눈으로 볼 수 있는 이데아의 세계가 본질이라고 주장하였다. 20세기의 유명한 철학자인 화이트 헤드는 "유럽의 철학 전통이 가지고 있는 가장 확실한 특징은 그것이 플라톤 철학에 대한 일련의 각주로 이루어져 있다는 것"이라고 말하기도 했을 만큼 서양철학사에서 플라톤의 영향은 절대적이었다. 그의 이 같은 이론은 근대에는 영국의 경험론과 대륙의 합리론의 통합을 시도한 칸트의 철학으로 더욱 완성된 모습을 보이게 된다.

칸트의 『순수이성비판』은 플라톤이 말했던 이데아의 세계를 중심

으로 해석한 것이고 『실천이성비판』은 이데아가 현실 속에서 구현된 현실 세계의 원리를 분석한 것이라고 평가된다. 헤겔의 『정신현상학』 역시 플라톤의 이데아 이론을 더욱 정교화하여 '절대이성'이라는 개념을 만들어 냈고 현실 세계는 '절대이성'이 실현되는 과정으로 보았던 것이다. 헤겔 이후 서양철학의 큰 흐름은 헤겔 좌파인 마르크스에 의해 유물변증법과 사회주의 혁명이론으로 발전하였고, 헤겔 우파의 대표적 인물인 니체에 의해 실존주의 현대 철학 등으로 분화, 변화, 발전하게 된다. 그리고 니체는 "기독교는 대중을 위한 플라톤주의다"라고 주장하면서 기독교 사상과 플라톤의 철학이 본질적으로 일맥상통하고 있음을 밝히기도 하였다. 플라톤의 '이데아'는 기독교의 하나님의 의미와 본질적으로 같다고 할 수 있고, 기독교의 예수는 플라톤이 말한 지상에서 이상 국가를 실현하기 위해 헌신한 철인정치의 상징적 인물이라 할 수 있을 것이다.

한편 동양사회에서는 노자와 공자를 통해 본질세계와 현상세계에 대한 철학적인 답을 찾고자 하였다. 노자는 『도덕경』을 통해 본질세계에 대해 무극(無極)의 원리와 도(道)에 대한 이해로, 공자는 그의 인간과 우주에 대한 이해를 담은 대표저작 『중용(中庸)』과 『주역(周易)』을 통해 태극(太極)의 원리와 음양(陰陽)의 원리로 설명하였다. 그리고 현상세계에 대해 노자는 덕(德)의 원리로, 공자는 극기복례(克己復禮)를 통해 설명하였다. 조선에서는 이(理)와 기(氣)에 관한 논쟁으로 발전하였는데, 이황의 이기이원론(理氣二元論)은 이(理)의 중요성과 이(理)의 출발성을 강조한 반면 이이의 이기일원론(理氣一元論)은 이(理)와 기(氣)에 대한 균형된 이해와 통일성을 강조하였다.

그런데 조선 후기의 송시열로 대표되는 주자학자들은 유교에 대한 관념성을 극대화했다. 즉 주자의 성리학(性理學) 다시 말하여 성(性) 즉(卽) 이(理)라는 이론을 수용하면서 이와 기에 대한 균형된 이해가 무너지고 이의 절대화 즉 관념성의 극대화로 나가게 되었던 것이다. 이처럼 조선 후기 송시열로 대표되는 성리학자들은 관념성이 극대화되고 청나라에 대한 '북벌론' 같은 현실성 없는 위선적인 정치적 주장 및 권력투쟁과 결합되면서 조선을 망국의 길로 이끌게 되었다.

반면 17세기 세계는 유럽에서 르네상스, 종교개혁 등을 거치면서 봉건질서를 혁신하고 1688년 영국의 명예혁명으로 대표되는 자유민주주의 근대국가 문명으로 역사적 대전환을 추진하던 시기였다. 이때 동시대의 조선은 관념성이 극대화된 성리학자들의 당파투쟁에 매몰되어 망국의 길을 재촉하고 있었다.

불교에서 본질의 세계와 현상의 세계에 대해 철학적 해명을 한 대표적인 사상가는 불교 역사상 최고의 이론가로 손꼽히는 용수대사였다. 용수는 3세기에 활동한 인도의 승려로 대승불교(大乘佛敎)의 교리를 체계화하는데 크게 기여하여 대승불교의 종조로 평가되며 동아시아 불교 사상에 지대한 영향을 끼쳤다고 할 수 있다. 그는 진속이제설(眞俗二諦說)을 기초로 인간의 인식을 초월한 진리의 세계를 진제(眞諦)인 제일의제(第一義諦)라고 설정하고, 언어나 개념으로 인식된 상대적인 현상의 세계를 세속제(世俗諦)라고 규정하였다. 그리고 진제(眞諦)에서는 모든 법이 공(空)하지만 세속제의 현상적인 차원에서는 인연법에 의한 상대적인 세계가 이루어진다고 보았다.

또한 진제와 세속제는 서로 의존하고 있는 진속불이(眞俗不二)의 관계에 있다고 보았다. 나아가 있음과 없음을 초월하고 모든 편견을 버린 중도(中道)사상이 불교의 핵심이라고 주장하였다. 용수는 '중론(中論)'에서 중도(中道)사상을 '생하지도 멸하지도 않으며, 항상적인 것도 끊어진 것도 아니며, 동일하지도 다르지도 않으며, 오지도 가지도 않는다(不生亦不滅 不常亦不斷 不一亦不異 不來亦不出)'라고 설명하였다. 원효 스님은 『화엄경』의 핵심내용에 대해 진여(眞如)와 생멸(生滅)의 세계로 설명하고 나아가 진여와 생멸의 세계를 일심(一心)으로 회통(會通)하여 이해해야 한다는 독특한 회통사상을 제시하여 세계 불교철학사에 큰 발자취를 남겼다. 원효의 진여 세계는 플라톤의 이데아요, 유교의 이이며, 도교의 도이고, 기독교의 하나님이고 용수대사의 진제라고 할 수 있다. 그의 생멸의 세계는 플라톤의 현실세계요, 유교의 기이며, 도교의 덕과 연관되고, 기독교의 예수님이 구원하고자 했던 현실세계이며, 용수대사의 속제인 것이다. 이 같은 이해에 기초하여 일심으로 회통할 수 있다는 주장을 한 것이다.

도교의 경전인 『천부경』에서는 만왕만래용변부동본(萬往萬來用變不動本)이라는 구절을 통해 본질의 세계와 현상 세계의 원리를 설파하고 있다. 만물이 오고 가는데 현상 세계는 실사구시로 계속 변화하지만 근본 본질은 변하지 않는다는 것이다.

원효와 『천부경』의 중도회통사상에 기초한 본질의 세계와 현상의 세계에 대한 통일적 이해는 21세기 자유민주주의 근대국가 문명을 한 단계 심화시키고 발전시키는데 중요한 철학적 무기가 될 것이라 생각된다.

천부경, 원효, 탄허의 회통사상(會通思想)과 21세기의 중도회통사상

　한반도에서 나타난 철학 사상과 종교는 대부분 서로간의 회통과 조화를 중시해왔다. 한반도 최초의 국가인 고조선의 건국이념인 '홍익인간' 철학을 중심으로 한 한국 도교의 경전인『천부경』에서는 회통과 조화에 대해 천이삼지이삼인이삼(天二三地二三人二三)이라는 구절을 통해 표현하고 있다. 그 뜻은 하늘은 땅과 사람과 조화를 이루어 완성되고, 땅은 하늘과 사람과 조화를 이루어 완성되며, 사람은 하늘과 땅과 조화를 이루어 완성된다는 것이다. 그리고 조화를 이루기 위해서는 천지인 삼자 간의 회통이 이루어져야 한다는 것이다. 신라의 천재 최치원은 유교, 불교, 도교를 통달한 뒤 그 모든 진리가『천부경』에 담겨있음을 깨닫고『천부경』을 한자로 정리하여 후대에『천부경』의 진리를 확산시키기도 하였다.

　원효는 인간과 세계와 우주의 원리에 대해 진여(眞如)와 생멸(生滅)의 세계로 설명하고 나아가 일심(一心)으로 회통(會通)하는 것을 통해 진리의 세계에 도달할 수 있다는 소위 화쟁(和爭)회통(會通)사상을 체계적으로 정리하였다. 화쟁회통이란 진여와 생멸의 세계에서 두 개의 세계든, 한 세계든 다양한 견해 차이와 갈등이 존재할 수 있으나 이는 쟁이화(爭而和) 즉 논쟁이나 조화를 이룬다는 정신에 따라 조화로운 길로 나갈 수 있다는 것이다. 16세기 조선의 서산대사는 선가귀감, 도가귀감, 유가귀감이라는『삼가귀감』이라는 책을 내서 불교, 도교, 유교의 회통을 추진하였다. 그 핵심은 불교, 도교, 유교에서 표현하는 것은 조금씩 다를 수 있으나 진리를 추구하는 정신과 원리는

동일하게 이해할 수 있음을 주장하였다. '만법귀일(萬法歸一)'의 정신을 이야기한 것이다.

20세기 탄허 스님은 동양의 불교, 도교, 유교와 함께 서양의 기독교까지 확장하여 4교 회통사상을 주장하였다. 그는 『화엄경』과 관련한 모든 경전을 섭렵하고 총화한 『신화엄경합론』을 낸 『화엄경』의 최고 전문가로 『화엄경』 철학을 기반으로 4교 회통사상을 펼쳤다. 그는 "부처, 노자, 공자, 예수 등은 종일 희로애구애오욕(喜怒哀懼愛惡慾) 감정을 써도 쓴 자리가 없이 쓰며 시공이 끊어진 세계에서 사는 분들"로 평가하면서 회통사상에 기초하여 불교, 도교, 유교, 기독교의 성인들을 평가하였다.

특히 그는 서양의 기독교까지 포괄하는 회통사상을 추구하였는데, 마태복음의 "마음이 가난한 자에게 복이 있나니"의 본질적 의미는 "마음을 비우는 자에게 복이 있나니"로 해석해야 함을 주장하여 기독교의 본래적 진리에 대한 통찰을 보여주기도 하였다. 나아가 "천국은 마음을 비운 사람의 것이라고 했고, 아담과 이브가 선악과를 따먹기 이전으로 가야 낙원이 회복된다는 것은 불교와 동양학에서 선악 시비가 끊어진 근본 자리를 깨닫는 것과 같다"라고 비유하면서 4교 회통사상의 진수를 보여주었다.

그런데 21세기의 회통사상은 중도 즉 진공묘유에 기초한 회통사상을 실현하는 원칙에는 변함없지만, 1688년 영국의 명예혁명, 1776년 미국의 독립혁명으로부터 시작된 자유민주주의 근대국가 문명에 대한 깊은 이해와 존중에 기초해서 사고하는 것이 무엇보다 중요하다. 왜냐하면 앞서 강조한 바와 같이 인류의 평균 소득이 BC 1000년 전

21세기 가격 기준으로 약150달러, 1750년 산업혁명 직전 약 180달러로 거의 3000년 동안 변화가 크지 않았는데, 2000년 기준 약 6600달러로 크게 성장하였다. 이는 자유민주주의 근대국가 문명이 인류에게 지대한 공헌을 한 명확한 증거이고, 이에 따라 자유민주주의 근대국가 문명의 설계사였던 존 로크, 애덤 스미스, 토마스 제퍼슨, 에드먼드 버크 등은 석가모니, 노자, 공자, 예수 못지않게 인류에게 기여했다고 할 수 있다.

그러나 다른 한편으로 21세기 내외의 도전에 직면한 자유민주주의 근대국가 문명은 인류 역사 전체를 통틀어 인간과 세계와 우주의 원리에 대한 깊은 통찰에 기초하여 인류의 정신문명의 정수를 만들어낸 석가모니, 노자, 공자, 예수 등 옛 성인들의 지혜를 깊이 이해하고 실천하는 자세가 요구된다고 생각된다. 이를 위해서는 자유민주주의 근대국가 문명과 옛 성인들의 철학 사상을 새로운 차원에서 융합하고 발전시킬 수 있는 중도회통사상의 구현이 필요하다.

21세기적 중도회통사상을 구현하는데서 특히 한국을 포함한 아시아인들이 깊이 고민해야할 요소는 자유민주주의 근대국가 문명의 설계사들이 고민했던 철학적 문제에 대한 구체적 이해이다.

먼저 한국을 포함한 아시아인들은 자유민주주의 근대국가 문명 발전의 가장 큰 원동력이 되었던 개인의 자유 중요성에 대한 이해를 깊이 하는 것이 필요하다. 존 로크와 토마스 제퍼슨이 제기하였던 개인의 자유권, 생명권, 재산권, 행복추구권이 고대 노예제 또는 중세 봉건제와 달리 모든 독립된 개인의 자율성, 창의성, 발전에 대한 구체적 동기부여 등과 연결되어 결국 인류 역사상 그 전 시대와 비교 불가능할 정도로 양적, 질적인 물질문명의 발전을 가져온 것에 대한 구체적 이해가 필요하다. 동양사회는 전통적으로 유교문화의 영향을 받아 독립된 개인보다는 인간관계와 공동체를 중시하는 경향이 강했다. 그리고 불교, 도교의 경우에 인간에 대한 깊은 이해와 인간 개인의 깨달음에 관한 철학을 발전시켰지만, 보편적 인간과 사회 속의 독립된 개인에 대한 구별된 이해가 부족하고 추상적이었던 한계가 있었다. 이에 따라 동양사회는 전체적으로 독립된 개인의 자유가 갖는 중요성에 대한 철학적 이해가 부족했다고 평가된다. 동양사회는 세계사적 발전 과정에서 서양이 주도하는 물질문명을 수용하고 함께 발전시키기도 하였지만 철학적으로는 자유민주주의 근대국가 문명의 설계사, 철학자들이 고민했던 개인의 자유에 대한 철학적 이해는 빈곤했던 것이다.

다음으로 동양사회는 에드먼드 버크가 주장했던 '처방전의 정치 (The Politics of Prescription)'에 대한 구체적 이해가 필요하다. 근대 이전의 사회에서는 인의(仁義)정치, 왕도(王道)정치, 불교의 자비, 도교의 도인사회 등의 추상적 표현으로도 사회적 문제를 말하는데 큰 어려움은 없었다. 그러나 자유민주주의 근대국가 문명이 형성된 이후 눈이 부실 정도로 발전한 물질문명과 이에 따른 사회적, 경제적, 정치적 문제의 복잡성은 이전의 추상적 개념들로는 많은 한계를 노출시키게 만들었다. '소위 뜬 구름 잡는 이야기일 뿐'이라는 비판을 면하기 힘들다. 따라서 구체적인 분석과 처방을 통한 구체적 문제의 해결이라는 원칙을 실현시키지 못하면 21세기 자유민주주의 근대국가 문명이 파생시키고 있는 문제들을 해결하기 힘들 것이다.

이 같은 독립된 개인의 자유가 갖는 중요성과 '처방전의 정치(The Politics of Prescription)'라는 원리에 기초한 구체성이 갖는 중요성에 대한 이해에 기초하여 21세기 자유민주의 근대국가 문명이 부딪치고 있는 문제들을 해결해 나가야 할 것이다. 특히 인류가 자유의 가치와 함께 항상 중요하게 고민해온 평등의 가치에 대해 중도회통사상에 기초하여 어떻게 해결해 나갈 것인가에 대한 고민이 필요하다.

다른 한편으로 자유민주주의 근대국가 문명은 기본적으로 인간과 세계와 우주의 원리를 생각할 때 독립된 개인의 자유가 가장 중요한 가치인 것은 분명하지만, 많은 사람들이 추구해온 평등의 가치에 대해서도 현실적으로 어떻게 수용하고 해결해 나갈 것인가에 대한 해법이 필요하다. 구체적으로는 자유민주주의를 중심으로 하면서도 사회민주주의적 요소에 대한 수용이 필요할 것이다. 자유민주주의 근대국가 문명의 철학을 기본으로 하면서도 평등의 가치, 인간관계와 공동체에 대한 배려 등을 어떻게 포용할 것인가를 고민해야 할 것이다. 사회주의 혁명 또는 공산당 일당독재를 기반으로 한 전체주의는 인간과 세계와 우주의 본성과 맞지도 않을 뿐만 아니라 현실적으로도 실패할 수밖에 없음이 역사적으로 증명되었다. 그렇지만 그들이 추구했고 적지 않은 사람들이 지속적으로 요구해온 평등의 가치를 자유민주주의 근대국가 문명 안에 최대한 수용하려는 노력은 필요하다. 이는 북유럽의 많은 국가들에서 나타나고 있듯이 자유민주주의 근대국가 문명 속에 사회민주주의적 요소를 포용하는 것이라 할 수 있다. 그러나 그것이 구체적으로 실현되는 것은 또 다른 원칙인 '처방전의 정치' 원리에 따라 각국의 역사적 발전 단계, 사회 경제적 수준, 정치적 환경, 지정학적 조건 등 여러 가지 요소에 대한 구체적 분석에 기초한 구체적 대안제시가 중요할 것이다.

그리고 21세기의 중도회통사상이 실현되기 위해서는 자유민주주의 근대국가 문명을 주도해왔던 흐름 속에서도 인간과 세계와 우주에 대한 깊은 통찰을 보여 온 동양철학 사상에 대한 이해와 수용이 필요할 것이다. 21세기 들어 서양사회에서 확산되는 명상운동은 좋은 사례인데 이를 좀 더 광범위하게 확산시키고 나아가 이 같은 명상(Meditation)운동 안에 있는 동양철학적 내용 즉 인간존재의 깨달음 등과 관련한 철학적 깊은 이해, 인간관계와 공동체에 대한 배려 등의 철학이 정치, 경제, 사회 전반의 영역으로 반영될 수 있게 하는 노력이 필요할 것이다.

김용옥 류의 동학 부활이 아닌 동서회통과 중도회통사상 필요

김용옥은 최근 동학의 경전인 『동경대전』을 발간하면서 21세기 한국에서 동학의 부활을 선언하며 동학이 세계의 중심사상이 될 것이라고 주장하였다. 서산대사는 일찍이 "학어지배(學語之輩) 즉 글자만을 배우는 사람들은 말할 때는 깨친듯하다 가도, 실제의 경계에 부딪치면 그만 아득해진다고 하였고 말과 행동이 서로 같지도 않다"라고 설파한바 있다. 김용옥은 몇해 전 중국의 시진핑은 시대의 위인이 될 것이라며 찬양한 적이 있다. 그는 그 시기에 자신을 노자철학 전문가로 주장하며 많은 강의와 책을 내기도 하였다. 노자는 『도덕경』에서 자신의 핵심사상을 제1장 관묘장(觀妙章)에서 도(道)와 무(無)를 다루고 있는데 그 핵심은 중도 즉 진공묘유에 대해 설명하고 있다. 유불도(儒佛道) 등 모두 사상적 핵심을 관통하고 있는 것이 바로 진공묘유의 도(道)이다. 탄허는 『도덕경선주』에서 "무(無)에 대해 욕심이 없는 수준을 넘어서 유무(有無)의 분별마저 완전히 끊어진 절대적인 무(無)로 보아야 한다"고 하였다. 진공(眞空)을 해야 묘유(妙有) 할 수 있다는 것이다. 김용옥이 시진핑을 칭송한 이유는 시진핑이 미국과 맞먹는 초강대국 중국의 권력자이고 그가 중국몽(中國夢)과 21세기 실크로드 일대일로(一帶一路)라는 거대 프로젝트를 발표했기 때문이었을 것이다. 껍데기만 보고 평가한 것이다. 그가 노자 『도덕경』의 핵심인 중도 즉 진공묘유에 대해 이해하지 못하고 있음을 드러낸 것이다. 도덕경 안에 어떤 구절이 들어있다는 지식만 있을 뿐, 그 진리의 본질은 모르고 있는 것이다.

김용옥은 최근 동학의 부활을 선언하면서 동학의 내용은 주자의 성리학과도 일맥상통하다는 주장을 하였다. 이는 그가 동학에 대한 이해도 없을 뿐만 아니라 유교에 대한 이해도 제대로 하지 못하고 있음을 드러낸 것이다. 주자의 성리학(性理學)은 성(性) 즉(卽) 리(理)에 기초한 유교이론이다. 주자 성리학은 이(理)와 기(氣)의 중용(中庸)적인 균형된 이해를 강조한 공자와 하늘의 이치를 거스르고 백성을 고통에 빠뜨릴 경우에 역성혁명(易姓革命)의 필요성까지 주장했던 맹자의 이론과 비교하여 관념성이 극대화되었고 왕과 귀족 중심의 통치 이데올로기적 성향이 강한 유교이론이다.

그런데 동학은 인내천 사상을 기초로 1894년 동학 농민혁명을 통해 조선왕조에 대한 강력한 저항투쟁을 전개한 바 있다. 동학에서 유교(儒敎), 불교(佛敎), 도교(道敎)를 통합했다는 것은 위에서 말한 공자와 맹자의 사상 중 일부를 수용함을 이야기한 것이지 주자의 성리학을 수용했다고 말할 수는 없다. 동학은 주자 성리학을 신봉하던 조선후기 왕가와 귀족들의 폭정과 무능에 반대하고 저항했던 동학 농민혁명의 사상적 기초가 된 것인데 동학과 주자 성리학이 일맥상통한다는 김용옥의 주장은 어처구니없다고 아니할 수 없다. 이와 같이 유교, 도교, 동학에 대한 이해도 부족한 상태에서 동학의 부활을 선언하고 동학이 세계의 중심 사상이 될 것이라고 주장하는 것은 한심한 주관적 자기만족에 불과하다.

그리고 한국, 중국, 일본 등 적지 않은 지식인 사회에서 주장되었던 '동도서기론(東道西器論)' 역시 동도(東道)의 본질이 무엇이고 서기(西器)의 본질이 무엇인지에 대한 정확한 이해가 부족한 상태에서 껍데기적 치장을 위한 정치적 구호에 지나지 않은 경우가 많았다. 동도서기론은 정신문명은 동양의 것을 중심으로 삼고 물질문명은 서양의 것을 수용하자는 것인데, 서양의 물질문명 발전의 본질이 무엇이고 그것이 어떻게 가능했는가를 제대로 이해하고 있는지, 그리고 동도(東道) 즉 동양의 정신문명 중에서 서양보다 우월한 요소가 어떤 것인지를 제대로 이해하고 주장하는 것인지? 묻지 않을 수 없다. 이러한 내용에 대한 정확한 이해가 되어야 동양문명과 서양문명이 중도회통 사상에 기초하여 융합(融合)의 길로 나갈 수 있을 것이다.

서양문명 특히 인류의 물질문명을 획기적으로 발전시킨 자유민주주의 근대국가 문명에 대한 정확한 이해가 없는 상태에서 서양의 물질문명을 수용하자는 것은 공허한 것이다. 자유민주주의 근대국가 문명을 만들어 낸 원동력은 존 로크, 애덤 스미스, 토마스 제퍼슨, 에드먼드 버크의 새로운 철학 사상이었다. 인간의 자유권, 생명권, 재산권, 행복추구권을 존중하고 덕과 함께하는 자유를 추구하였으며 인간의 이기심이 시장경제를 발전시키는 동력이 되어 자본주의 물질 문명을 꽃피울 것이라는 철학 등을 포함한 것이다. 이러한 철학들이 기초가 되어서 인간의 구체적 발전 동기들을 자극하여 현대 물질문 명의 직접적 원인이 된 산업혁명, 과학기술혁명도 촉발시켰던 것이다. 인간과 세계의 본질에 대한 구체적 이해가 있었기에 가능했던 것이다. 이러한 인간과 세계의 본질을 무시한 채 추진하는 급진주의적 혁명은 실패할 수밖에 없음을 밝히기도 하였다. 자유민주주의 근대국가 문명을 설계한 이들 철학자들은 인류의 철학 사상사에서 거대한 진보를 일구어내었고 이전 문명세계와는 비교할 수 없을 정도로 물질문명을 발전시켜 인간의 자유와 행복을 실현하는 데 있어서 획기적 변화와 발전을 이끌어 냈던 것이다. 이러한 서양 자유민주주의 근대국가 문명의 본질과 구체적 내용에 대해 이해하지 못한 채 주장하는 동도서기론은 공허한 주장에 불과한 것이다.

동도서기론을 주장하기에 앞서 존 로크, 애덤 스미스, 토마스 제퍼슨, 에드먼드 버크의 철학에 대해 깊이 이해하고 존중하는 것이 21세기 동양문명과 서양문명이 새로운 융합으로 나가는 출발점이 될 것이다.

다음으로 동도(東道) 즉 동양의 정신문명 중 무엇이 서양문명과 융합하는 과정에서 구체적 변화, 발전에 기여할 것인가를 이해해야 할 것이다. 동양정신문명을 이해하는 과정에서 중요한 잘못은 유교 중심의 관점이다. 동양정신문명에서 유교는 약 30%에 불과하고 불교가 30% 도교가 30%이며 샤머니즘 10% 정도의 구성을 가지고 있다. 그런데 유교는 앞서 살펴본 바와 같이 공자, 맹자 시기에는 인간과 세계에 대한 균형된 시각을 가진 요소도 적지 않았으나 주자 성리학에 와서는 왕가와 귀족 중심의 통치 이데올로기로 변질된 예가 많았다.

특히 조선에서는 1636년 병자호란 이후 주자 성리학의 관념성이 극대화되고 청나라에 대한 북벌론 같은 비현실적인 위선적 정치구호와 결합되어 당파투쟁의 수단으로 전락하였다. 21세기 중국에서는 '공자학당'을 내세운 유교이념을 중국공산당 일당독재 통치 이데올로기를 합리화하는데 이용하고 있기도 하다. 이처럼 유교가 봉건왕조나 공산당 일당독재의 통치 이데올로기로 이용되는 배경에는 유교가 독립된 인간 개인의 자유보다 인간관계와 국가 등 공동체의 중요성을 주로 강조하는 철학적 내용과도 연관되어 있다. 특히 주자 성리학은 관념성이 극대화되면서 기득권 세력 또는 전체 주의자들의 통치 이데올로기화되었던 문제점에 대한 정확한 이해가 중요하다. 이 같은 요소들은 동양 사회의 자유민주주의 근대국가 문명으로 전환 과정에서 가장 큰 걸림돌이었다.

그리고 불교와 도교의 인간과 세계에 대한 이해에 있어서 한계로 지적될 수 있는 것은 독립된 인간 개인과 보편적 인간이라는 개념에 대한 구분이 분명하지 못한 요소가 있었으며, 인간을 사회 속의 인간으로 구체적으로 이해하는 것이 부족했다는 것이다. 이에 따라 동양 사회에서 불교와 도교는 추상적 차원의 인간수양, 개인적 차원의 깨달음, 기복적, 구원적 신앙 등의 차원에서 현실화되는 경우가 많았다. 그러나 다른 한편으로 불교와 도교는 개인과 세계와 우주에 대한 깊은 이해와 인간 존재의 깨달음과 관련된 깊은 철학적 내용을 가지고 있다. 따라서 불교, 도교, 유교가 존 로크, 애덤 스미스, 토마스 제퍼슨, 에드먼드 버크가 철학 사상적으로 기여하여 만든 자유민주주의 근대국가 문명을 깊이 이해하고 존중하는 것을 기반으로 21세기 자유민주주의 근대국가 문명이 대내외적으로 부딪치고 있는 문제들에 대한 철학적 해법을 제시한다면 인류역사에 새로운 기여를 할 수 있을 것이다.

결론적으로 자유민주주의 근대국가 문명에 대한 이해도 부족한 채 동학의 부활을 선언하는 것은 21세기 시대적 상황에 적합하다고 할 수 없다. 오히려 서양이 주도해온 자유민주주의 근대국가 문명에 대한 깊이 있는 이해를 기초로 불교, 도교, 유교가 가지고 있는 인간, 세계, 우주에 대한 깊은 철학적 이해를 동서회통의 관점에서 융합한다면 인류의 새로운 방향을 제시하는데 큰 기여를 할 수 있을 것이다. 동서회통을 실현하는 기본 철학은 중도회통사상 즉 진공묘유적 관점에서 동양문명과 서양문명의 껍데기적 요소나 각종 편견은 깨끗이 버리고 각자의 문명 요소 중에서 서로 배워야 할 것을 구체적으로 찾아 융합시키는 과정이 필요할 것이다.

중도회통사상 핵심은 진공묘유 기초한 천지인 조화 사상

도교의 경전인 『천부경』과 원효, 최치원, 서산, 탄허 등이 발전시켜온 중도회통사상은 21세기 자유민주주의 근대국가 문명이 내외적 도전에 부딪히고 있는 상황에서 그 해법을 찾는데 중요한 철학적 핵심 요소가 될 수 있을 것이다. 원효는 『화엄경』에 대해 논하면서 진여(眞如)와 생멸(生滅)의 세계를 일심(一心)으로 회통(會通)하는 것을 통해 진리에 도달할 수 있다고 설파한 바 있다. 그리고 20세기 탄허는 '성인의 길에는 두 가지 마음이 있을 수 없다'며 불교 도교 유교 기독교를 포괄하는 4교 회통사상을 주장하였다. 그런데 이러한 중도회통사상의 원조는 한국 도교의 경전인 『천부경』이라 할 수 있다.

신라의 천재 최치원은 12세 때 당나라에 가서 과거급제를 하고 이후 당나라에서 17년 동안 유, 불, 도를 거의 통달하는 수준으로 공부한 뒤 귀국하였는데, 신라에 돌아와서 보니 신라에는 유, 불, 도 3도를 깊이 포괄하는 풍류도(風流道)가 있음을 알게 되었다고 한다. 최치원은 이를 "우리나라에는 깊고 오묘한 도가 있다. 이를 풍류라 한다. 이 가르침의 근원은 선사(仙史)에 실려 있는데, 이는 유, 불, 도 삼교를 포함한 것이요, 모든 중생과 접해 인간화한다"라고 표현하였다. 고구려의 조의선인, 백제의 수사도, 신라의 화랑도는 풍류도가 뿌리이다. 그리고 홍익인간을 건국이념으로 세워진 고조선 시대부터 풍류도가 도인(道人)이 되기 위한 심신 수련법이었다면, 『천부경』은 인간과 세계와 우주의 원리를 설파한 것으로 고조선 시대부터 말과 다양한 문자 등으로 표현되어온 것을 유불도를 통달했다는 최치원이 한자로 정리하여 후대에 널리 확산시키는 역할을 하였다.

중국인이 우주의 변화 원리를 이해하는 경전으로 만든 것이 주역(周易)이라면 한국인이 우주의 변화 원리를 이해하는 경전으로 만든 것이 『천부경』이다. 『천부경』의 핵심은 천지인(天地人)의 조화(調和)에 관한 철학이라 할 수 있다. 한국 근현대의 대표적인 기독교 사상가인 유영모 선생, 함석헌 선생은 기독교 사상과 『천부경』 철학의 회통을 시도하기도 하였다. 유영모, 함석헌의 후배인 유동식 연세대 명예교수는 이를 발전시켜 풍류 신학 사상을 주장하기도 하였다. 『화엄경』, 『천부경』 등의 철학적 원리를 이해하기 위해 가장 중요한 것은 참선수행, 명상수행이라 할 수 있다.

명상수행 즉 참선은 본성적으로 첫째, 신과의 대화이다. 자기가 생각하는 주제에 대해 하늘은 어떻게 생각할 것인가를 끊임없이 생각하는 것이다. 둘째, 평소의 생각보다 두 단계 세 단계 더 깊게 생각하는 것이다. 평소 생각의 방식으로 오랜 시간 생각하고 있으면 망상에 빠지기 쉽고 명상수행이 아니다. 셋째, 명상수행 과정에서 의문나는 것이 있으면 공부해야 한다. 자기 주도 진리탐구 학습이라 할 수 있다. 참선과 공부를 병행해야 하는 것을 불교에서는 정혜쌍수(定慧雙修)라고 한다. 위빠사나 명상수행법이 생각과 감정을 비우는 것을 중심으로 수행하는 것이라면 대승불교의 화두참선법은 수행자가 화두에 집중하여 잡념을 없애고 진리를 탐구하는 것이다. 그러나 두 가지 수행법은 대립적인 것은 아니다. 비워야 새로운 것이 채워진다는 회통의 원리 속에서 이해하면 될 것이다. 풍류도의 명상수행법은 좌선(坐禪), 입선(立禪), 행선(行禪) 등 형식으로부터 자유로운 특징도

가지고 있다.

『천부경』은 단 81개의 글자를 통해 천지인(天地人)의 원리와 숫자 철학에 기초하여 우주의 원리를 설명하고 있는데, 불경, 도덕경, 주역, 성경 등 인류가 만들어온 모든 경전이 담고 있는 원리의 핵심을 설명하고 있다. 『천부경』은 일시무시일(一始無始一) 즉 '한 물건이 시작되었으되 시작한 것이 없다'로 시작하여 일종무종일(一終無終一) 즉 '한 물건이 끝났으되 끝난 것이 없다'로 마무리 짓는데, 여기에서 한 물건이란 인간을 포함한 만물(萬物)이라 할 수 있다. 이는 불교 금강경 전체를 관통하는 색즉시공 공즉시색(色卽是空 空卽是色)을 의미한다. 이러한 공(空)사상에 기초하여 천지인의 조화(調和)원리를 설명해 들어간다.

『천부경』은 일적십거무궤화삼(一積十鉅無匱化三)이라는 구절을 통해 중도 즉 진공묘유의 원리를 설파하고 있다. 일적십거무궤화삼이란 "만물이 음양의 원리를 통과하면 하늘과 땅과 인간 즉 3자가 강하고 독립된 존재로 바로 서게 된다"는 것이다. 여기에서 십(十)이라는 숫자는 하늘과 땅을 관통하는 의미를 담고 있고 음양(陰陽)의 원리를 통과한다는 뜻을 함축하며 이는 진공묘유를 실현하여 진공(眞空) 즉 모든 껍데기와 편견을 없애고 묘유(妙有) 즉 빼어나게 진실로 존재하는 것을 찾는다는 것을 실현하는 의미이다.

십(十)이라는 숫자에 대해 기독교 사상가 유영모는 밀물과 썰물로 비유하기도 하였다. 이러한 음양의 원리를 통과한 천지인의 조화에 관한 철학은 단지 음양의 원리와 조화를 강조한 유교의 주역 또는 중국인의 세계관과 차이를 가지고 있다. 성철 스님은 "유교의 중용(中

庸)은 과하지도 부족하지도 않은 중간의 의미에 지나지 않는다"면서 불교의 중도(中道) 즉 진공묘유의 철학적 깊이에 미치지 못함을 지적하기도 하였다.

그리고『천부경』은 오칠일묘연(五七一妙衍)이라는 구절을 통해 인간을 중심으로 한 땅과 하늘의 조화 즉 천지인(天地人)의 조화의 실현을 통한 아름다운 세상을 묘사하고 있다. 여기에서 오칠일은『천부경』과 결합된 고대인의 숫자 철학을 담은 숫자 마방진과 연관된 것으로 숫자 5는 나(吾)를 의미하고 칠(七)은 숫자 마방진 둘레의 7개 숫자를 말하는 데 땅(地)을 뜻하며 일(一)은 하늘을 뜻한다. 이에 따라 나를 중심으로 땅과 하늘 즉 인지천(人地天)이 조화를 이루면 빼어난 아름다움이 넘쳐난다 라는 뜻이 된다. 인간을 중심으로 한 천지인의 조화의 중요성을 말하고 있는 것이다.

『천부경』은 뒤이어 천지인의 조화와 변화를 거친 것을 대삼합(大三合)으로 표현하면서 이를 통해 육(六)이라는 숫자를 새로운 탄생(生)의 의미와 연관하여 설명한다. 증산도우회, 대종교 등 여러 민족종교와 불교 일부에서는 이 육이라는 숫자를 후천개벽 또는 미륵불의 재림 등으로 설명한다. 후천개벽, 혁명, 미륵불 세상의 상징으로 사용되어온 셈이다. 필자는 여러 가지 조건이 형성되면 세상의 후천개벽 등 큰 변화가 올수도 있을 것이나 기본적으로는 새로운 탄생(生)과 연관되는 육(六)이라는 숫자를 인간의 깨달음과 연관해서 해석하는 것이 지혜로울 것이라 생각된다. 육(六)이라는 숫자의 형상은 인간이 천지를 관통하는 모습을 보이고 있기도 하다.

이처럼『천부경』은 인간과 세계와 우주의 원리를 공사상, 중도 즉 진공묘유의 사상, 인연법 사상을 기초로 천지인 조화의 원리와 인간의 깨달음 등에 관한 철학을 81자의 선시로 설파하고 있다. 그리고 이 같은 『천부경』의 내용은 한편의 대하소설처럼 인간, 세계, 우주, 깨달음에 관한 원리를 설파하고 있는 『화엄경』의 내용과 대부분 일치하고 있기도 하다. 이러한 동양철학 사상의 진수를 담고 있는 『천부경』과 『화엄경』의 내용은 중도회통사상의 진수를 보여주고 있기도 한데, 중도회통사상은 21세기 자유민주주의 근대국가 문명을 한 단계 더욱 심화시키고 발전시키는데 중요한 역할을 할 수 있을 것이다.

지난 300여 년 동안 세계사를 주도해온 자유민주주의 근대국가 문명은 1688년 영국의 명예혁명, 1776년 미국의 독립혁명으로부터 시작되었다. 그리고 이 근대국가 문명의 주도세력은 영국의 청교도혁명을 이끌었던 청교도(Protestant)들이었고 이들이 미국의 건국을 주도하기도 하였다. 그런데 그 청교도들의 원동력은 중세시대로부터 내려오던 교황, 왕, 교회 등의 기득권과 형식적인 껍데기들에 대해 저항하고 부정하면서 신과의 직접 대화를 통해 자신들의 소명 등을 발견했던 것이다. 즉 신과의 직접 대화라는 명상수행을 통해 신의 참뜻, 참 진리, 소명 등을 발견하고 결국 세계사의 새로운 문명을 만들어 냈던 것이다. 이는 『천부경』, 『화엄경』의 진리와도 일맥상통한다고 생각된다. 나아가 『천부경』, 『화엄경』은 인간존재에 대한 깨달음, 인간과 세계와 우주에 대한 이해에 기초한 천지인 조화의 철학 등에서 그 어떤 서양철학 사상보다 더 심오한 내용을 담고 있다. 21세기 문명사적 전환기에 영국과 미국의 청교도(Protestant)들이 주도해온 근대국가 문명은 역사적 위기 속에 놓여있다. 한반도에서 『천부경』과 『화엄경』의 철학 사상을 기초로 불도유기사(佛道儒基社; 불교, 도교, 유교, 기독교, 사회주의) 5도를 회통하여 새로운 정신문명의 비전을 제시한다면 한국뿐만 아니라 인류에게도 선물이 될 수 있을 것이다.

중도회통사상과 민족주의, 애국주의

자유주의와 민족주의의 공존과 자유주의적 애국주의

　2019년 봄, 국제 문제 전문지 「포린 어페어스」 3·4월호에서 신민족주의에 관한 특집을 다뤘다. 세계 2차대전 이후 서구 지식인 사회에서 비판 또는 폄훼돼 온 민족주의에 관한 담론을 특집으로 다룬 것은 이례적인 일이었다. 서구 주류사회에서 민족주의를 배타시해온 이유는 세계 2차대전 과정에서 나찌에 의한 유태인 인종학살이라는 끔찍한 배경에 민족주의가 작용하였다는 생각과 연관된다. 민족주의와 인간의 자유와 다양성을 존중하는 철학은 근본적으로 양립할 수 없다는 판단이었다. 즉 민족주의와 자유주의는 대립 충돌할 수 밖에 없다는 것이다. 그런데 「포린 어페어스」가 21세기 신민족주의에 관한 특집을 다룬 배경에는 중화민족 패권주의의 부상과 미국 중심의 세계질서에 대한 도전, 급속한 세계화 과정의 후유증, 인도·터키와 상당수 유럽국가에서 민족주의의 부상, 영국의 유럽연합 탈퇴 움직임에 이어 세계질서의 중심에 서 있는 미국에서 미국 우선주의, 경제민족주의를 앞세운 트럼프 정부의 등장과 관련되었다. 「월스트리트저널」 칼럼니스트 월터 러셀 미드는 서구 지식인사회의 민족주의에 대한 몰이해나 의도적인 자기 중심적 무시와는 무관하게 현실적으로 21세기 세계는 민족주의의 새로운 부상과 이에 따른 세계질서의 대변동이 진행되고 있다고 주장해왔다.

「포린 어페어스」의 특집 논문 발표자 야엘 타미르는 영국 옥스퍼드대에서 자유주의적 민족주의를 주제로 박사학위를 받았고 이스라엘 교육부 장관을 지냈다. 그녀의 논문 핵심은 자유주의와 민족주의는 다수의 학자가 주장해 왔듯이 대립과 충돌하는 것이 아니라 공존이 가능하며, 그로 인한 자유주의적 민족주의가 현재 세계질서의 변동 이해와 향후 방향에서 중요한 이념적 토대 역할을 할 수 있다고 주장한다. 또한 프랑스 에마뉘엘 마크롱 대통령이 2018년 11월 민족주의와 애국주의는 반대개념이라고 주장한 것은 민족주의에 대한 이해가 잘못된 것이라고 지적하면서 프랑스 애국주의, 즉 관대한 국가, 보편적 가치의 수호자라는 개념은 자유주의적 민족주의와 다르지 않다고 주장했다. 즉 자유주의적 민족주의와 자유주의적 애국주의는 동일한 맥락에서 이해할 수 있는 개념이라는 것이다. 물론 그 전제는 자유주의적 민족주의가 핏줄 또는 인종 중심의 민족주의가 아니라 역사 문화 공동체를 기반으로 한 자유주의와 공존하는 민족주의이여야 할 것이다.

20세기 민족주의는 패권적 민족주의 또는 제국주의와 저항적 민족주의 또는 민족 해방운동으로 크게 구분된다. 미국과 유럽의 대부분 지식인이 민족주의에 대해 부정적인 것은 민족주의를 패권적 민족주의의 폐해인 나치즘, 인종주의, 유태인 학살 등과 연관시켜 생각해 왔기 때문이다. 그런데 20세기 후반 민족국가를 완성하지 못했거나 불완전했던 아시아·아프리카·라틴아메리카·중동·동유럽 국가 등에서는 민족국가의 형성이나 완성을 위한 다양한 활동이 전개된다. 또한 급속한 세계화 과정과 연관된 불법이민자 문제, 이로 인한 경제사회적 문제 등이 세계적 범위에서 민족주의를 확산시키고 있다. 그리고 아시아에서는 G2로 등장한 중국의 중화민족 패권주의가 새로운 차원에서 민족적 각성을 촉발시키고 있다.

그런데 20세기에 나타났던 부정적 민족주의는 21세기에 새로운 양상을 띠고 나타나고 있다. 첫째, 자기민족 중심주의가 다른 민족에 대한 배타성이나 무시를 표출시키는 독선적, 패권적 민족주의다. 20세기 민족주의의 잔재라 할 수 있다. 동아시아에서는 2003년 중국의 패권적 민족주의가 표출되면서 고구려 역사왜곡인 동북공정과 몽골 역사왜곡인 북방공정 등을 통해 나타났다. 다른 한편에서는 이스라엘 민족이 팔레스타인 민족을 힘의 논리로 억압하는 정책 등을 통해 표출되었다. 세계 2차대전 중 이스라엘 민족은 피해자요, 약자였지만 현재 이스라엘과 팔레스타인 관계는 팔레스타인 민족이 피해자요, 약자라는 현실을 이해하고 '두 개의 국가 해법' 등을 현실화 시키는 것이 필요할 것이다. 이 같은 문제들을 극복하기 위해서는 패권적 배타적 민족주의가 아니라 공존공영의 민족주의로 나가야 한다.

둘째, 민족주의의 부상이 자유민주주의에 대한 이해가 부족하거나 개인의 자유와 다양성 등을 부정하는 것과 연관되면 필연적으로 민족 간, 인종 간의 충돌을 가져오게 된다. 21세기에 그 대표적 사례는 중국공산당의 티베트 민족에 대한 종교적 탄압과 위구르 민족에 대한 각종 억압정책이라 할 수 있다. 그리고 다른 한편으로 미국 등에서 세계적인 코로나 위기상황 속에서 나타나는 아시아인 혐오 범죄도 동일한 맥락에서 이해할 수 있다. 이를 극복하기 위해서는 개인의 자유와 다양성을 존중하는 시민 민족주의, 자유민주주의에 기반한 민족주의가 되어야 한다.

셋째, 역사·문화적 정체성을 중심으로 한 민족주의가 아닌 핏줄 중심의 민족주의가 되면 많은 부작용을 낳게 된다. 중국의 중화민족 제일주의, 미국 등 서양의 백인 우월주의 등의 인종주의, 북한의 핏줄 중심의 우리 민족 제일주의, 일본의 재일동포에 대한 인종적 차별 등이 그 구체적인 사례들이라 할 수 있다. 이러한 인종주의적 핏줄 중심의 배타적 민족주의는 인류공동체를 망가뜨리는 큰 해악이라 아니할 수 없다. 이를 극복하기 위해서는 자유주의와 민족주의의 공존이라는 자유주의적 민족주의라는 철학적 이해가 필요할 것이다. 철학적으로는 자유주의와 민족주의의 중도회통적 관점의 융합이 필요하다. 개인의 자유와 다양성을 존중하는 자유주의와 역사 문화 경제 공동체로서 민족국가의 정체성을 중심으로 한 민족주의 또는 애국주의를 중도(中道) 즉 진공묘유의 관점에서 껍데기와 편견을 버리고 양 이념 속의 긍정적 요소들을 회통(會通) 융합(融合)한다면 자유주의와 민족주의 또는 애국주의는 공존할 수 있을 것이다.

그 결과로 형성되는 자유주의적 애국주의는 민족 국가 간의 평화적 공존 위에서 인류 공동의 평화와 번영을 위해 기여할 수 있을 것이다. 『화엄경』과 『천부경』 등을 통한 인류 성인들의 가르침은 인간

개개인이 소우주라면 국가 공동체들은 중간 규모의 우주라 할 수 있다. 나와 내 국가만이 소우주, 중간 규모의 우주가 아니라 상대방과 상대 국가도 동등한 소우주요 중간 규모의 우주임을 인정하고 존중해야 할 것이다. 월인천강(月印千江)의 철학도 마찬가지다. 진리의 달이 나의 마음과 내 나라에만 뜨는 것은 아니다. 세상의 모든 사람의 마음과 모든 나라의 강에도 진리의 달은 뜨는 것이다. 자유민주주의 근대국가 문명의 대표적인 정치 사상가인 에드먼드 버크도 '인간과 국가는 신의 자선에 의한 창조물'이라고 주장한 바 있다. 버크가 주장한 인간과 국가도 나와 내 나라만 말하는 것은 아니다. 세상의 모든 사람과 모든 나라를 말한 것이다.

인간과 세계와 우주의 진리를 밝혀냈던 불교, 도교, 유교, 기독교 성인들의 가르침을 따라 인간존재와 공동체에 대한 사랑과 깨달음과 상호존중의 정신을 현실세계 속에서 구현해 낸다면 21세기 자유민주주의 근대국가 문명의 위기도 극복해 나갈 수 있을 것이다.

중국, 북한의 민족주의와 현 동아시아 정세의 심각성

2021년은 중국공산당 창당 100주년이다. 19세기 중반 아편전쟁에 따른 굴욕적인 1842년 남경조약 이래로 중화사상은 날개 없이 추락을 거듭하다 1894년에는 청일전쟁에서까지 패배하면서 중국은 반식민지라는 치욕의 역사로 접어들게 된다. 이러한 중국의 중화민족주의가 산산이 부서진 조건에서 중국공산당은 등장하였고 장개석의 국

민당과 경쟁 끝에 중국대륙을 지배하는 정치권력으로 등장하여 1949
년 중화인민공화국을 건설했던 것이다. 세계 2차대전 이후 미소 냉
전시대에는 중국 사회주의 건설 과정에서 대약진운동, 문화혁명 등
거대한 실패로 점철된 정치운동을 경험하기도 하였으나 미국의 대소
련 견제 전략의 일환으로 추진된 미중 수교와 이와 연관된 등소평의
개혁개방정책에 따라 급속도의 경제성장을 이루게 된다. 마침내 21
세기에 들어 2008년 세계 금융 위기를 계기로 미국의 패권에 도전하
는 세계 양강 체제 G2 체제를 구축하기에 이른다. 21세기 세계 경제
강국으로 등장한 중국은 후진타오 시대인 2002년 패권적 중화민족주
의의 표출의 시작이었던 중국 중심의 역사왜곡인 한반도 대상 동북
공정, 몽골대상 북방공정 등을 추진하였다.

이후 2008년 베이징 올림픽에서 중화민족주의의 세계화 대형 이벤
트를 보여주었고 2012년 시진핑의 등장과 함께 중국몽, 일대일로 프
로젝트 등을 통해 미국 중심의 자유주의적 국제질서에 강력한 도전
자로 등장하게 된다. 2017년 공산당 지도자 10년 주기 세대교체 원칙
도 폐기한 시진핑 체제는 중화민족주의의 완성을 위해 매진하고 있
다. 홍콩 민주화운동을 제압하고 신장위구르 민족의 저항운동도 통
제에 성공한 시진핑 체제 중국공산당의 중화민족주의 완성을 위한
핵심과제는 대만문제의 해결이다. 1949년 중국공산당에 패배한 장개
석 국민당에 의해 수립된 대만 정부는 21세기 들어 중국에 대한 독립
적 성향을 강화하다 2019년 등장한 차이잉원 정권은 미국과 연대하
면서 분명히 중국공산당에 대항한 대만 독립을 추진하고 있다. 이에
따라 시진핑 체제 중국공산당의 중화민족주의 완성을 위한 최대 장

애물로 등장한 것이다. 아편전쟁 이래로 200년 가까운 치욕적인 중화민족주의의 역사를 청산할 수 있는 마지막 과제가 대만문제로 현실화된 것이다. 세계적으로는 미국 중심의 자유주의적 국제질서와 중국 중심의 새로운 권위주의 체제 간 충돌의 성격을 포함하고 있기도 하다.

시사주간지 「이코노미스트」는 최근 '현재 세계에서 가장 위험한 지역이 대만'이라고 분석했다. 필립 데이비드슨 미 인도태평양사령부 사령관은 2021년 3월 상원 군사위원회 청문회에서 "중국이 6년 안에 대만을 상대로 군사행동에 나설 가능성이 있다"고 밝혔으며, 중국의 대표적 미중 관계 전문가인 스인훙(時殷弘) 런민대 교수는 "내일 당장 전쟁이 일어나도 전혀 이상하지 않다"고 대만문제의 심각성을 분석하였다. 현재 대만의 상황은 대만이 국호를 '중화민국(Republic of China)'을 버리고 '대만(Taiwan)'을 사용할 경우와 1979년 이후 단절된 미국 대만 외교관계가 복원될 경우에 '대만 충돌사태'가 현실화 될 가능성이 높다. 군사적으로는 대만이 미국의 첨단무기인 즉 'F-35' 스텔스 전투기나 사드(THAAD·고고도미사일방어체계) 등을 도입할 경우에도 대만 충돌사태 가능성은 높아진다 할 수 있다.

그리고 동아시아에서 중국공산당의 중화민족주의 완성과 연관된 대만 충돌문제와 함께 군사적 충돌 가능성이 높은 지역은 핵무장 국가가 된 북한의 무력통일 시도라고 할 수 있다. 북한은 2021년 1월 개최한 노동당 8차 대회에서 '강력한 국방력으로 근원적인 군사적 위협들을 제압하여 조선반도의 안전과 평화적 환경을 수호하며 조국의 평화통일을 앞당기기 위하여 투쟁한다'고 명시했다. 강력한 국방력이란 핵 무력을 순화해서 표현한 것이다.

지난 1950년 북한의 도발로 시작된 한국 전쟁 중 군인 사상자는 한 국군 62만 명, 유엔군 15만 명, 북한군 52만 명, 중국군 90만 명으로 추산되고 민간인 희생자는 한국 100여만 명, 북한 110만여 명이 넘는 다. 북한은 이를 조국해방전쟁이라 한다. 또한 북한은 90년대 말 체 제 붕괴 위기 속에서 100만 명 내외의 아사 사태를 겪고서도 핵무장 국가의 목표달성을 포기하지 않았다. 역사적으로 볼 때 북한은 수 백 만 명의 희생자를 내고서도 북한 주도 한반도 통일의 목표를 포기한 적이 없는 것이다. 지난해부터 평양에는 '핵보유국이 된 오천 년 민 족사의 역사적 사변을 길이 빛내자'라는 선전구호가 걸려있다고 한 다. 북한은 '우리 민족 제일주의' 정신에 따라 민족주의의 완성을 위 한 북한 주도 한반도 통일의 목표를 핵무장력을 통해 추진하고자 하 는 것으로 보인다. 특히 북한은 2017년 동북아 정세의 게임체인저가 된 수소폭탄 실험인 6차 핵실험과 ICBM의 성공을 지렛대로 6·12 북 미 싱가포르 정상회담과 6·19북중 베이징 정상회담을 성공시키면서 현실적인 핵국가로 진입하였고, 전략국가를 자처하고 있다. 이에 따 라 2018년을 분수령으로 군사적 외교적 차원에서는 북한이 한국에 대한 체제 경쟁적 우위를 점하는 중요한 변화가 일어난 것으로 분석 된다.

이처럼 21세기 동아시아는 중국이 미국의 세계 패권에 도전할 정 도로 세계 양대 강대국으로 등장한 것을 계기로 중화민족주의의 완 성을 위해 대만 점령을 통한 통일의 완성을 추진하고 있고, 북한이 현실적 핵국가가 된 것을 지렛대로 북한 주도 한반도 통일을 통한 조선민족 제일주의의 완성을 추진하고 있는 세계의 전쟁 가능성이 가장 높은 지역으로 떠올랐다. 특히 대만사태가 발생할 경우에 자유주의적 국제질서의 수호차원에서 미국의 개입은 불가피한데, 그 경우 주한미군의 투입가능성이 대단히 높아서 연쇄적으로 중국과 북한의 군사행동 가능성이 크다고 할 수 있다. 이는 북한이 한반도에서 무력통일을 추진할 가능성을 약 30% 내외까지 높이고 있다고 분석된다.

이러한 분석에 대해 동아시아 문제 전문가들 상당 수는 중국과 북한의 위협을 과도하게 과장하여 미중 신냉전을 부추기고 한반도 정세의 긴장을 불필요하게 고조시키는 것이 아닌가라는 비판적 견해를 보이고 있다. 그러나 이 같은 견해는 중국공산당 지도부와 북한노동당 지도부의 성격과 전략에 대한 이해의 빈곤과 관련된다.

1957년 모택동은 모스크바에서 '제3차 세계대전이 일어날 경우 최악의 경우 세계 인구 27억 중에서 절반은 죽고, 절반은 생존할 것이다. 그렇게 되면 제국주의 국가들은 모두 파멸하고, 전 세계는 사회주의 체제로 변할 것이다. 그리고 수년 안에 세계 인구는 다시 27억이 될 것이다'라고 하였다. 공산당 지도자들의 전쟁과 혁명에 대한 이해가 담겨 있는 발언이다. 현재 중국공산당 지도자 시진핑은 모택동과 가장 성격이 유사한 지도자로 평가된다. 시진핑은 중국공산당 100주년 기념연설에서 "중국을 괴롭히는 세력은 머리가 깨져 피를 흘리게 될 것이다"라면서 '대만 통일'에 대한 의지를 분명히 했다. 이는 대만에 대한 준 선전포고적 성격을 가지고 있고, 미국에게는 '대만문제를 간섭할 경우 엄청난 희생을 각오해야 할 것이다'라는 준 협박성 발언을 한 것이다. 대만 사태가 발발할 경우 동아시아 정세는 한반도 전쟁을 포함한 예측불허의 상황으로 돌입할 가능성이 높다.

북한노동당 지도부 역시 90년대 말 100만 명 내외의 아사 사태를 겪으면서도 핵무장 국가전략을 버리지 않았고 나아가 북한 주도 한반도 통일에 대한 의지를 포기한 적이 없었다. 현재 중국도 북한도 미국과 전면전쟁을 할 경우에 패배할 것이라는 것을 모를 만큼 바보들은 아니다. 그러나 중국공산당 지도부가 모택동 정도는 아니더라도 중국인이 1000만 명 정도는 희생하고 100만 명 정도의 미국인을 희생시키겠다는 각오를 하고 대만 침공을 할 경우에 미국이 전면전을 각오하고 대만을 끝까지 지킬 수 있을 것인지를 질문해 보아야 한다. 또한 북한 지도부의 경우에도 북한인이 100만 명 정도는 희생하고 한국, 일본, 미국에 수십만 명 정도는 희생시키겠다는 각오와 경우에 따라서 핵무기 사용도 불사하겠다는 의지를 보이고 다른 한편으로 미국을 상대로 북한 주도 한반도 통일을 인정할 경우에 북한은 친미비중 국가로 나가겠다는 등 협상을 할 경우에 미국이 일본 또는 미국 등 수십만 명의 희생과 핵전쟁의 위험까지 무릅쓰고 한국을 끝까지 지킬 수 있을 것인지를 질문해 보아야 한다. 이러한 동아시아 정세의 복잡성과 중국공산당과 북한노동당 지도부의 특성을 고려할 경우 현 동아시아 정세는 한국 전쟁 이후 최대의 위기라고 할 수 있다.

이 같은 위기를 극복하기 위한 출발점은 중국과 북한에 대해 그 어떤 선입견이나 편견도 내려놓고 진공묘유의 관점에서 중국과 북한의 전략을 구체적으로 정확히 이해하는 것이다. 이에 기초하여 자유민주주의 근대국가 문명의 가치를 함께 발전시켜 나갈 미국 등의 동맹국과 함께 이에 대한 대응전략을 수립해야 할 것이다.

21세기 중국공산당은 주은래의 중국인가? 시진핑의 중국인가?

21세기 세계질서의 전망과 관련해서 가장 중요한 과제는 중국공산당을 어떻게 이해할 것인가?이다. 중국공산당은 1978년 등소평이 주도한 개혁개방 정책의 성공으로 연평균 10%내외의 기록적 성장을 이루어 냈고 2009년에는 GDP기준으로 일본을 추월하여 명실상부 미국과 함께 세계 양강 체제를 구축하게 된다. 이를 기초로 중국공산당 후진타오 지도 체제에서 시진핑 후계 체제를 선언했던 2010년 중국공산당 17기 중앙위원회 5차 전체회의(5중전회)를 앞두고, 중국공산당의 이념과 미래와 관련한 중요한 논문을 중국공산당 중앙위원회 기관지 「구시」에 발표하였다. 이 논문의 제목은 '중국특색의 사회주의 민주정치의 제도적 우월성과 기본 특징'이고 부제는 '중국특색의 사회민주주의와 서방자본주의 민주주의의 차이점'이다. 바로 이 논문이 21세기 중국공산당의 국가전략이자 세계전략을 핵심적으로 요약한 것이다. 따라서 21세기 세계질서의 전망과 관련해서 중국의 향방을 이해하는데 필독 논문이라 할 수 있다. 또한 현재 중국공산당 시진핑 체제의 전략과 향후 미래전망을 보여주고 있기도 하다.

이 논문에서 중국공산당은 첫째, 민주주의를 중국의 특색을 가진 사회주의 민주주의와 서방의 자본주의 민주주의로 구별하고서, 서방의 자본주의 민주를 착취자들만 향유할 수 있는 민주로 비판하고 중국의 사회주의 민주는 인민 대중들을 국가와 사회의 진정한 주인으로 되게 하였다고 주장하고 있다. 특히 오늘날 중국의 거대한 성공 비결이 여기에 있고 결국 중국의 사회주의 민주가 서방 자본주의 민주보다 우세하다고 주장하였다. 둘째, 민주주의를 계급과 국가의 발생으로 인해 생긴 문제로 보고 자본주의 민주는 돈이 정치와 선거와 민주 권리를 좌우한다고 비판하면서 중국 특색의 사회주의 민주는 자산계급 민주를 인민 군중들의 사회주의 민주로 변화시켰다고 주장하였다. 셋째, 중국의 '인민대표대회 일원제가 서방의 삼권분립 양원제보다 우월하다고 주장하였다. 서방의 입법, 행정, 사법의 삼권분립 다원적 권리구조는 권리의 다원화로 인해 상호 제어하고 시비하여 정치적 수행 효율이 대단히 낮고 비용도 비싸다고 평가하였다.

반면 중국의 인민대표대회 일원제는 입법권, 감독권, 중요 인사권, 정책결정권, 행정권, 사법권 모두를 통일적으로 실행하고, 민주주의 중앙집권제 원칙에 의하여 삼권분립제도와 연관된 상호 시비, 뒷다리 잡기, 행정권의 팽창, 의회의 말싸움 등의 문제점들을 방지하고 민주와 효율을 성공적으로 통일시키고 있다고 주장한다. 넷째, 공산당이 영도하는 다당 합작이 자유민주주의 체제의 다당제보다 우월하다고 주장하였다. 자본주의의 정당제도는 본질적으로 매개 정당이 부분 자본가 집단 또는 모집단의 이익을 대표하는 한계를 극복하지 못함으로써 사회 전체 구성원에게 평등하고 공평하게 대할 수가 없으며 노동 대중은 선거시 이용물에 불과하다고 평가한다. 또한 정당 간의 경쟁은 상호간의 편견을 낳고 사물 판단의 객관성과 공정성을 상실하고 나아가 상호공격과 싸움으로 귀결된다고 평가한다. 반면에 중국의 공산당이 영도하는 다당합작과 정치협상제도는 합작 원원의 원리에 기초하여 각 정당간의 단결 합작과 사회주의 사업에 대해 공동 투쟁하여 공동 발전하게 된다고 주장하였다. 다섯째, 대의제의 선거민주보다 중국공산당이 주도하는 협상민주와 선거민주를 상호 결합시키는 것이 우월하다고 주장하였다. 대의제 선거민주의 권리는 가끔씩 하는 선거투표 정도로 제한받고, 각 이익집단들은 선거 중에 돈으로 선거를 조종하는 등의 문제를 발생시킨다고 비판하면서 중국의 선거민주와 협상민주의 결합방식은 사회 각계각층의 이익과 견해를 효율적으로 반영할 수 있다고 주장하였다.

결론적으로 중국 특색 사회주의 민주가 서방 자유민주주의보다 높은 유형의 민주주주의이기 때문에 중국은 중국 특색 사회주의 민주를 적극적으로 발전시켜 나가겠다고 천명하고 있다. 이는 세계 초강대국 G2로 등장한 중국이 그동안 서방의 자유민주주의에 기초한 이념적 공세에 수세적으로 대응하던 태도를 버리고 이제 적극적으로 중국공산당 자신의 이념과 전략을 공세적으로 주장한 출발점이었던 것이다. 그리고 중국공산당이 이 논문에서 주장하고 있는 내용은 1688년 영국의 명예혁명과 1776년 미국의 독립혁명으로부터 시작된 자유민주주의 근대국가 문명의 가치와 성과를 근본적으로 부정하고 있다. 즉 개인의 자유의 중요성을 강조하고 인간의 불완전성에 대한 이해를 기초로 한 견제와 균형의 원리, 법치주의, 대의제 민주주의와 선거민주주의, 정당간의 경쟁의 중요성, 각 기관의 독립성의 존중 등 자유민주주의 근대국가 문명의 가치들을 송두리째 부정하고 있는 것이다.

물론 자유민주주의 정치원리가 완벽할 수는 없다. 근본적으로 인간의 불완전성에 기반하고 있는 시스템이기 때문이다. 이 논문에서 지적하고 있는 적지 않은 내용들은 자유민주주의가 진화해 나가는데 참고해야 할 요소들도 있다고 생각된다. 그러나 지난 300여 년 동안 발전해온 자유민주주의 근대국가 문명은 눈부실 정도로 성장한 물질문명의 성과를 보여주었고 나찌 등 파시즘 체제, 소련 중심의 사회주의 진영과의 냉전체제 대결 과정에서 완벽하지는 않지만 자유민주주의의 우월성을 역사적으로 검증해왔다. 그런데 중국공산당은 개혁개방 이후 미국 중심의 자유주의적 국제질서의 도움을 받아 커다란 경제성과를 이룬 이후 21세기에는 과거 소련 중심의 사회주의 체제의 부분적 변형모델을 가지고 자유민주주의 근대국가 문명에 정면으로 도전하고 있는 것이다. 나아가 미국의 패권에 도전하면서 중화민족주의의 부활을 추진하고 있는 것이다. 특히 동아시아에서는 동북공정, 북방공정 등 중국 중심의 역사왜곡, 홍콩 민주화운동 탄압, 티베트, 위구르 민족에 대한 억압정책, 남중국해 갈등 과정에서 패권적 민족주의와 전체주의적 문제점을 지속적으로 표출시키고 있다.

이 같은 21세기 중국공산당의 패권적 민족주의와 전체주의적 성향의 강화는 중국공산당의 대표적 지도자 중 한 명이고 중국 인민으로부터 가장 사랑을 많이 받았다는 주은래 전 총리의 사상과는 상반되는 것들이다. 주은래는 1963년 당시 진행 중이던 동북공정 등 역사왜곡에 대해 '대국 쇼비니즘'으로 비판하면서 이는 봉건시대의 이념으로 규정하기도 하였다. '나아가 중국 안의 모든 민족은 평등하며 소수민족 거주지에서는 자치를 실시하고, 언어와 문자를 발전시키며,

풍속과 습관, 종교와 신앙의 자유를 유지 발전시켜야 한다'라고 주장하였다.

또한 그는 중국외교의 중요한 원칙으로 불칭패(不稱覇) 즉 패권주의를 반대한다는 원칙을 분명히 하기도 했었다. 그리고 국내적으로는 개혁개방정책을 제기하였던 등소평 등을 직·간접적으로 도우면서 중국공산당의 전체주의화를 경계하기도 하였다. 중국공산당이 이와 같은 주은래의 이념과 정책을 따른다면 자유민주주의 근대국가 문명과도 근본적 이념이 같지는 않더라도 함께 공존하면서 선의의 경쟁을 해나갈 수 있을 것이다. 그런데 21세기 중국공산당은 '주은래의 길'이 아닌 패권적 민족주의와 전체주의적 성향을 강화하고 있는 '시진핑의 길'을 가고 있다는 것이 문제의 본질이다. 21세기 자유민주주의 근대국가 문명은 내외적 도전에 직면하고 있다. 외부적 가장 큰 도전은 중국공산당의 도전이다. 중국공산당의 도전에 지혜롭게 대응하기 위해서는 중국 인민 전체를 적으로 돌리는 어리석음을 범해서는 안 된다. 또한 외국인이 중국 인민에게 중국공산당을 선택하라 말라할 권리는 없다. 대신 중국공산당이 '주은래의 길'을 갈 것인지 패권적 민족주의와 전체주의적 성향을 강화하는 '시진핑의 길'을 갈 것인지에 대해 구체적으로 묻고 이를 기초로 대응전략과 정책을 세워야 할 것이다.

중도회통사상과 미중 신냉전시대의 전망

2008년 세계 금융위기 이후 중국은 미국과 함께 세계 경제의 양강 체제 즉 G2체제로 전환되었다는 평가 속에서 중국이 이후 미국의 패권에 도전할 것인가와 관련한 다양한 논쟁이 전개되었다. 대표적인 것이 2012년 미국 전 국무장관 헨리 키신저와 중국과 미국의 양극 체제를 가리키는 '차이메리카'라는 신조어를 만들기도 했던 하버드대 교수 니얼 퍼거슨 간의 논쟁이었다.

니얼 퍼거슨은 "21세기는 중국의 것이 될 것으로 믿는다. 왜냐하면 지난 대부분의 세기가 중국의 것이었기 때문이다. 19세기와 20세기는 예외의 세기들이었다. 지난 스무 번의 세기 가운데 열여덟 번의 세기에서 중국은 2위와 차이를 보이는 세계 제1의 경제대국이었다.
2008년 세계 금융위기 이전의 중국과 이후의 중국은 완전히 다르다. 금융위기 이전의 중국은 미국이나 캐나다 같은 선진국 시장을 놓고 다른 신흥국들과 경쟁하는 나라였다. 그러나 금융위기를 여유 있게 빠져 나오면서 중국은 이제 더 이상 그들과 경쟁하는 나라가 아니라 그들이 의존해야 할 시장, 전 세계의 시장이 되었다는 것이다. 뿐만 아니라 중국 경제는 이제 값싼 노동력에만 의존하는 경제가 아니고 혁신과 교육의 두 측면에서 선진국들을 빠른 속도로 추격하고 있다"고 주장하면서 21세기에는 중국이 미국을 추월하여 중국이 주도하는 세계가 될 것이라고 예측하였다.
그런데 헨리 키신저는 "우리 서방 나라들이 21세기에 중국과 협력

속에 살아갈 수 있을까? 또는 중국이 신흥 강국으로서는 세계 사상 처음으로 기존 강국들과의 협력하에 새로운 국제 체제를 형성하고, 그럼으로써 세계 평화와 진보를 강화하는 길을 택할 수 있을까?"라는 질문에 대해 그 전망이 낙관적이지 않다. "중국이 21세기의 패자가 될 수 없는 이유는 중국이 경제적 대변화에 수반되는 정치적 난제들을 해결하는데 온 정신을 쏟아야 하기 때문이다. 그리고 우리는 핵무기 확산이나 환경, 사이버스페이스 기타 범세계적 차원에서 다루어져야만 하는 많은 과제를 안고 있고 이런 문제들에 대해 중국과 협력의 필요성이 있다. 또한 세계는 인도의 부상 등을 통해 다극화 추세를 보일 것"이라고 주장하였다. 중국이 21세기 패권을 장악할 것이라는데 대해서는 상대적으로 신중한 입장을 보인 것이다.

그런데 니얼 퍼거슨은 헨리 키신저의 전기를 집필하기로 하는 등 상호 우호적인 관계로 상대방의 주장에 대해 상당부분에서는 동의를 표하기도 했던 논쟁이었다. 헨리 키신저는 미소 냉전시대에 대 소련 고립과 견제를 위해 미중 데탕트 외교를 주도하여 성공시킨 인물이다. 이는 역사적으로 높게 평가받을 일인데, 소련 동구 사회주의권이 붕괴된 이후에도 키신저는 중국에 과도하게 우호적인 활동을 해온 것으로 평가된다. 중국공산당의 최우선적이고 강력한 로비대상이었다고 한다. 이 같은 키신저의 중국에 대한 나이브한 태도는 많은 지식인 전문가, 외교 관료, 장성 등에까지 큰 영향을 끼쳐 미국의 중국의 패권 도전에 대한 대응전략을 완화시키는데 적지 않은 역할을 했다. 이러한 키신저의 역할과 키신저 아류들의 활동이 상징적으로 마지막으로 표출된 곳이 2017년 다보스 포럼이었다. 이들은 2016년 경제 민족주의, 미국 우선주의를 앞세운 미국 트럼프 정부의 등장에 대해서 비판적 입장을 보였고, 오히려 중국이 향후 세계 자유시장경제를 주도하게 될 것이라는 주장까지 펼쳤었다.

미중 신냉전시대라는 개념에 대해서도 부정적이었다. 한국과 세계의 많은 지식인과 전문가들이 이러한 입장에 동조하였었다.

그러나 미국 트럼프 정부가 주도한 미중 무역전쟁 등을 통해 중국의 세계패권 도전에 대한 문제점들이 구체적으로 드러나게 되었고 이후 미국은 보수와 진보, 공화당과 민주당을 넘어서 중국의 미국 패권도전에 대한 강력한 대응에 대한 공감대를 형성하게 된다. 트럼프 정부 때의 미중 패권경쟁이 이벤트성의 무역전쟁 등을 통해 중국을 제압하려는 모습을 보였다면 2021년 바이든 정부의 등장 이후에는 정치, 경제, 군사, 사회문화적 차원에서 종합적인 시스템으로 대응하는 모습으로 진화하고 있다고 보여진다.

미국 하원의장을 지낸 뉴트 깅리치는 2019년 그의 저서 『트럼프와 차이나』에서 미국은 현재 중국이라는 미국 역사상 최강의 도전자와 직면하고 있다고 분석하였다. 그는 미국 역사상 첫 번째 도전은 1776년 미국의 독립혁명이었고, 두 번째 도전은 링컨이 주도한 남북전쟁, 세 번째 도전은 나찌 등 파시즘과 일본제국주의를 대상으로 한 세계 2차대전이었으며, 네 번째 도전이 세계 2차대전 이후 소련을 중심으로 한 사회주의 체제 진영과의 냉전시대였다고 분석하였다.

미국은 역사상 이 네 번의 도전을 다 승리하였는데, 21세기에 맞이하고 있는 중국의 도전은 미소 냉전시대의 소련보다 더욱 강력한 다섯 번째의 역사적 도전이라고 평가하였다. 21세기에 미국은 이라크 전쟁, 아프가니스탄 전쟁의 실패로 인한 후유증을 앓고 있기도 하다.

또한 중국은 인구 규모, 경제 규모, 문명사적인 잠재력 등에서 구소련보다 강한 장점들을 가지고 있다.

중국공산당은 2021년 창당 100주년을 맞아 '중국공산당 역사전시관'을 베이징에 문을 열었다. 여기에서 중국공산당은 1부를 1921~1949년으로 '중국공산당 창립과 신민주주의 혁명 승리'로 주제를 삼았다. 신민주주의 혁명이란 반제국주의 운동인 5·4운동 때부터 국민당과의 내전 시기까지의 활동을 뜻한다. 2부는 1949~1978년까지로 '중화인민공화국 성립, 사회주의 혁명·건설 추진'이다. 모택동을 위주로 한 전시라고 한다. 3부는 '개혁 개방, 중국 특색 사회주의 발전'으로 등소평, 장쩌민, 후진타오가 집권한 시기(1978~2012년)이다. 4부는 시진핑 집권 이후로 '신시대 중국 특색 사회주의 추진, 전면적 샤오캉(小康·중산층 생활수준)사회 건설, 전면적인 사회주의 현대화 국가로의 새 장정 시작'이라 한다. 핵심적 특징은 패권적 민족주의, 전체주의적 성향이 강화되고 있는 시진핑 체제에 대한 찬양이 주요한 내용을 이루고 있다는 것이다. 시진핑의 중국몽, 일대일로 프로젝트는 중국의 세계 패권을 실현할 수 있을 것인가?는 이제 중국공산당의 본질과 패권주의에 대해 많은 사람들이 그 실체를 알게 되면서 세계 곳곳에서 도전을 받고 있다.

미중 신냉전시대를 전망해보면 중국의 미국 중심의 자유민주주의 근대국가 문명에 대한 패권 도전의 성공 가능성은 거의 없다고 할 수 있다. 그 이유는 2016년 이후 미국이 중국의 패권 도전의 위험성에 대해 깨어나기 시작했고 2021년에는 그 인식이 세계적으로 확산되었다는 것이다. 다음으로 자유민주주의 근대국가 문명은 미국 뿐만 아니라 영국, 캐나다, 호주, 뉴질랜드를 포함한 소위 앵글로 색슨족 중심의 파이브 아이스(Five Eyes)를 중심으로 자유민주주의 가치를 공유하는 프랑스, 독일, 일본이 함께 하고 있기 때문이다. 또한 인구 대국 인도의 경우에도 중국의 패권주의에 대한 경계심의 뿌리가 깊어 미국과의 연대를 확대해나가고 있기도 하다.

중국의 패권적 민족주의는 같은 사회주의 국가인 베트남마저 경계심을 자극하여 안보적으로 친미비중 국가로 만들었다. 북한 역시 2018년 북미 싱가포르 정상회담 등에서 자신들도 친미비중 국가로 변화될 수도 있다는 메시지를 던지기도 하였다. 이러한 세계 주요 각국의 동향은 중국공산당을 고립시켜 나가고 있는 형세이다.

그러나 다른 한편으로 미국의 공화당 민주당 당파정치의 영향과 미소 냉전시대로부터 이어온 기득권적 지식인 및 전문가 집단들의 관성운동에 의해 미국의 대중국 고립을 위한 러시아와의 제휴를 실패하게 만들고 있다. 이에 따른 중국과 러시아의 연대는 결국 중국의 완전한 패배를 막아줄 것이다. 또한 아시아에서 중국의 패권주의적 도전 즉 대만 문제 등에서는 미국이 고위험을 감수하는 것을 피할 경우에 중국공산당의 세력 확장은 현실화될 가능성이 높은 상태라고 할 수 있다.

미중 신냉전시대의 특징은 미국과 중국의 세계 패권을 향한 경쟁이라는 축과 함께 미국과 소련 간의 구냉전시대와는 다른 특징을 가지고 있다. 첫째 구냉전이 군사패권을 중심으로 전개되었다면, 미중 신냉전은 경제 패권, 기술 패권을 중심으로 전개되고 있다. 특히 세계화 정보화 시대를 반영하여 정보통신혁명과 인공지능(AI)등 과학기술 혁명의 주도와 관련된 경쟁이 치열하다.

화웨이 사태가 상징적 사건이다. 둘째 미중 신냉전시대는 미국과 중국의 패권경쟁과 함께 다극화된 국제질서의 양상을 띨 것이다. 러시아, 인도, 독일, 일본, 터키 등의 역할이 갈수록 커질 것이다. 셋째 미소 구냉전이 자유민주주의 체제와 사회주의 체제 간의 이념 대결 수준이었다면 미중 신냉전은 자유민주주의 근대국가 문명과 중국공산당이 주도하는 권위주의 국가 문명 간의 충돌, 즉 좀 더 확장되고 심화된 문명 충돌의 성격을 띠고 있다.

이 같은 미중 신냉전시대에 대해 정확히 이해하고 대응하기 위해서는 우선 중도회통사상 즉 진공묘유를 실현하는 관점에서 미국 중심의 자유민주주의 근대국가 문명과 중국공산당 중심의 권위주의 국가 문명에 대해 그 장점과 단점을 종합적, 구체적으로 이해해야 한다. 그리고 그 기초 위에 자유민주주의 근대국가 문명의 근본 가치와 성과를 존중하면서 새롭게 보완하고 변화, 발전시켜 나가야할 사상 문화적, 정치적, 경제적 요소들에 대한 정확한 판단이 중요할 것이다.

자유주의적 애국주의와 한반도의 미래

한반도는 지난 70여 년 동안 남북한 간 치열한 체제경쟁을 해왔다. 20세기에는 미국 중심의 자유민주주의 체제와 소련 중심의 사회주의 체제 간 대결과 경쟁의 최전선에서 대립, 충돌해왔다. 21세기에는 중국공산당 중심의 권위주의 국가 문명의 자유민주주의 국가 문명 간의 새로운 대결인 미중 신냉전시대의 한복판에 서있는 상태이다. 한국 사회 내에서도 이념대결이 치열하다. 적지 않은 사람들이 치열한 이념대결을 무시하거나 무지하거나 외면하지만 이념대결은 변함없이 지속되고 있다. 이러한 한반도의 역사적 구조적 특성은 세계사적인 보편적 전체적 모순을 함축하고 있을 뿐만 아니라 그 모순이 어떻게 해결되는 가는 세계사 전체에 큰 영향을 미치게 될 것이다.

대한민국의 국가적 운명과 관련해서 미래를 예견하여 대부분 사실로 확인시켰던 탄허스님은 한반도가 향후 동양 문명의 중심 국가로 등장할 것이라고 예견하신 바 있다. 그는 일찍이 한국 전쟁의 발발에 대한 예견, 미국 베트남전에서 종전 4년 전에 이미 미국이 패배할 것에 대한 예견, 박정희 대통령 피격사태에 대한 예견, 자신의 사망일을 수년 전에 예견 한 것 등으로 유명하다. 그는 한반도 통일 관련해서 통일은 평화적으로 오지 않는다는 것, 통일과정에서 적지 않은 희생이 있을 것인데, 이를 극복하면 한반도는 중국, 일본을 넘어서서 동양을 대표하는 중심국가가 될 것이라고 예견한 바 있다. 그리고 통일한국은 서양의 미국과 조화를 잘 이루어 세계 문명을 주도하게 될 것이라고 예견한 바 있다.

북한은 2021년 1월의 8차 노동당대회에서 '우리 국가 제일주의 시대'라는 표현을 사용하였다. 이는 2016년 7차 당대회 이후 5년 동안의 성과로 '우리 국가 제일주의 시대'를 전개한 것을 제시하였다.

북한은 2017년 동북아정세의 게임체인저가 된 6차 핵실험과 대륙간탄도미사일(ICBM)실험의 성공을 지렛대로 2018년 6·12북미 싱가포르 정상회담, 6·19북중 베이징 정상회담의 성공을 이루어 현실적인 핵국가로 등장하였고 스스로 전략국가를 자처하였다. 이는 남북한 체제 경쟁에서 북한의 군사적, 외교적 우위를 의미한다. 이러한 성과를 기초로 '우리 국가 제일주의 시대'를 선언한 것이다. 북한은 우리 국가 제일주의를 사회주의 조국의 위대성에 대한 긍지와 자부심이며, 나라의 전반적 국력을 최고의 높이에 올려 세우려는 강렬한 의지라고 표현하고 있다. 내용적으로 '사회주의적 애국주의'를 핵심내용으로 하고 있다고 분석된다. 이종석 전 통일부 장관 등은 북한의 우리 국가 제일주의가 '우리 민족 제일주의'를 대체하는 것으로 북한이 남한혁명론과 민족통일론을 포기하는 것으로 해석하였는데 이는 심각한 아전인수식 오류이다. 북한은 지난 1월 8차 당 대회에서 '사회주의적 애국주의' '우리 국가 제일주의'를 기반으로 한 북한 주도 한반도 통일에 대한 의지를 표출시키기도 하였다. '강력한 국방력으로 근원적인 군사적 위협들을 제압하여 조선반도의 안전과 평화적 환경을 수호하며 조국의 평화통일을 앞당기기 위하여 투쟁 한다'에 표현되어 있다.

그렇다면 한국은 이에 대한 전략은 무엇인가? 진보좌파는 2000년
대 초반 탈냉전시대에나 부분적으로 의미가 있었던 햇볕정책을 강변
하고 있고, 보수우파는 현실성도 없고 냉전시대 논리에서 크게 벗어
나지 못한 북한 체제 붕괴론, 대북 봉쇄론에 매달리고 있다. 적지 않
은 중도보수, 중도진보 인사들이 주장하는 한반도 평화 체제 관리론
도 현실성이 없다. 왜냐하면 2018년을 기점으로 군사적, 외교적 우위
를 점한, 즉 칼자루를 쥐고 있는 북한이 민족통일에 대한 강한 의지
를 가지고 있기 때문이다. 따라서 한국의 전략은 1688년 영국의 명예
혁명, 1776년 미국의 독립혁명으로부터 시작된 자유민주주의 근대국
가 문명의 가치에 대한 분명한 이해를 기초로 '자유주의적 애국주의'
를 확실하게 세우는 것이 출발점이 되어야 할 것이다. 자유주의적 애
국주의는 개인의 자유를 존중함과 함께 민족공동체, 국가공동체의
과제들을 존중하는 이념이다. 21세기에 사회주의적 애국주의와 경쟁
적 관계에 있는 개념이라 할 수 있다.

한국인의 인간과 세계와 우주에 대한 이해를 담고 있는 『천부경』
에서는 '천일일지일이인일삼(天一一地一二人一三)'에 기초하여 '천이삼
지이삼인이삼(天二三地二三人二三)'을 거쳐 '대삼합(大三合)'을 이루면
'육생칠팔구(六生七八九)' 즉 새로운 세상이 열릴 것이다'라고 말하고
있다. 『천부경』의 내용은 고대의 숫자 철학을 담은 숫자 마방진과 결
합되어 해석된다. '천일일지일이인일삼'은 하늘과 땅과 인간이 독립
된 존재로 성립함을 뜻한다. 즉 하늘은 하늘의 이치대로 자연은 자연

의 이치대로 인간은 인간의 이치대로 성립하게 되고 인간은 인간의 이치에서 가장 본질적으로 중요한 독립되고 자유로운 존재로 서게 됨을 의미한다.

'천이삼지이삼인이삼'의 의미는 하늘은 자연과 인간과 조화를 이루고 자연은 하늘과 인간과 조화를 이루며 인간은 하늘과 자연과 조화를 이루어 완성됨을 표현하여 『천부경』의 핵심인 천지인 조화에 관한 철학을 말하고 있다. 이를 통해 대삼합, 즉 천지인의 대조화와 통합이 이루어지면 '육생칠팔구(六生七八九)' 즉 인간 존재의 깨달음 또는 후천 개벽 또는 새로운 세상이 열린다'는 것이다. 동학, 증산도우회, 대종교 등 민족 종교에서는 후천 개벽사상을 중심으로 해석해왔다. 이러한 『천부경』의 철학을 자유민주주의 근대국가 문명과 연관해서 해석해보면, '신의 섭리(Providence)를 이해하고 인간의 자유에 대한 존중을 기초로 민족공동체, 국가공동체의 과제들과 조화를 실현할 수 있는 자유주의적 애국주의로 역사적 과제들을 해결해나가야 한다' 라고 할 수 있다. 이는 자유민주주의 근대국가 문명의 대표적 사상가 에드먼드 버크가 말했던 '신의 섭리(Providence)에 대한 이해'의 중요성, '인간과 국가는 신의 자선에 의한 창조물'이라는 이해와도 일치한다고 할 수 있다.

그리고 필자는 2009년경부터 한반도 통일 전략으로 '남북한 몽골 3자 연방 통일국가 전략'을 제안한 바 있다. 그 이유는 한국 북한 몽골이 역사문화 공동체로서 3자 연방 통일국가로 발전 가능성이 존재함과 동아시아 정세의 특수성 즉 중국, 러시아, 일본이라는 세계적인 강대국의 틈바구니에 끼어있는 지정학적 특수성을 고려할 때 미국과 우호적 관계를 형성할 한국 북한 몽골의 3자 연방 통일국가는 동아시아 정세 속에서 힘의 균형을 통한 평화체제의 구축이라는 차원에서도 그 의미가 있다고 할 수 있다. 이처럼 통일 한반도가 개인의 자유와 애국의 가치를 균형있게 조화를 실현할 수 있는 자유주의적 애국주의에 기초하여 자유민주주의 근대국가 문명을 선도해온 미국과 상호 보완적인 역할을 한다면 21세기 세계 문명은 더욱 발전해 나갈 수 있을 것이다.

중도회통사상과 자유통일의 전망

자유민주의의 근대국가 문명과 중도회통사상

애덤 스미스는 자본주의 문명의 설계도 역할을 한 『국부론』의 철학적 견해를 담은 그의 저서 『도덕 감정론』에서 인간의 본성은 이기심을 추구하는 요소와 인간사회의 공감을 얻고자 하는 요소를 가지고 있다고 보았다. 그리고 이기심을 추구하는 요소가 소위 '보이지 않는 손'으로 작용하여 자본주의 시장경제를 발전시켜 인류의 물질문명을 발전시켜 나갈 것이라고 밝혔다. 반면에 인간사회의 공감을 얻고자 하는 요소는 인간의 마음속에 있는 신의 대리인이라 할 수 있을 공정한 관찰자가 작용하기 때문이라고 하였다. 그리고 정신적으로 연약한 자는 물질문명의 발전을 추구하게 되고 정신적으로 강한 자 즉 인간의 마음속에 있는 공감을 얻고자 하는 공정한 관찰자가 주요하게 작용하는 사람들은 덕을 추구하게 되고 정신문명의 발전에 기여하게 된다고 밝혔다.

애덤 스미스의 위대성은 일부 보수우파 지식인들이 찬양하는 '보이지 않는 손'의 원리가 자본주의 시장경제를 발전시킨다는 것만을 밝힌 것이 아니다. 그것은 애덤 스미스 사상의 절반에 불과하다. 그는 인간의 양면적 요소를 밝혀 정신적으로 연약한 자는 이기심의 요소가 주로 작용하여 물질문명을 발전시키고 정신적으로 강한 자는 덕을 추구하여 정신문명의 발전에 기여하게 될 것임을 밝힘으로서 그가 단순한 경제학자가 아니라 자유민주주의 근대국가 문명의 가장 탁월한 사상가임을 보여준 것이다. 인간의 부(富)를 추구하는 요소와 덕(德)을 추구하는 요소 간의 균형된 이해를 보여준 것이다. 이 같은 이유로 그는 그의 묘비명에 스스로 『도덕 감정론』의 저자 여기에 잠들다'로 쓰여 지길 원했던 것이다. 그의 이 같은 철학은 원효의 일심회통(一心會通)사상과 일맥상통한다고 할 수 있다.

원효는 세계를 진여(眞如)와 생멸(生滅)의 세계로 나누어 설명하고 이를 일심(一心)으로 회통해야 세계의 본질을 정확히 이해할 수 있다고 주장하였다. 원효의 진여의 세계는 애덤 스미스가 말한 마음속의 공정한 관찰자, 인간사회의 공감을 얻고자 하는 마음, 덕을 추구하는 자와 동일한 맥락에서 이해할 수 있는 개념들이다. 원효의 생멸의 세계는 애덤 스미스가 말한 인간 이기심의 요소가 주로 작용하고 물질적 발전을 추구하는 마음이라는 개념과 동일한 맥락에서 이해할 수 있는 것이다. 원효는 진리를 추구하는 진여의 세계와 인간세계의 희로애락(喜怒哀樂)이 생멸(生滅)해 나가는 현실의 세계를 일심으로 회통해야 인간과 세계와 우주를 제대로 이해할 수 있다고 주장한 것이다.

본질적으로 중도회통사상 즉 진공묘유의 관점에서 모든 껍데기와 편견을 버리고 세상을 보아야 진리의 세계와 현실의 세계를 균형잡힌 시각에서 이해하고 참된 진리를 찾아낼 수 있다고 주장한 것이다.

또 다른 측면에서 자유민주주의 근대국가 문명을 만들어 냈던 존 로크, 애덤 스미스, 토마스 제퍼슨, 에드먼드 버크가 강조했던 인간의 두 가지 측면 즉 인간의 자유가 갖는 중요성에 대한 이해와 함께 인간의 불완전성에 대한 이해에 기초한 법치주의와 견제와 균형의 원리를 동시에 깊이 이해하는 것이 핵심 사상임을 이해할 필요가 있다. 그리고 이 두 가지 요소 즉 인간의 자유를 존중함과 함께 인간의 불완전성에 대한 이해를 중도회통사상의 관점에서 깊이 파악해낸다면 그 철학 사상적 이해와 실천이 더 깊어질 것이다. 이러한 중도회통사상은 21세기 자유민주주의 근대국가 문명이 내외적 도전에 부딪히고 있는 상황에서 그 본질적 내용과 원리를 깊이 이해하고 21세기 현실에 맞게 구체적으로 어떻게 적용해나갈 것인가에 대한 고민이 필요한 상황이라 생각된다.

인간과 세계와 우주에 대한 이해를 담은 경전인『천부경』은 숫자 철학을 담은 마방진과 결합해서 중도(中道) 즉 진공묘유 원리의 실현을 '일적십거무궤화삼(一積十鉅無匱化三)'을 통해 말하고 나아가 천지인(天地人)조화의 원리를 '오칠일묘연(五七一妙衍)'을 통해 말하고 있다. 앞서 설명한 바와 같이 일적십거무궤화삼은 '만물이 음양의 이치를 통과하여 자유롭고 독립적인 하늘과 땅과 인간으로 거듭 난다'는 뜻으로 진공묘유를 통해 세계에 대한 자유로운 이해를 할 수 있는 인간존재가 됨을 뜻한다고 할 수 있다. 이를 기초로 '오칠일묘연'은 숫자 마방진과 결합해서 '인간 땅 하늘이 조화를 이루어 빼어난 아름다움이 넘쳐난다'는 뜻으로 '인간을 중심으로 자연과 하늘의 이치를 깨달으면 천지인의 조화를 이루어 아름다운 세계를 실현하게 된다'라고 해석할 수 있다. 이는 애덤 스미스와 원효가 인간의 두 가지 요소에 대한 균형된 이해를 이루어 내고 이 두 가지 요소를 회통적 관점에서 더욱 깊이 있게 이해하는 것을 통해 인간세계에 대한 깊은 통찰을 보여준 것과 동일한 맥락에서 이해할 수 있는 것이다.

21세기 자유민주주의 근대국가 문명은 대외적으로 중국공산당의 위협을 중심으로 한 미중 신냉전시대의 도전과 대내적으로 양극화 등 분열적 요소들의 도전에 직면하고 있다. 더욱이 2020년 발생한 코로나의 위협은 근대국가 문명의 성취에 대한 또 다른 근본적인 도전이 되고 있다.

코로나 사태는 동서양 문명에 대한 근본적 성찰의 계기가 되고 있다. 2021년 6월 현재 코로나로 인한 희생자는 세계적으로 약 400만 명 가까이 되어 세계 2차대전 이후 최대의 희생자 규모를 기록하고 있다. 세계 대전 수준의 희생자를 내고 있고 아직도 끝나지 않은 세계 보건전쟁이 되고 있다. 코로나 세계 보건전쟁을 통해서 동서양 문명의 장점과 단점이 구체적으로 드러나고 있다. 먼저 동양 사회는 사회적 대응 면에서는 서양 사회보다 장점을 더 많이 보여주었다. 반면에 과학적 대응 특히 백신개발 등 관련한 대책 등에서는 서양의 선진국들보다 아직 부족하다는 점을 드러냈다. 반대로 서구 선진국들은 백신개발과 의학적 대응 등에서는 동양보다 장점을 많이 보여주었으나 사회적 대응 측면에서는 마스크 쓰기, 사회적 거리 두기 등과 관련해서 주관적 주장이 난무하면서 여러 가지 문제점을 드러냈다.

이러한 상황들은 동양 사회와 서양 사회가 함께 인류의 미래를 위한 관점에서 성찰적 평가가 필요하다고 생각된다. 우선 동양 국가들은 사회주의 국가인 중국, 베트남, 북한과 자유민주주의 국가인 한국, 일본, 대만 등 모두 공히 코로나 대응과 관련해서 핵심인 백신개발에 실패하거나 부족한 모습을 보였다. 자유민주주의 근대국가 문명의 대표적 사상가 에드먼드 버크가 말했던 처방전(Prescription)과 관련해서 여전히 한계를 보였다고 생각된다. 이는 근본적으로 의학, 과학의 발전, 심화 수준과 연관된다 할 것이다. 철학적으로는 인간의 자유와 창의성을 존중해온 시간의 축적, 에너지의 축적이 부족하다고 할 수도 있을 것이다. 다음으로 서양 국가들은 백신 등 의학적 대응 면에서는 동양 국가들보다 앞선 모습을 보임으로써 근대국가 문명의 축적 정도에서 여전히 동양 국가들보다 앞서 있음을 보여주었다. 그러나 다른 한편으로 세계적인 코로나 보건 전쟁의 위기 속에서 마스크 쓰기, 사회적 거리두기 등의 사회적 대응의 측면에서는 주관적 주장, 이기적 행동들이 난무하면서 코로나전쟁 대응에 많은 어려움을 초래하였다. 이를 철학적으로 해석하면 자유민주주의 근대국가 문명을 선도했던 서양 선진국들이 인간의 자유에 대한 존중의 측면에서 일정하게 과잉된 문제점들이 표출된 것이라 할 수 있다. 인간의 자유에 대한 존중을 자기 중심적으로 해석할 경우에 국가적 차원에서는 제국주의 문제가 등장하였던 것이고, 개인적 차원에서는 인종주의적 행태, 이기적 행태 등으로 표출되었던 것이다.

결론적으로 향후 동양사회와 국가들은 자유민주주의 근대국가 문명에 대한 더욱 깊은 이해와 실천을 위한 구체적 노력들이 필요하다고 생각된다. 반면에 서양 사회와 국가들은 인간의 자유에 대한 존중의 과잉문제, 독선적 문제 등을 극복해 나갈 철학적, 문명사적 성찰이 필요할 것이다. 특히 인간의 자유의 존중에 대한 가치를 과도하게 독선적으로 해석하여 문제가 된 이라크 전쟁, 아프가니스탄 전쟁의 실패에 대한 성찰도 요구된다. 반 테러 전쟁의 필요했고, 오사마 빈 라덴 제거작전은 명분이 있었지만 독선적 자유를 앞세운 이라크 전쟁, 아프가니스탄 전쟁을 통해 많은 혼란을 야기한 점들에 대해서 자유민주주의 근대국가 문명을 주도해온 미국은 깊은 성찰이 필요할 것이다. 또한 코로나 보건전쟁 과정에서 주관적, 이기적 주장으로 마스크 쓰기, 사회적 거리 두기를 지키지 않음으로서 많은 혼란을 야기한 문제점 등에 대해서도 성찰이 필요할 것이다. 즉 인간의 자유에 대한 존중과 더불어 인간관계와 공동체를 함께 고려하는 태도와 인간의 자유에 대한 이해를 더욱 심화한 진정한 자유를 실현할 수 있는 인간존재의 깨달음의 필요성에 대한 자각이 필요할 것이다. 물론 이같은 문제들은 서양 사회, 서양 국가들만이 아니라 동양 사회, 동양 국가들 역시 함께 고민하고 해결해 나가야 할 과제들이다. 이를 성과적으로 실현하기 위해서는 동서회통의 정신과 중도회통사상에 대한 깊은 이해가 필요하다고 생각된다.

한국헌법 경제조항(119조)과 중도회통사상

자유민주주의 근대국가 문명이 형성, 변화, 발전하는 과정에서 자본주의적 물질문명이 성장함에 따라 노동자와 자본가 간의 갈등문제, 양극화 문제 등은 지속적으로 제기되어 왔다. 한국 역시 이와 관련한 논쟁은 헌법의 경제질서와 관련한 조항과 관련해서 진행되어

왔다. 한국헌법 119조는 한국헌법의 경제 질서의 원칙에 관한 것으로 그동안 자유시장경제와 경제민주화와 관련해서 많은 논란이 되었던 조항이었다. 119조 1항은 '대한민국의 경제 질서는 개인과 기업의 경제상의 자유와 창의를 존중함을 기본으로 한다'이고 2항은 '국가는 균형있는 국민경제의 성장 및 안정과 적정한 소득의 분배를 유지하고, 시장의 지배와 경제력의 남용을 방지하며, 경제 주체 간의 조화를 통한 경제민주화를 위하여 경제에 관한 규제와 조정을 할 수 있다'로 되어있다. 현재의 내용은 1987년 6월 민주항쟁을 배경으로 만들어진 헌법으로 경제민주화라는 표현이 직접 들어간 것으로 유명하다.

그러나 헌법에서 경제민주화 관련내용은 1948년 건국헌법이 원조일 뿐만 아니라 경제민주화와 관련해서 현 1987년 헌법보다 더 강력하게 경제민주화와 관련된 내용이 들어가 있었다. 건국헌법의 초안자 유진오는 사회민주주의 영향을 많이 받았는데, 건국헌법을 만드는 과정에서 원래의 초안에서 내각제는 이승만 대통령의 강력한 반대로 대통령제로 결론 지어졌으나 경제 질서에 관한 조항은 사회민주주의 성향을 반영하여 경제조항 1항을 균등경제를 실현할 사회적 경제를 실현하는 것을 원칙으로 하고 2항에 자유시장경제 원칙을 천명하였던 것이다. 이 같은 헌법상의 경제조항은 박정희 시대에 경제개발을 본격화 하는 과정에서 개정한 1962년 5차 개헌 때부터 경제조항 1항을 자유시장경제로 2항을 사회적 경제조항으로 수정, 변경되었다가 1987년 개정헌법에서 사회적 경제조항을 경제민주화 조항으로 수정했던 것이다. 그런데 실제 내용으로 보면 '경제민주화'라는 표현보다 '사회적 경제'라는 표현이 소위 경제적 평등 또는 사회 민주주의적 성향이 더욱 강한 것으로 평가될 수 있다. 한국헌법에서 경제민주화 조항의 원조는 유진오였던 셈이다. 이는 한국 건국헌법이 만들어졌던 역사적 배경인 1945년 이후 해방정국에서 사회주의 좌파적 성향의 정치세력이 강력한 정치적 힘을 가지고 있었음을 반영한 것이었다고 평가할 수 있다.

　사회주의 좌파 세력의 경제민주화에 대한 요구는 근본적으로 인간사회의 평등문제와 연관된다. 한국불교를 대표하는 사상가이자 세계적으로도 높이 평가받는 원효는 화쟁(和爭), 회통(會通) 사상과 관련해서도 유명하지만 미륵불 사상과 관련해서도 깊은 통찰을 보여주었다. 그는 미륵 사상의 세 가지 형태를 설명하였는데, 첫째, 상생(上生)미륵 사상으로 뜻이 있는 사람들이 깨달음을 얻어 부처들이 살고 있는 도솔천으로 간다는 것이고, 둘째, 하생(下生)미륵 사상으로 미륵불이 세상에 내려와 모든 중생을 구제한다는 것이고, 셋째, 성불(成佛)미륵 사상으로 이 세상에서 모든 사람들이 깨달음을 얻어 모두 부처가 되는 미륵불 세상을 실현할 수 있다는 것이다.

　첫째, 상생 미륵 사상의 경우에 불교와 도교의 경우에 항상 일부 존재해왔다 할 수 있고, 둘째, 하생 미륵 사상의 경우가 세상의 종교에 가장 많은 영향을 끼친 사상으로 미륵불의 화신 또는 환생으로 자처하거나 예수 재림, 상제의 출현 등의 신흥종교 등으로 표출되었다.

　중국 근대에 기독교 구세주 사상과 결합하여 나타난 태평천국의 난, 한국의 증산도우회 등 후천개벽 사상 등과 결합된 민족종교 등이 그 사례이다. 세 번째, 성불 미륵 사상의 경우에 필자는 사회주의 사상과 유사성이 있다고 생각된다. 모든 사람들이 깨달음을 얻어 이 세상에서 미륵불 세상이 실현될 수 있다는 것은 사회주의 혁명을 통해 모든 사람이 평등한 이상 사회를 지구상에서 건설할 수 있다는 것과 일맥상통하다고 할 수 있다.

우리가 살아가고 있는 이 세상을 이상 사회로 만들 수 있다는 성불 미륵불 사상과 유사성이 있는 사회주의는 근대 자본주의 성립과 함께 광범위하게 형성된 노동자계급과 결합하면서 강력한 힘을 얻게 되었다. 결국 1848년 마르크스의 '공산당 선언'과 이를 발전시킨 레닌의 '제국주의론' '국가와 혁명' 등의 사상이론에 기초하여 1917년 러시아혁명을 성공시켰고 세계 2차대전 이후 중국과 유럽, 제3세계 등에 심대한 영향을 끼쳤다. 그러나 스탈린의 대숙청, 모택동의 대약진운동, 문화혁명 등의 후과(後果)로 수천만 명이 희생되었고, 사회주의 계획경제 등의 문제점 때문에 1990년대 초, 소련 등 동구 사회주의권의 붕괴로 귀결되었다. 그러나 21세기에는 중국, 베트남, 북한 등 아시아 사회주의를 중심으로 해서 새로운 성장과 도전이 이루어지고 있다. 중국은 2008년 세계 금융위기 이후 G2 즉 미국과 함께 세계경제 양강 체제를 구축하면서 미국 중심의 세계 패권질서에 대한 도전을 하고 있다. 베트남은 1995년 미국과의 수교를 계기로 개혁개방정책이 본격적으로 성공하여 30년 가까운 기간 동안 세계 최고 수준의 경제성장을 보여 동남아시아의 새로운 강국으로 등장하였다. 북한은 1990년대 말 100만 명 내외의 아사 사태에도 불구하고 핵무장 국가의 꿈을 계속 추진하여 2017년 6차 핵실험 등을 발판으로 현실적 핵국가로 등장하여 동북아시아의 전략국가를 자처하고 있다. 이러한 아시아의 3대 사회주의 국가는 21세기 세계질서의 변화 과정에서 핵심적 역할을 할 것이라 예측된다. 따라서 이들 사회주의 국가들이 제기해온 인간사회의 평등문제, 경제민주화 문제 등에 대한 깊은 고민이 요구된다.

자유민주주의 근대국가 문명의 발전 과정에서 인간사회의 평등에 대한 가장 분명한 견해를 밝힌 사람은 미국 남북전쟁의 영웅 링컨 대통령이다. 1863년 흑인 노예해방을 위한 남북전쟁의 격전지 펜실베이니아 주 게티즈버그에서 그는 자유민주주의에 관한 명연설로 손꼽히고 민주주의 기본원칙인 '국민의, 국민에 의한, 국민을 위한 정부'를 밝히는 내용을 포함한 것으로 유명한 연설을 하게 된다. 그는 우리 조상은 자유를 신봉하고 모든 사람은 평등하게 태어났다는 신조에 헌신하는 새로운 나라를 이 땅에 세웠다(Our fathers brought forth on this continent a new nation, conceived in Liberty, and dedicated to the proposition that all men are created equal.)고 주장하였다. 자유민주주의 근대국가 문명 안에서 인간사회의 평등을 지향한 노력은 지금까지도 계속되고 있다. 그런데 그 내용에 대해서는 더욱 깊은 철학적 성찰이 요구된다.

인간사회의 평등문제, 경제민주화 문제의 해결을 위한 철학적 사고의 출발점은 중도회통사상이 될 수 있을 것이다. 그것은 자유시장경제의 원리와 경제민주화를 지향하는 요소를 중도회통적 관점에서 조화를 실현하는 것이라 할 수 있다. 그런데 위에서 살펴본 것처럼 한국헌법의 경제조항의 변화 과정을 분석해보면 한국헌법은 역사적으로 자유시장경제의 원리와 경제민주화적 요소간의 조화를 끊임없이 모색해왔다고 할 수 있다.

『천부경』에서는 인간사회의 평등에 대해 인중천지일(人中天地一)이라는 구절로 압축해서 표현하고 있다. 그 뜻은 '사람 안에 하늘의 이치와 땅의 이치가 들어있다는 것으로 사람을 소우주(小宇宙)로 이해하고 소우주 안에 전체 우주의 이치를 담고 있다는 것으로 이해할 수 있다. 동학에서는 이를 인내천(人乃天) 사상으로 정식화해서 동학의 핵심내용으로 삼았던 것이다. 그런데 불교와 도교에서 말하는 평등이란 사회주의 사상에서 말하는 평등과는 차이가 있다.

사회주의적 평등이 경제적 평등이 중심이고 결과적인 평등을 추구한다면 불교와 도교에서 말하는 인간사회의 평등은 모든 인간은 소우주로 존중 받아야 한다는 것이고 그 소우주는 다양한 모습을 띠고 있음을 존중해야 한다는 의미이다. 인간은 다양한 인연에 의해 이 세상에 나온 것이기에 그 모습이나 내용도 만 가지의 다양한 형상을 띠는 것이 자연스러운 것이다.

따라서 인간사회의 평등은 경제적 평등, 결과적 평등, 획일적 평등이 아니라 각자의 다양한 차이를 인정하는 다양성을 존중하면서 본질적인 차원에서 형식적인 모습에 따른 차별을 제거해 나감으로서 인간사회의 궁극적 평등과 평화를 지향해야 하는 것으로 이해해야 한다. 자유시장경제의 원리와 경제민주화 원칙도 이러한 철학적 이해를 기초로 한 중도회통사상의 관점에서 자유민주주의 근대국가 문명의 가치를 중심으로 하면서도 사회주의 사상 중에서 흡수할 수 있는 요소들을 융합하고, 나아가 조화를 추구해야 할 것이다.

중도회통사상과 도덕정치론, 법치, 전쟁에 관한 이론

　　중도 즉 진공묘유의 원리를 중심으로 동서양의 사상을 회통하고 불교, 도교, 유교, 기독교, 사회주의 등 5도를 회통하여 21세기 자유민주주의 근대국가 문명의 위기를 극복하기 위해서는 불교, 도교의 중도의 철학적 원리가 현실세계에서 어떻게 구현될 수 있을 지에 대해 좀 더 구체적인 이해가 필요하다.

　　노자는 자신의 저서 『도덕경』을 통해 진리(眞理)의 세계에 대한 이해에 기초하여 세상을 움직이는 이치를 도(道)라 하였고, 현실의 세계에서 희로애구애오욕(喜怒哀懼愛惡慾)과 같은 다양한 문제들을 해결해나가는 이치를 선(善)의 세계요, 덕(德)이라 하였다. 그리고 도와 덕 즉 진과 선이 실현이 된 상태를 미(美)라고 표현하였다. 이는 칸트의 순수이성비판이 진리의 세계를, 실천이성비판이 선의 세계를, 판단력비판이 미의 세계를 철학적으로 설명한 것과 같은 맥락에서 이해할 수 있다. 이러한 도교의 도와 덕에 대한 이해는 현실정치에서 도덕정치의 구현으로 주장되어 왔다. 이는 『화엄경』에서 말한 참된 진리의 길인 중도(中道) 즉 진공묘유를 실현하고 현실세계에서 탐진치(貪瞋痴; 욕심내고, 화내고, 어리석은 행위)를 극복해 나가는 원리와도 같다. 도교를 대표하는 경전인 『천부경』에서는 참된 진리의 핵심인 자유와 균형에 관한 철학적 원리를 운삼사성환(運三四成環)으로 표현하고 있다. 이는 숫자 철학을 담은 숫자 마방진과 연관시켜 설명할 수 있다. 운삼이란 숫자 마방진에 나타나는 사방의 네 테두리의 숫자 세

개씩을 합한다는 것이고 사성환은 그 결과 모두 네 테두리의 숫자 합이 모두 15가 되어 사성환을 이루게 된다는 것이다.

그리고 15라는 숫자는 십오(十吾)가 되어 그 뜻은 십(十) 즉 천지를 관통하여 깨달음을 얻은 나(吾)가 된다. 이에 따라 사방에 걸쳐서 깨달음을 얻어 어떤 걸림돌도 없어진 상태 즉 자유로운 상태가 되어 인간과 세계가 균형을 이루어 행복한 결과를 얻게 됨을 뜻한다고 할 수 있다. 여기에서 자유는 사무애를 실현한 상태 즉 첫째, 경제적으로 기본적인 생계 걱정을 벗어나고 둘째, 정치적으로 독재나 전쟁으로부터 자유로운 상태를 유지하고 셋째, 육체적으로 건강하며 넷째, 정신적으로 어떤 걸림돌도 없는 상태가 실현된 것을 말한다고 할 수 있다. 이는 애덤 스미스가 행복의 조건으로 말한 육체적 건강, 최소한의 경제적 부, 정신적 걸림돌이 없는 상태라고 했던 요소를 포함하고 있다. 독재와 전쟁으로부터 자유란 존 로크와 토마스 제퍼슨이 말했던 저항권의 실현과 관련된다고 할 수 있다.

그런데 도와 덕이 실현되고, 중도 즉 진공묘유의 실현을 통해 사무애의 자유를 얻는 것은 인간사회의 구체적 현실과 조건에 접목되어야 비로소 완성될 수 있다.

자유민주주의 근대국가 문명의 위대성은 진리의 실현을 위한 인간사회의 구체적 현실과 조건에 대해 해명을 해주었다는 것이다. 구체적으로 인간의 자유를 어떻게 실현할 것인가에 대해 법치주의의 원칙을 밝혔고, 인간의 불완전성에 대한 이해에 기초하여 견제와 균형의 원리에 따른 입법, 행정, 사법의 삼권분립과 사회 각 기관의 독립성을 존중하는 원리를 세웠던 것이다. 또한 인간의 이기심의 요소가 '보이지 않는 손'으로 작용하여 자본주의 물질문명을 발전시킨다는 것과 이를 촉진하기 위해 재산권을 국가가 보장하는 원칙 등을 밝혔던 것이다. 동양의 역사에서도 법가의 창시자로 알려진 한비자 등이 법치주의의 중요성을 말한 바 있으나 이는 자유민주주의 근대국가 문명의 법치주의와 비교할 때는 그 한계가 분명하다. 왜냐하면 한비자의 법치주의는 왕과 귀족 중심의 통치 체제의 효율성을 위한 제도로 주장되었기 때문이다. 이는 입법, 행정, 사법의 삼권분립을 통한 견제와 균형의 원리를 실현하지 못한 것이었고, 근본적으로는 민주주의 기본 원칙인 '국민의, 국민에 의한, 국민을 위한 정부'라는 주권재민의 철학적 측면에서도 한계가 있었던 것이다. 그러나 한비자 등 법가의 법치주의 주장은 도교의 도덕의 정치, 유교의 왕도정치, 인의정치 등 추상적 주장을 넘어서서 법치주의의 제도적 필요성을 주장한 것은 진전된 역사적 의미가 있다고 평가된다. 왜냐하면 인간의 불완전성은 왕과 귀족들도 자유로울 수 없기 때문에 정치의 구체적 원칙과 방법에 대한 법률적, 제도적 장치의 보완은 필수적이기 때문이다.

그리고 에드먼드 버크는 『프랑스혁명 성찰』에서 국가의 중요성을 강조하면서 "문명사회와 국가 체제는 엄청난 축적임과 동시에 여러 요소의 미묘한 균형 위에 가까스로 서있기 때문에 균형을 파괴할 수 있는 인간의 오만과 자의를 경계해야 한다"고 주장한 바 있다. 이는 국내적 요소뿐만 아니라 국가관계에서도 발생할 수 있는데, 최악의 경우에 균형이 파괴될 때 나타나는 것이 전쟁이라 할 수 있다. 국내적으로 균형이 파괴될 경우에는 법치주의 등으로 대처할 수 있고 문제가 심각할 경우에는 저항권이 발동되어 정권이 교체되는 역사적 사례도 있어 왔다. 국가 간의 관계에서 균형이 파괴되면 전쟁이 발생된다. 전쟁이 발생할 경우에 어떻게 대응할 것인가?에 대해서 동양에서는 손자 등을 통한 병가(兵家)의 주장이 『손자병법』 등을 통해 알려졌다. 서양의 경우에 19세기에 독일의 탁월한 군사전략가 클라우제비츠에 의해 쓰여진 『전쟁론』이 대표적이다.

역사적으로 전쟁의 상황이 발생할 경우에는 진리의 세계를 추구하는 종교인들과 사상가들도 자유로울 수 없다. 미국의 경우에 영국 등 유럽에서 종교의 자유를 찾아 청교도 국가를 세우고자 신대륙을 개척했던 청교도들은 미국의 독립혁명을 위해 무장투쟁에 앞장서기도 했었다. 한반도에서는 조선시대의 대표 승려인 서산대사는 임진왜란이 발생하여 백성들이 참혹한 고통에 휩쓸리자 중생구제(衆生救濟), 보국안민(保國安民)의 깃발 아래 승병을 일으켜 일본침략군에 맞서 전쟁에 나서기도 하였다. 21세기에도 티베트의 승려들은 종교의 자유와 민족의 자유를 위해 중국공산당에 맞서 분신투쟁도 주저하지 않았다.

따라서 중도회통사상은 좌파와 우파 사이의 중간에 존재하는 것을 의미하지 않는다. 성철 스님은 "유교의 중용(中庸)이 과하지도 부족하지도 않은 중간의 의미에 지나지 않는다"고 비판하면서 불교의 중도(中道) 즉 진공묘유와 차이가 있고 그 깊이에서 다름을 주장한 바 있다. 불교, 도교의 핵심 사상인 중도회통사상은 좌파와 우파 사이의 중간을 의미하지도 않고 유교에서 말하는 중용의 뜻과도 차이가 있다. 중도 즉 진공묘유는 어떤 껍데기적 인식이나 편견도 다 버리고 즉 진공을 한 연후에 빼어나게 아름답게 존재하는 진리(眞理)를 찾아내는 것이다. 그리고 그 진리를 통해 자유를 실현하고 인간과 세계의 균형과 조화를 이루어 나감을 뜻한다. 또한 이 같은 중도, 진리, 자유, 균형은 자유민주주의 근대국가 문명과 결합했을 때 구체성을 획득할 수 있음을 이해할 필요가 있다. 나아가 이를 기초로 불교, 도교, 유교, 기독교, 사회주의를 회통(會通)적 차원에서 진리를 찾고 융합(融合)해 나감을 말한다. 이러한 철학적 이해에 기초하여 도덕정치의 실현, 법치주의에 대한 이해, 전쟁에 대한 이해를 해나가는 것이 필요하다.

중도회통사상과 북핵, 북한 문제의 해법

미국 트럼프 정부는 역대 어느 정부보다 북한과 파격적 협상을 추진해서 세 차례에 걸친 북미 정상회담을 치룬바 있다. 이는 트럼프 대통령의 독특한 특성도 작용하였지만, 본질적으로는 2017년 동북아 정세의 게임체인저가 된 수소폭탄 실험이었던 6차 핵실험과 대륙간 탄도미사일 실험의 성공과 연관된다. 실제 트럼프 정부의 백악관 전 안보보좌관 존 볼튼의 증언에 의하면, 2017년 10월경 미국은 북핵, 북한 문제의 심각성을 고려하여 북폭을 검토했다고 한다. 그런데 북폭을 결국 실행하지 못했던 핵심적 이유는 북한의 핵무기 보유 숫자,

대륙간탄도미사일 능력을 포함한 북한의 소위 반격능력을 고려할 때 북폭의 리스크가 핵전쟁을 포함하여 막대했기 때문이었다고 한다.

대표적으로 CIA국장 출신으로 미국 보수, 진보 정부의 국방부 장관을 연임하였고, 북핵 문제, 북한 문제에 대해서도 최고의 전문가로 손꼽히는 로버트 게이츠는 북폭은 3차 세계대전으로 확산될 것, 중국을 통한 북한 압박은 실효성이 없다는 것, 북핵 문제는 1차적으로 동결과 비확산 문제부터 해결하는 것이 현실적이라는 것 등을 주장한 바 있다. 이러한 당파를 초월한 전문가들의 분석을 배경으로 북폭은 포기되었고 6·12 북미 싱가포르 정상회담을 통해 미국은 북한을 공식적인 것은 아니지만 현실적 핵국가로 인정하게 되었던 것이다. 북한은 이러한 북미협상과 북한이 베트남처럼 친미비중 국가로 갈 수도 있음을 지렛대로 한, 북중협상을 통해 6·19북중 베이징 정상회담을 계기로 중국이 북한을 현실적 핵국가, 전략국가로 인정하게 만드는 성과를 거두었다. 특히 중국은 2009년 2차 핵실험 이후 북핵, 북한문제를 분리해서 북핵은 중장기적으로 관리하고 북한을 친중정권으로 변화시키려 했던 공작이 2013년 친중파 장성택 숙청사태로 실패한 이후 북한이 6차 핵실험을 지렛대로 북미협상까지 성공시키자 북핵 문제와 관련해서 북한에 대해 가지고 있었던 심각한 불만을 자제하고 현실적 핵국가, 전략국가로 인정하는 단계에까지 이르렀던 것이다.

한반도를 중심으로 한, 국제정세가 이처럼 심각하고 큰 폭으로 변화하고 있음에도 불구하고 한국의 진보좌파, 보수우파, 중도파는 제각기 파란색 안경, 빨간색 안경, 회색 안경을 끼고 자신들이 보고 싶은 것만 본채 자신들만의 착각에 빠져 살고 있는 세월이 이제 20년 가까이 이르고 있는 실정이다. 북핵 위협이 추상적 수준에서 현실적 문제로 닥치게 되었던 2002년 2차 북핵 위기 이후 진보좌파인 노무현, 문재인 정부 10년 동안의 햇볕정책은 북핵, 북한 문제 해결과 관련해서 어떤 진전도 이루지 못했다. 보수우파인 이명박, 박근혜 정부 9년 동안 역시 비핵개방 3000정책, 대북봉쇄, 북한 체제 붕괴론 등 그어떤 정책도 북핵, 북한 문제 해결에 진전을 가져오지 못했다. 진보좌파의 햇볕정책은 90년대 말 2000년대 초 탈냉전시대에나 부분적으로 통했을 뿐 2002년 북핵위기와 2003년 중국공산당의 동북공정 등 패권주의 위협이 시작되어 동북아시아가 미중 신냉전시대로 형성, 확대되어 나가던 시기에는 더 이상 실효성이 없었던 정책이었다. 오직 파란색 안경을 쓰고 자신들이 보고 싶은 것만 보고 있었던 것이다. 보수우파의 대북봉쇄, 체제붕괴 전략은 80년대 냉전시대의 반공, 반북의식을 넘어서지 못하는 구시대적 정책으로 역시 실효성이 없는 정책이었다. 오직 빨간색 안경을 쓰고 자신들이 보고 싶은 것만 보고 있었던 것이다. 소위 중도파들의 두 개의 국가, 남북한 두 개의 체제 인정을 기초로 한, 한반도 평화 체제관리론 역시 북한의 북한 주도 한반도 통일에 대한 의지와 능력을 간과한 책상물림 학자들의 주관적 희망에 불과할 뿐이다. 특히 북한이 2017년 동북아 정세의 게임체인저가 된 6차 핵실험과 이를 지렛대로 한 6·12 북미 정상회담, 6·19 북중 정상회담을 통해 현실적 핵국가로 등장하여 전략국가를 자처한 2018년 이후에는 더욱 그러하다. 중도파 역시 회색 안경을 쓰고 자신들이 보고 싶은 것만 보고 있는 것이다.

　따라서 북핵, 북한 문제를 해결하기 위한 최우선 과제는 중도(中
道) 즉 진공묘유의 관점에서 그 어떤 껍데기적 인식, 선입견, 편견 등
을 다 버리고 북핵, 북한 문제의 실체적 진실을 정확히 인식하는 것
이라 할 수 있다. 북한은 90년대 말 100만 명 내외의 아사 사태에도
불구하고 핵무장 국가의 길을 포기하지 않았다. 지난해부터 평양에
는 핵보유국이 된 오천 년 민족사의 역사적 사변을 길이 빛내자'라는
선전구호가 내걸려 있기도 하다.

　결론적으로 북한의 정권이 변하지 않는 이상 핵포기를 할 가능성
이 없다. 2017년 미국은 북한의 핵 반격능력 때문에 북폭을 포기하기
도 했다. 또한 북한은 2016년까지는 경제난 때문에 핵과 미사일과 약
5만 명의 특수부대 등 소위 비대칭전략을 강화시키는데 집중하였는
데 2020년 당 창건 75주년 퍼레이드를 통해 확인된 것은 최근 수년
동안 재래식 무기, 한국 대상 각종 전술무기도 정비, 강화했음이 확
인되었다. 나아가 북한은 2021년 1월 당 8차 대회에서 당규약에 '강력
한 국방력으로 근원적인 군사적 위협들을 제압하여 조선반도의 안전
과 평화적 환경을 수호하며 조국의 평화통일을 앞당기기 위하여 투
쟁한다'고 명시하여 북한 주도 한반도 통일에 대한 의지를 드러내기
도 했다.

　따라서 북핵 문제는 중장기적 관점의 비핵화정책이 현실적이고,
당면한 북핵위협에 대해서는 독일과 같은 핵 공유제를 도입하여 힘
의 균형을 통한 안보전략을 우선적으로 실행해야 한다. 그리고 북한

문제를 종합적 차원에서 어떤 전략을 세워 자유통일을 이루어 낼 것인가를 고민하여 맞춤형 개입정책(Optimized engagement policy)을 추진해야 할 것이다. 그리고 이와 같은 핵 공유제와 맞춤형 개입정책을 추진하기 위한 가장 중요한 과제는 한미동맹의 업그레이드와 한미일 협력을 구축하는 것이다. 이는 21세기 미중 신냉전시대의 필수적인 전략이다.

21세기 한반도는 미국 중심의 자유민주주의 근대국가 문명과 함께 할 것인지, 중국공산당이 주도하는 중화민족 패권주의에 종속화 해나갈 것인지 기로에 서 있다. 중국이 세계 패권을 장악하는 것은 위에서 언급한 여러 가지 한계로 인해 힘들 것이지만 중국 주변국가들 중에서 사상적, 전략적, 국가 역량 차원에서 한계를 보이는 국가들은 중화민족 패권주의의 주변부 세력으로 전락할 가능성이 높다. 중국은 전통적으로 주변국가들에 대한 관점을 평천하(平天下) 즉 천하를 다스린다는 통치적 관점의 연장선 상에서 보고 조공(朝貢)문화 등을 발전시켜왔다. 조공문화는 종주국과 종속국간의 외교관계이다. 이는 근대적인 수평적 차원의 상호 존중하는 외교관계가 아니다. 21세기 중국은 20세기 주은래의 중국보다 후퇴하여 중화민족 패권주의에 기초한 외교와 전체주의적 성향을 강화하고 있다. 이는 사회주의의 전체주의적 성격에 더하여 중국전통 유교의 평천하(平天下) 철학과 연관된다 할 수 있다. 평천하 철학은 국내적으로도 국민을 통치대상으로 볼 뿐만 아니라 외교관계 역시도 중국이 천하의 중심이라는 철학에 기초하여 평천하의 관점에서 외교를 하려는 성향이라 할 수 있다.

중국의 정치철학이 '평천하'라면 한국의 정치철학은 천지인(天地人)의 조화에 관한 철학이다.

도교의 경전 『천부경』에서는 오칠일묘연(五七一妙衍)으로 인간을 중심으로 한, 땅과 하늘의 조화를 통한 아름다움을 표현하였다. 이는 1688년 영국의 명예혁명, 1776년 미국의 독립혁명 이래 발전되어온 자유민주주의 근대국가 문명의 핵심 철학과도 일맥상통한 내용을 가지고 있다. 즉 인간의 자유를 존중함과 함께 인간의 불완전성에 대한 이해를 기초로 한, 법치주의와 견제, 균형의 원리를 강조한 것과 동일한 맥락에서 이해할 수 있는 것이다. 모든 인간은 소우주(小宇宙)이기에 사무애를 통한 정치적, 경제적, 육체적, 정신적 자유를 실현해야 하고 다른 한편으로는 인간은 불완전한 존재이기에 땅의 이치, 하늘의 이치와 조화를 이루어야 한다는 것이다.

결론적으로 한국인의 천지인 조화에 관한 철학은 중국의 평천하(平天下) 철학과는 맞지 않으며 반대로 미국이 주도해온 자유민주주의 근대국가 문명의 철학과 잘 맞고 상호보완적이라는 것이다. 국가의 운명 등에 대한 많은 예견을 맞춘 것으로 유명한 탄허 스님은 21세기에 세상의 큰 변화가 닥칠 것이고, 그 변화 이후에 실현될 통일한국은 중국과 일본을 넘어 동양을 대표하는 강국이 될 것이며, 통일한국은 미국과 젊은 청년과 처녀처럼 궁합이 잘 맞을 것이라고 예견한 바도 있다.

남북 체제 경쟁의 성찰과 독일 모델, 베트남 모델

　세계 2차대전의 일본제국주의 패배와 함께 맞이한 1945년 해방
정국은 남과 북 양 지역에서 치열한 좌파와 우파 간의 치열한 경쟁
과 투쟁을 거쳐 한국은 자유민주주의 진영을 대표하는 미국의 지원
을 받아 1948년 8월 15일 대한민국 국가를 건국하였고 북한은 사회주
의 진영을 대표하는 소련의 지원을 받아 1948년 9월 9일 조선민주주
의인민공화국 국가를 수립하였다. 이후 1950년 6·25 한국 전쟁에서는
미국 중심의 자유민주주의 체제와 소련 중심의 사회주의 체제 간 경
쟁과 한반도 내의 자유민주주의 우파와 사회주의 좌파 세력 간의 충
돌이 착종, 결합되어 수백만의 희생자를 내는 비극적 전쟁을 치러야
했다. 미소 냉전시대 양 진영과 남북한의 체제 간 경쟁은 이후에도
지속되다 80년대 말 90년대 초 소련, 동구 사회주의권이 붕괴되면서
양 체제간의 경쟁은 1차적으로 자유민주주의 진영의 승리로 결말 지
어졌다.

　그러나 21세기에는 중국, 베트남, 북한 등 아시아 사회주의 국가
들의 재부상에 따라 세계는 미중 신냉전시대로 전환되게 된다. 남
북한 간의 체제 경쟁을 역사적 차원에서 평가한다면, 한국 전쟁 종
전 이후 70년대 중반까지는 북한이 한국에 대해 체제적 우위를 가
졌다 할 수 있고, 70년대 중반 이후에는 박정희 시대의 산업화 혁명
의 성과가 나타나면서 한국이 북한에 대한 체제 경쟁에서 역전을 하
였고 이 같은 흐름은 소련, 동구 사회주의권의 붕괴와 북한의 경제

난 등으로 가속화되었고, 한국은 2019년 세계경제 7대 강국으로 평가되는 30~50클럽(1인당 GNP 3만 달러, 인구 5000만 이상) 가입이라는 성과까지 거두게 된다. 그러나 북한은 2017년 동북아 정세의 게임체인저가 된 6차 핵실험과 대륙간탄도미사일 실험의 성공을 지렛대로 6·12북미 정상회담, 6·19북중 정상회담을 성사시켜 현실적 핵국가로 등장하였고, 전략국가를 자처하는 상황이 되었다. 이에 따라 한국은 삼성전자, BTS로 대표되는 경제적, 문화적 차원에서는 북한에 대해 압도적 우위를 점하고 있으나, 북한은 비대칭 무기인 핵과 대륙간탄도미사일 등으로 무장하여 군사적, 외교적 차원에서는 한국에 대해 역전시킨 상황으로 분석된다. 나아가 남북한 체제 경쟁에서 군사력의 중요성을 고려할 때 2018년을 계기로 북한은 남북한 체제 경쟁의 차원에서 70년대 중반 한국에게 역전 당한 이후 40여 년 만에 다시 역전 시키는 성과를 거두게 되었다고 평가된다. 한국에게는 데드크로스 북한에게는 골든크로스 상황이 2018년에 벌어진 것이다.

21세기 남북한의 체제 경쟁의 성격은 기본적으로 '배부른 돼지와 굶주린 늑대' 간의 경쟁이었다고 평가된다. 한국은 산업화혁명과 민주화의 성공으로 이미 21세기 초에 선진국 대열에 진입하였다고 평가된다. 그러나 이때부터 남북한 체제 경쟁에 대한 인식이 흐려졌다고 분석된다. 진보좌파는 탈냉전시대라는 관념의 수렁에 빠져 북한을 햇볕정책의 대상으로만 보았고, 보수우파는 냉전시대 반공반북주의의 수렁에 빠져 북한을 체제붕괴의 대상으로만 보면서 21세기 북한이 어떻게 변화해왔는가에 대한 구체적 이해가 부족하였다. 중도파 역시 북한의 변화와 북한 주도 한반도 통일의 강한 의지에 대한 이해는 못한 채 한반도 평화 체제 관리론이라는 책상물림 관념 속에 머물러 있었다. 결국 한국에서 북핵, 북한 문제는 배부른 돼지들의 관념적인 탁상공론이거나 좌파 세력의 국내정치 정략적 수단으로 전락했던 것이다. 반면에 북한은 90년대 말 100만 명 내외의 아사 사태를 경험하면서도 핵무장 국가전략을 포기하지 않았다. 6차례의 핵실험과 대륙간탄도미사일 실험을 할 때마다 미국이 주도하는 국제사회의 경제제재 등을 포함하는 각종 압박과 제재에도 불구하고 결국 2018년 노동당 중앙위 7기 3차 회의에서 핵무장 국가의 완성을 선언했던 것이다. 나아가 전략국가를 자처하고 있기도 하다. 21세기 약 20년 동안 굶주린 늑대처럼 핵무장 국가전략을 실행했던 것이다. 그 결과 2018년 북한은 남북한 체제 경쟁에서 한국에 대해 약 40여 년 만에 역전을 시킨 것이었다. 굶주린 늑대가 배부른 돼지를 이긴 것이다. 남북한 체제 경쟁이 이처럼 근본적으로 바뀌었는데도 대다수 한국의 전문가들은 자신들의 파란색 안경, 빨간색 안경, 회색 안경을 고집하고 있을 뿐이다. 나아가 남북 관계 정세를 완전히 거꾸로 보고 있기도 하다. 진보좌파의 대표적 전문가 이종석 전 통일부장관은 노동당 규약 개정을 주관적으로 해석해서 북한이 남조선혁명을 포기했다는 엉뚱한 주장을 하고 있고, 보수우파의 대표적 전문가 김병연 서울대 교수는 김정은 또는 북한 체제가 언제 무너질지 모르는 칼날 위에 서 있다고 주장하고 있다. 이러한 남북한 정세에 대한 심각한 오독은 한국 지식인사회와 정치권의 지난 20여 년 동안 누적된 문제의 결과물이다.

이에 따라 결국 북한 주도 한반도 통일의 가능성 즉 '한반도의 베트남 모델화'의 현실적 가능성이 높아지고 있는 상황이다. 즉 한반도가 베트남 모델로 통일될 가능성이 약 60% 정도로 추산된다. 이처럼 남북한 체제 경쟁에서 역전 당한 한국이 현재의 위기를 극복하고 '독일식 모델' 즉 자유민주주의 근대국가 문명의 가치가 실현되는 한국 주도의 한반도 통일을 실현시킬 가능성은 현재 약 40%정도로 추산된다. 북한은 북한 주도 한반도 통일의 마지막 걸림돌이라 할 수 있는 미국 문제를 해결하기 위해 북한이 한반도 통일을 이루더라도 한반도는 친미비중 국가, 즉 베트남처럼 외교안보적 대전환을 할 수 있음을 미국에 지속적으로 메시지를 보내고 있기도 하다. 한국은 이 같은 난국을 어떻게 극복할 것인가? 첫째 한미동맹을 21세기 미중 신냉전시대에 맞게 업그레이드 시키고 20세기 한미동맹 이상으로 강화해야 한다. 핵심적으로는 미중 경제 패권 경쟁의 핵심 이슈인 반도체, 화웨이를 매개로 한, 통신 산업 문제 등에 대해 미국과 전폭적으로 협력해야 한다. 나아가 안보적으로는 미국과 핵공유제를 실현하고, 한국이 능동적, 적극적으로 미국, 일본, 인도, 호주 등과 안보협력을 강화해야 한다. 둘째 남북한 체제 경쟁에서 한국이 압도적 우위에 있는 경제적, 문화적 파워를 최대한 활용하여 획기적 수준의 남북 협력사업을 확대, 강화해야 한다. 이러한 방향에서 한국과 미국이 전략 전술적으로 완전한 수준으로 합의하고 공동의 실천을 해나간다면 현재 남북한 체제 경쟁에서 북한에 역전당한 위기를 극복하고 독일식 자유통일을 실현할 수 있을 것이다.

도교의 경전 『천부경』에서는 마지막 구절로 '일종무종일(一終無終

一), 즉 한 물건이 끝났으되 끝난 것이 아니다'라는 『화엄경』에서 말한 제행무상(諸行無常)의 원리, 즉 '세상의 모든 것은 영원한 것이 없다'를 설파하고 있다. 그것은 개인이나 국가나 다 마찬가지다. 한국도 변해왔고, 북한도 변해왔다. 그리고 앞으로도 변할 것이다. 중요한 것은 무엇이 변했고, 어떻게 변할 것인지를 정확히 이해하고 미래를 준비하는 것이다.

남북한 체제 경쟁은 그것이 전쟁으로 충돌하지 않는다면 한국과 북한에게 공히 변화와 발전의 자극제가 되어왔다. 1948년 남북한 국가가 수립된 이후 북한이 토지개혁을 통해 무상몰수 무상분배를 실시하자 한국은 농지개혁을 실시했다. 이에 따라 한국은 자본주의적 발전의 기초를 마련하였고 나아가 한국농업은 북한의 농업생산력을 추월하기도 하였다. 북한이 사회주의적 무상의료시스템을 도입하자 남북한 체제 경쟁을 치열하게 지휘하던 박정희 정부는 세계적으로 손꼽힐 정도로 우수한 의료보험제도와 보건의료 복지시스템을 구축하였다.

한국의 진보좌파는 북한을 주로 화해대상으로 상정하고, 한국의 보수우파는 북한을 주로 붕괴대상으로 상정해왔다. 이처럼 자신만의 색안경을 고집한다면 상대방의 변화도 제대로 이해하지 못하게 되고, 남북한 체제 경쟁 과정에서 상호 간에 배워나갈 수 있는 점들도 놓치게 된다. 따라서 남북한 체제 경쟁의 역사를 제대로 성찰하자면 중도회통사상에 기초해야 할 것이다. 즉 중도(中道) 즉 진공묘유를 통해 모든 껍데기적 인식, 잘못된 편견, 선입견을 없애고 실체적 진실을 찾아내는 것을 기초로 상호 회통(會通)의 관점에서 서로 배울 것은 배워야 할 것이다.

이 같은 관점에 기초하여 남북한 체제 경쟁을 발전적, 미래지향적으로 해나간다면 한반도의 미래는 밝아질 것이다. 남북한 체제 경쟁이 엄존하는데 이를 없다고 강변하는 것도 문제이고, 상대방을 악마화(Demonization)해서 과도하게 충돌하는 것도 바람직하지 못하다. 21세기 특히 2018년 이후 북한이 핵국가, 전략국가를 자처하고 북한 주도 한반도 통일을 추진하고 있는 상황에서 미소 냉전시대에 이어 미중 신냉전시대에 제2의 남북한 체제 경쟁이 본격화되고 있다. 최근에는 중국의 대만 침공사태 가능성이 높아지고 있는데, 이는 필연적으로 한반도 정세의 격변으로 이어질 것이다. 그 결말은 '한국이 주도하는 독일식 자유통일인가? 북한이 주도하는 베트남식 사회주의 통일인가?'가 될 것이다.

PART 3

한반도 정세와
통일전략

PART 3은 저자 구해우 박사의 언론 인터뷰, 칼럼, 페이스북에 실린 글들을
모아 놓은 것입니다.

'배부른 돼지와 굶주린 늑대의 경쟁'

간부 "김정일이 보고 싶어 한다"
지하당 사업에 끌어들이려는 의도… '논의할 게 없다' 거절로 언쟁 붙어
국정원 가장 큰 문제는 정치 오염 보수정권서 '대통령 맞춤형 보고'…
정권에서도 맞춤 정보만 생산

A: 한국은 경제적으로만 앞서 있을 뿐 군사·외교적으로 '핵(核) 국가'
북한에 추월당했다. 배부른 돼지와 굶주린 늑대의 경쟁으로 비유
될 수 있다. 한반도의 주인은 문재인이 아니라 김정은이고, 김정
은이 문재인의 국정 운영에 영향력을 행사하고 있다.

구해우(55) 미래전략연구원장이 『미중패권전쟁과 문재인의 운명』을
출간했다. 그는 한때 대학 운동권을 지배했던 주사파 지하 조직 '자
민통(자주민주통일)'의 리더였고, 구속 수감과 전향을 거쳐 SK텔레콤
북한담당 임원으로 세 차례 평양을 방문했다. 박근혜 정부에서는 국
정원 북한담당기획관으로 일했다.

A: 문 정권의 실세 90%가 '얼치기 친북 친중 좌파'다. 나는 이들의 머릿속을 너무 잘 안다. 이들은 권력을 잡는 데는 수단과 방법을 안 가리지만, 국가 경영에는 전혀 준비가 안 돼 있다. 문제 해결 능력도 없다.

Q: 고려대 법대 재학 시절 본인이 조직한 '자민통'에 대한 얘기를 해보자. 1988년 말~1991년 전대협(전국대학생대표자협의회)을 배후 조종한 지하조직이었다는데?

A: 주사파 조직 간에도 헤게모니 싸움이 있었다. 1987~1988년에는 안희정 전 충남지사가 2인자였던 '반미청년회'가 대학 운동권을 지배했다. 이인영 원내대표, 우상호 의원, 임종석 전 청와대 비서실장 등이 그 영향을 받았다. 1988년 말 자민통이 반미청년회를 누르고 주사파 운동권의 주류가 됐다. 양정철 민주연구원장, 김경수 전 경남도지사가 자민통 출신이다. 자민통이 배출한 전대협 의장 중에는 송갑석 의원이 있다.

Q: 전대협 의장이나 명문대 총학생회장 출신은 감옥에 한 번 다녀온 유명세로 일찍 정치권에 들어갈 수 있었다는데?

A: 이들의 속성은 한마디로 '출세주의'다. 지하조직의 핵심부는 어쨌든 마르크스든 주체사상이든 공부를 많이 했지만 '얼굴마담' 운동권은 그런 내공은 없었다. 기껏 『해방전후사』나 『전환시대의 논리』, 『태백산맥』 같은 몇 권의 책을 읽은 것뿐이다. 권모술수의 실용서라고 할 수 있는 『삼국지』, 『손자병법』도 읽었을 것이다.

Q: 이 '586' 세대는 이제 우리 정치·사회를 왜곡시켜온 '기득권 패거

리'로 비판받고 있는데?

A: 이들은 김대중·노무현 정권을 거치면서 소위 '먹거리'를 알게 되면서 자기들끼리 이익집단화됐다. 권력을 잡기 위해 물불을 안 가리니 '울산시장 선거 개입'도 일어난 것이다. 이들의 위선과 이중성, 조직폭력배식 패거리주의가 나라를 망치고 있다. 거의 괴물처럼 됐다.

구해우 씨는 "일찍 정치판에 들어간 얼굴마담 운동권들의 속성은 '출세주의'다"라고 말했다.

Q: 정권 실세들에게 이념 문제를 지적하거나 전향(轉向) 여부를 물으면 '구시대적 색깔론'이라고 반격하는데?

A: 한반도 분단 체제에서 이념이 미치는 영향은 결코 작지 않다. 나라의 운명과 직결되는 것이다. 이를 따져 묻는 것은 '색깔론'이 아니다.

Q: 젊은 날 학습·실천하면서 형성된 이념을 부정하는 것은 쉽지 않다. 본인은 완전히 전향한 것인가?

A: 1990년대 초 동구권 붕괴를 보면서 회의가 시작됐다. 1년 3개월 감옥에서 앨빈 토플러와 제러미 리프킨 같은 미래학자의 책을 읽으며 생각이 바뀌었다. 출감 뒤 1994년 봄 중국을 현장 방문하고는 마르크스레닌주의를 버렸다. 하지만 주체사상에 대한 미련은 남아 있었다. 쉽게 끊을 수 없었다. 이를 완전히 극복한 것은 마르크스레닌주의를 버린 시점으로부터 10년 뒤다.

Q: 어떤 계기가 있었나?

A: SK그룹에서 일했던 것이 결정적 도움이 됐다는데?

Q: 2000년 9월~2002년 1월까지 SK텔레콤 북한담당 상무를 했는데?

A: 2000년 남북 정상회담이 있은 뒤 SK는 대북 사업 인력을 찾았고 내가 추천됐다. 북한 사업의 리스크 관리를 해주는 역할을 했다. 비슷한 시점 청와대 국장 자리를 제의받았으나 나는 기업을 선택했다. 감옥에서 봤던 책에서 '21세기 선진 조직은 기업 조직'이라는 구절이 있었기 때문이다.

Q: SK 임원으로서 평양에 세 차례 방문했다고 들었다. 대학 시절 '김일성주의'를 신봉한 주사파 리더였는데, 북한에서 어떤 대접을 받았나?

A: 북측에서는 나와 관련된 정보를 파악하고 있었다. 노동당 고위 간부가 '국방위원장님(김정일)이 보고 싶어 한다'며 면담을 제안했다. 김정일이 SK의 대북사업 건으로 직접 나를 만나겠다고 했을 리는 없었다. 대남 지하당(地下黨) 사업에 나를 끌어들이려는 의도라는 걸 직감했다. 내가 '논의할 사안이 없다'며 거절하자 언쟁이 붙었다.

Q: 박근혜 정부에서는 국정원 북한담당기획관으로 일했는데?

A: 남재준 국정원장이 함께 일하자며 나를 불렀다. 박근혜 정부가 출범하기 직전에 북한은 3차 핵실험(2013년 2월)을 감행했다. 미국이 사드 배치를 처음 요구한 것은 이때였다. 그 뒤 언론에서 냄새를 맡자, 우리 정부는 '미국에서 사드 배치를 요청한 적도 없고 협의한 적도 없다'며 어정쩡한 입장을 취했다. 정권 후반기까지 끌

고 가다가 결국 수도권 방어를 못 하는 성주에 배치하고 말았다.”

Q: 박 전 대통령은 2015년 논란 속에서 중국의 ‘전승 70주년 열병식’ 에도 참석했다. 중국의 역할에 대한 기대가 있었나?

A: 박근혜 정부 출범 초에 이미 ‘화웨이’ 이슈도 시작됐다. 미국에서 ‘핵심 정보 유출이 우려되니 화웨이 통신장비를 사용하지 말라’는 요청이 있었다. 하지만 중국에서는 시진핑 주석이 직접 우리에게 사용해줄 것을 요청했다. 박근혜 정부 전반기는 ‘친중(親中)’에 기울었다.

Q: 당신은 국정원에서 어떤 입장이었나?

A: 나는 ‘신(新)냉전시대에서 중국으로 기우는 정책은 잘못됐다’고 말했다. 남재준 원장도 같은 생각이었다. 이 때문에 청와대와 얼마간 갈등이 있었다. 미국은 중국을 견제할 파트너가 필요한데, 이런 우리를 ‘동맹’으로 여기겠나. 조 바이든 부통령이 ‘미국 반대편에 베팅하는 것은 안 좋다’고 말했던 것이다.

Q: 국정원 근무 1년 만에 나왔는데, 무슨 일이 있었나?

A: 2013년 12월 장성택이 숙청된 뒤 북한 정세 판단에서 이견을 빚었다. 남 원장은 김정은 체제가 흔들릴 것으로 보고 정권 붕괴 공작으로 갔다. 나는 ‘친중파 장성택의 숙청 뒤로 김정은 체제는 오히려 안정될 것’이라고 주장했다. 남 원장은 열정과 애국심이 있는 분이었다. 하지만 정세 분석은 우리의 희망대로 해서는 안 된다.

Q: 박근혜 정부에서 김정은 체제 붕괴 공작이 계속 진행됐나?

A: 국정원을 나온 뒤 남 원장 측과 통화하니 ‘공작이 잘 진행되고 있

다'고 했다. 나는 '실제 그런 게 아니라 밑에서 그런 보고서를 올리는 것뿐'이라고 말해줬다. 공작을 하더라도 먼저 정확하게 알고 해야 한다는 뜻이다. 국정원의 가장 큰 문제는 정치에 오염된 것이다. 햇볕정책 정권이 들어오면 거기에 맞는 보고서를 생산하고, 보수 정권에서는 또 대통령이나 국정원장의 입맛에 맞는 보고서를 만들어준다.

Q: 얼마 전, 왕이(王毅) 중국 외교부장이 한국에 와서 사드 문제를 또 언급했고 미국을 비판했는데?

A: 왕이 외교부장이 사드를 또 꺼낸 것은 교활한 노림수다. 사드를 쳐서 한국에서 미 중거리미사일 배치 이슈가 아예 못 나오게 하려는 것이다.

Q: 미국이 우리나라에 중거리미사일 배치를 요청해와도, 문재인 정권의 성격상 이를 받아들일 리 있겠나?

A: 문 정권은 외교·안보에서 '난파선'처럼 됐다. 하지만 보수 지도자도 별반 다를 게 없다. 사드나 중거리미사일 배치, 주한 미군 주둔 비용 문제에 대해 '우리가 정권을 잡으면 어떻게 하겠다'는 분명한 입장과 전략을 밝힌 적 없다. 이런 고민 자체가 없는 것이다. 몇 달 전, 황교안 대표가 내놓은 '민평론(국민 중심평화론)'은 아무 내용 없고 뜬구름 잡는 소리였다.

Q: 우리에게는 사드 배치로 인한 중국의 경제 보복 조치 악몽(惡夢)이 여전히 남아 있는데?

A: 미국 쪽에 확실하게 섰을 때 새롭게 얻을 수 있는 것도 있다. 일본 아베노믹스의 성공 배경에는 미국이 '엔저(低)'를 인정해준 데

있다. 대중국 무역 의존도를 낮추고 인도나 동남아로 돌렸어야 했다. 중국의 협박과 회유에서 벗어나는 전략적 전환이 필요하다. 그게 우리의 살길이다.

Q: 중국은 북한을 통제하거나 영향력을 행사할 수 있는 유일한 나라 아닌가?

A: 중국이 북한에 압력을 행사할 수 있다는 것은 환상이다. 중국은 그동안 '친중파 정권'을 위해 공작해왔지만, 김정은이 들어서자 친중파인 장성택 일당이 숙청됐다. 2017년 9월 시진핑이 베이징에서 '브릭스 정상회의'를 개막한 날에 6차 핵실험을 해 잔칫상을 엎어놓았다. 자신이 중국의 속국이 아님을 전 세계에 보여준 것이다.

Q: 내가 취재한 바로는 북한의 핵이나 미사일에 가장 반대하는 나라는 사실 중국이라고 하는데?

A: 중국의 턱밑에 핵과 미사일이 놓이기 때문이다. 북·중은 혈맹이라고 하지만 서로 경계하는 관계다. 2009년 2차 핵실험을 할 때 북한은 두 시간 전에 미국에 알렸지만 중국에는 20분 전에 통보했다.

Q: 김정은이 '중국 견제 메시지'로 트럼프를 정상회담으로 끌어냈다는 관측이 있는데.

A: 우리가 중국을 대신 견제해 줄 수 있으니 그런 내용으로 협상하자는 것이었다. 미국과 싸웠던 사회주의 국가 베트남의 '친미비중(親美非中)' 전략을 본떴다.

Q: 지금은 다시 미·북 관계가 '화염과 분노'로 돌아가고 있는데.

A: 지금은 6·25 이후 최악의 위기다. '신(新) 냉전시대'라는 정세 인식

이 있어야 한다. 2003년 중국이 '동북공정'을 내놓았을 때 이미 중국식 패권주의가 시작됐다. 북한은 4차 핵실험이 있은 2016년 '7차 당 대회'에서 북한 주도 통일을 천명했다. 북한의 핵무장으로 체제 경쟁에서 우리는 역전패했다. 그런데 문 대통령은 '평화' '탈냉전' '운전자론'을 계속 중얼거리고 있다.

조선일보 〈최보식이 만난 사람〉 인터뷰(2019. 12. 16.)

미중 신냉전시대와 새 한미동맹 전략

G2 체제·무한적 국익경쟁 속 / 韓, 강화된 자강 안보전략 필요 /
친북·친중·반미 사고 청산하고 / 탈냉전 때 햇볕정책 중단해야

지난 18일 주한미군 주둔 비용 문제와 관련한 한·미 당국자 간 협상이 결렬돼 연말까지 종료했어야 할 협상기한을 넘기고 말았다. 이 문제를 정확하게 진단하고 해결하기 위해서는 미국이 주한미군 주둔 비용의 대폭 인상을 요구하는 배경에 대한 정확한 이해가 필요하다.

세계는 2008년 세계 금융위기 이후 G2 체제, 즉 미국과 중국이라는 초강대국의 패권경쟁이 시작되면서 신냉전시대가 개막됐다. 2012년 중화민족 패권주의를 드러낸 중국 시진핑 체제 등장과 2016년 미국 우선주의와 경제 민족주의를 앞세운 미국 트럼프 정부 등장은 미·중 신냉전시대를 본격화했다.

구냉전시대가 미국 중심의 자유민주주의 진영과 소련 중심의 사회주의 진영 간의 이념과 체제의 패권, 군사적 패권이 중심이었다면, 신냉전시대는 미국과 중국 중심의 패권 경쟁이 중심 구도를 형성하면서도 러시아, 프랑스, 독일, 일본, 인도, 터키 등의 민족주의 또는 애국주의를 앞세운 민족국가 간의 다극적인 무한적 국익 경쟁의 특성을 띠고 있다. 그리고 미·중 신냉전시대는 1990년대 초부터 2008년

까지 지속된 탈냉전시대의 특성, 즉 미국 중심의 일극 체제, 신자유주의, 세계화 현상과도 분명히 구별된다. 미국 중심의 일극 체제, 신자유주의, 세계화 현상에 대한 비판과 부정으로 등장한 것이 트럼프 대통령이 내세운 경제민족주의이며, 브렉시트(영국의 EU탈퇴)도 이 같은 현상을 반영한다고 할 수 있다.

이에 우리나라의 생존과 미래를 위해서는 미·중 신냉전시대의 본질과 특성을 정확히 이해한 기초 위에서 새로운 국가전략, 신외교안보 전략, 신경제 전략, 신 한·미동맹전략, 신대북 전략을 수립하는 것이 대단히 중요하다.

현재 문제가 되고 있는 주한미군 주둔 비용도 이 같은 관점과 전략에 기초해 구체적인 정책을 수립해야 할 것이다. 미·중 신냉전시대에는 미국이 세계안보 비용을 동맹국에 구냉전시대, 탈냉전시대보다 훨씬 크게 요구하게 됨을 정확히 이해하고 대응해야 한다. 또한 민족국가 간의 무한적 국익 경쟁이 이루어지고 있는 신냉전시대의 특성을 이해하고 구냉전시대, 탈냉전시대와 비교해서 훨씬 강화된 자강적 안보전략을 수립해야 한다.

따라서 한·미 간의 주한미군 주둔 비용 문제도 주둔 비용 이슈 하나만을 가지고 더하고 빼는 산수식 대응은 곤란하다. 변화된 동북아시아 안보환경, 특히 북한이 핵무장 국가화돼 한국의 안보를 심각히 위협하고 있는 현실에 대한 대안을 시급히 세워야 함을 인식해야 한다. 한국 입장에서는 미국의 주한미군 주둔 비용 인상 요구를 전향적으로 수용하는 대신 미국에 북한의 핵위협에 대응할 수 있는 핵공유제를 요구, 관철하는 것을 고려해 볼 수 있을 것이다. 독일 등이 미국과 맺고 있는 핵공유제 협정이 한반도에서도 필요한 상황이다. 또한 다른 이슈도 종합적인 자강적 안보전략, 신 한·미동맹전략, 신 대북전략이라는 큰 틀에서 구체적인 정책이 필요한 때이다. 주한미군 주둔 비용 문제라는 작은 이슈에 함몰돼서는 국가의 안보와 생존이 위태로워질 수도 있다.

그렇게 하기 위해 현 정부는 두 가지 문제를 극복해야 한다. 먼저, 냉전시대의 이념적 유산인 민족 해방민족주의적 인식에 기초한 친북·친중, 반일·반미적 사고를 청산해야 한다. 다음으로, 북한의 2차 핵위기가 시작된 2002년과 중국의 패권적 민족주의가 동북공정(東北工程)으로 표출된 2003년 이후 한반도에서는 이미 탈냉전시대가 마감하고 신냉전시대가 개막됐음에도 여전히 탈냉전시대에나 부분적으로 이해될 수 있었던 햇볕정책을 고집하는 것을 중단해야 한다. 그리고 미·중 신냉전시대의 특성에 대한 이해, 중국의 중화민족 패권주의가 대한민국의 미래 운명에 어떤 위협이 되는지에 대한 정확한 인식, 현재 핵무장 국가가 돼 북한 주도 한반도 통일을 추진하고자 하는 북한의 대남전략에 대한 분명한 이해에 기초해 신 한·미동맹전략, 신대북전략을 수립해야 한다.

세계일보 칼럼(2019. 12. 19.)

'주사파 리더' 출신 구해우 "한미동맹 금 간 게 아니라 빠개져"

자민통 리더, 국정원 고위직 지낸 외교·안보·북한 전문가
주사파 이해해야 한국 정치·北대남전략 파악 가능
文대통령 문제는 뭐가 문제인지도 모르는 것
핵 가진 베트남 모델이 북한이 원하는 종착지 중 하나
신냉전시대 틀로 한미동맹 다뤄야
운동권 파벌 연대 정권, 자유민주주의 아닌 중국식 권위주의 편
얼치기 주사파 출신들, 친중·친북해서 얻어낸 게 뭔가

구해우(56) 미래전략연구원 원장은 주사파 리더 출신으로 국가정보원 고위직을 지낸 특이한 이력을 갖고 있다. 고려대 법대 재학 중 비합법 좌파 운동을 했다. 2013~2014년 국정원에서 북한담당기획관(1급)으로 북한 정보를 총괄했다.

'강철서신' 김영환 씨가 이끌던 구국학생연맹(구학련), 안희정 전 충남지사가 참여한 반미청년회와 함께 주사파 3대 조직 중 하나이던 자주민주통일(자민통) 리더였다. 군사독재 시절 안기부의 고문 속에서도 끝까지 묵비 투쟁을 했다. 김경수 전 경남지사, 양정철 전 민주연구원장이 자민통계다.

고(故) 박세일 서울대 명예교수, 윤영관 서울대 명예교수와 함께 외교안보 싱크탱크 미래전략연구원을 설립해 20년째 운영하고 있다. 고려대에서 북한 개혁·개방을 주제로 법학박사 학위를 받았다. 미국 하버드대 한국학연구소 객원연구원을 지냈으며 2000~2002년 SK텔레콤에서 남북경협 담당 상무로 일했다.

그가 2001년 남북 통신협상을 위해 평양을 방문했을 때 노동당 간부가 "장군님을 뵙겠느냐"고 제안했다. 그는 "더 협의할 게 없다"고 거절하면서 "자주적으로 살려면 당신들 더 고민해야 한다"고 쓴소리를 했다. 노동당 간부는 "너 이 새끼, 그냥 안 둔다. 평양에서 못 나가는 수가 있어"라면서 그를 겁박했다. 평양이 김정일 면담을 제안한 것은 1980년대 주사파 이력을 알았기 때문인 것으로 보인다.

대학 시절 북한 방송을 들으면서 평양을 들여다 본 것을 시작으로 36년간 북한 및 통일 문제 연구 외길을 걸어왔다. 주사파를 정확하게 이해하지 못하면 현재의 한국 정치·안보·사회는 물론이고 북한의 대남전략을 온전히 파악할 수 없다고 그는 말한다. 2019년 12월 2일 서울 송파구에서 그를 만났다.

文 정부는 운동권 파벌 연대 정권

Q: 한일 군사정보보호협정(GSOMIA·지소미아) 연장을 종료하기로 결정했다가 뒤집었다. 칼을 꺼냈다가 얻은 것 없이 다시 넣은 격이다.

A: 문재인 정부의 외교·안보 정책에서 가장 큰 실패 사례는 중국에 3
불(不)을 약속한 것과 9·19 남북 군사합의다. 지소미아를 파기하겠
다고 나선 것도 잘못이다.

이른바 '3불 원칙'은 사드를 추가로 배치하지 않으며 미국의 미사
일방어체계(MD)에 참여하지 않고 한미일 삼각 동맹을 추구하지 않겠
다고 중국에 밝힌 것을 가리킨다.

A: 3불, 9·19 군사합의, 지소미아 종료가 묶이면 그야말로 안보 파탄
으로 가는 운명이었다. 지소미아를 파기하지 않은 것은 그나마 다
행이다. 문제는 지소미아 파기의 후과(後果)를 인식하고 그렇게 처
리했는지다. 정보를 종합해 볼 때 파기 이후 문제에 대해 살핀 게
아니라 미국의 압력이 두려워 철회한 것이다. 안보 위기가 유예된
상태라고 봐야 한다. 앞으로도 지소미아 파기 같은 잘못된 정책을
밀어붙일 가능성이 있다. 안보 위기가 언제든 고조될 수 있다는
얘기다.

그가 덧붙여 말했다.

A: 2019년 11월 22일 오전까지만 해도 지소미아 파기를 암시하는 메
시지가 청와대 핵심 참모들에게서 나왔다. 문재인 대통령도 사흘
전 국민과의 대화에서 지소미아 종료를 시사했다. 11월 22일 오후
갑자기 뒤집혔다. 미국이 주한미군 문제 등과 관련해 아주 강력한

메시지를 전달했다고 본다.

Q: 정권이 무지하거나 무능한 건가. 아니면 일관된 목표에 따른 행동인가?

A: 여러 가지 요인이 뒤섞여 있다. 문재인 정부의 성격에 대해 정확하게 판단할 필요가 있다. 문재인 정부는 운동권 파벌 연대 정권이다. 그중 핵심은 민족 해방(NL) 민족주의를 기반으로 한 세력이다. 친북 친중 반일 반미 정서를 갖고 있다. 열성 지지층도 친북 친중 반일 반미 정서를 공유한다.

"미·중 패권 경쟁의 틀로 사안 살펴봐야"

Q: 안보정책이 그 같은 정서를 바탕으로 하는가?

A: 정의용 청와대 국가안보실장이나 김현종 2차장은 친북 친중 반미 반일 정서를 가졌다고는 볼 수 없다. 문재인 정권이 올라 타 있는 핵심 지지 기반의 정서가 친북 친중 반미 반일이다 보니 그것에 휘둘리는 것이다. 청와대의 강경파들은 친북 친중 반미 반일 성향을 갖고 있다. 노영민 비서실장, 강기정 정무수석이 그렇다. 이 사람들은 지지 기반과 곧바로 연결돼 있다.

Q: 방위비 분담금 협상과 관련한 도널드 트럼프 미국 대통령의 행태가 돈 뜯어내겠다는 협박처럼 느껴지는데, 어떻게 생각하는지?

A: 주한미군 주둔 비용 문제의 본질은 지소미아 파기가 가져왔을 후과와도 연관이 있다. 현재 어떤 세상에 살고 있는지부터 살펴야

한다. 신(新)냉전시대다. 미국과 중국의 패권 경쟁이 벌어지고 있다. 신냉전시대를 틀로 삼아 살펴봐야 지소미아 파기가 왜 심각한 문제였는지 이해할 수 있으며, 주둔 비용 문제에 어떻게 대응할지 답을 내놓을 수 있다. 세계적으로 시대가 재편되는 전환기다.

Q: 전환되는 국제정치 맥락에서 살피자는 뜻인가?

A: 좌·우파 같은 기존 상식으로 트럼프를 봐서는 안 된다. 마크 에스퍼 미국 국방장관은 '지소미아 파기는 북한과 중국에 유리한 결정'이라고 했다. 북한과 중국을 동시에 거론했으나 중국을 찍어서 얘기한 거다. 미국은 주한미군, 지소미아 같은 안보 문제를 미·중 패권 전쟁 구도에서 본다. 신 냉전 질서에서는 신(新) 한미동맹이 필요하다. 한미동맹을 강화하면서도 자강할 힘을 키워야 한다. 주한미군 주둔 비용 문제를 산수로 풀어서는 안 된다. 어떻게 5배나 청구하느냐는 식으로 접근하면 충돌이 일어나 깨질 수 있다. '안보를 위해 올려주면 너희가 우리한테 뭘 내놓을 건데?'가 돼야 한다.

Q: 구체적 조건을 갖고 역제안을 하자?

A: 한미 간 핵공유 협정을 체결하면 주둔 비용을 더 내겠다는 식으로 접근해야 한다. 탄도미사일 탄두 중량을 높이고, 사거리를 늘리는 기회로 이용해야 한다. 자강할 토대를 만드는 계기로 전환해야 한다. 5배, 2배 숫자놀음을 할 때가 아니다.

금이 간 정도가 아니라 빠개졌다

Q: 3불, 지소미아 파동으로 인해 한미동맹에 금이 갔다고 보나?

A: 금이 간 정도가 아니라 빠개졌다. 3불 정책은 금을 낸 게 아니라 빠개버린 거다. 신냉전 구도에서 미국이 가장 중요하게 생각하는 것은 중국에 대한 견제다. 3불 정책은 중국의 눈치를 보겠다, 중국에 순응하겠다면서 일본을 배제하겠다고 선언한 것이다. 일본은 중국 견제에서 미국의 가장 중요한 파트너다. 문재인 대통령의 문제는 무모하다는 점이다. 뭐가 문제인지 잘 모른다. 참모들이 이것저것 준비해 대충 얘기해 준 수준에서 사안을 파악하는 것으로 보인다.

Q: 주한미군 철수도 배제할 수 없는 시나리오라고 보나?

A: 일부에서는 '주한미군 철수는 어렵다, 미국 의회에서도 반대한다'고 본다. 트럼프 시대에는 문법 자체가 바뀌었다. 트럼프는 주한미군을 뺄 수도 있는 사람이다. 한국의 보수우파도 주한미군 문제를 안이하게 인식하는 경향이 있다. 과거의 문법과 틀로 해석해서는 안 된다.

Q: 안보 문제에서 최악의 상황은 뭔가?

A: 트럼프가 김정은을 중요 인물로 대우하면서 합의를 맺는 것이다.

Q: 평화협정을 맺고 미군이 철수한 베트남의 전례를 말하는 건가?

A: 트럼프는 베트남이 친미 국가가 됐지 않느냐는 계산까지 하고 있을 것이다. 베트남은 경제적으로 중국에 의존하나 안보적으로는 미국과 함께 가고 있다. 친미비중(親美非中) 모델이다. 북한이 반

중을 하지는 않겠으나 친미를 약속하며 미국과 합의를 맺을 수 있다.

Q: 미군이 철수해도 한미동맹은 유지될 수 있다고 보는가?

A: 북한이 핵을 포기할 가능성은 현재로서는 제로라고 본다. 핵을 포기하지 않는다는 전제에서 안보정책을 짜야 한다. 로버트 게이츠 전 미국 국방장관은 가장 높은 위치에서 북핵, 북한 문제를 들여다본 인물이다. 게이츠 전 장관은 '북한은 절대로 완전한 비핵화를 하지 않을 것'이라고 본다. 동결과 비확산 문제를 먼저 해결하고 비핵화는 중장기적으로 풀어야 한다는 게 그의 견해다. 내 생각도 그렇다. 북한은 주한미군을 유지하더라도 성격을 어떻게 바꿀 것이냐를 두고 미국과 협상할 것이다. 주한미군이 중국 견제는 하되 북한에 적대적이지 않으면 되는 것이다. 한미연합군사훈련의 영구 중단 등이 이뤄져 동결과 비확산 조건이 더 충족되면 핵무기 일부를 내놓을 수 있다고 본다. 평택기지는 미군 처지에서 전략적으로 매우 중요하다. 북한은 평택기지의 중국 견제 역할을 인정하면서 신(新) 베트남 모델로 나아갈 수 있다.

"핵을 가진 베트남 모델"

Q: 핵을 가진 베트남 모델이 북한이 원하는 종착지 중 하나인가?

A: 그렇다. 세계 질서의 판이 바뀌었다. 좌·우파 모두 당황하는 상황이 올 수 있다.

그가 덧붙여 말했다.

A: 문재인 정부가 추진하는 햇볕정책은 탈냉전시대의 일정 시기에
는 설득력이 있었다. 2008년 미국발(發) 경제 위기 이후 중국이 패
권의 야심을 본격적으로 드러냈으나 동북아에서는 2002년부터 상
황이 바뀌었다. 2002년 2차 북핵 위기가 시작됐고, 2003년 중국에
서 동북공정을 비롯한 패권적 민족주의가 부상했다. 동북아에서
신냉전, 탈냉전시대는 이렇듯 북한과 중국이 열었다. 2001년까지
는 얼마간 설득력이 있었으나 지금 상황에서 햇볕정책을 고집하
는 것은 시대착오적이다. 현재는 탈냉전시대가 아니라 민족주의
가 부상한 신냉전시대다.

Q: 좌파는 북한을 내재적 관점에서 들여다보는 경향이 있다. 미국의
위협 탓에 핵을 개발했다는 시각이 대표적이다.

A: 그 시각은 전쟁 위협이 없어지면 핵을 가질 이유가 없다는 논리
로 이어진다. 이념적으로 친북 친중 반일 반미 정서를 가졌기에
그런 태도를 보이는 것이다. 운동권 시절 깊숙이 박힌 사고가 현
재의 정치 흐름에 중대한 영향을 끼칠뿐더러 신냉전 구도 형성이
라는 구조 변동도 이해하지 못하고 있다.

Q: 우파는 지나치게 미국 의존적인 측면이 있다고 보는데?

A: 우파는 북한 문제를 분석해 대북 정책을 수립하는 과정에서 미국
적 사고나 분석 방식에 지나치게 의존하고 미국의 역할을 과도하
게 설정하는 경향이 있다.

그는 12월 3일 출간한 『미중 패권전쟁과 문재인의 운명』에서 이렇게 썼다.

"우파는 북한 노동당 간부들의 사고를 규정하는 주체사상이나 북한의 역사와 사회에 대한 이해가 일천하다. 북한 붕괴론이 대표적 오류 사례다. 이승만이 미국의 반대에도 반공 포로를 석방하고 북진통일을 주장하면서 그것을 지렛대로 삼아 한미상호방위조약을 체결한일, 박정희가 핵무장론을 제기한 것을 지렛대로 한미연합사를 세워한미동맹을 굳건히 한 일 등은 통찰력과 배짱에 기초해 한미동맹을발전시킨 역사다. 그 두 사례에서 얻을 교훈이 적지 않다."

"집권 세력은 얼치기 친북·친중 좌파"

Q: 일각에서 제기하는 핵무장론은 어떻게 보나?

A: 박정희 시절은 냉전 시기다. 핵무장하겠다는 배짱이 통할 수 있었다. 지금은 훨씬 더 복잡한 문제다. 핵무장론을 성급하게 내놓는 것은 도움이 안 된다. 자강적 안보를 최대화하려 노력하고 관철이 잘 안 됐을 때 핵무장을 마지막 카드로 고민해야 한다.

Q: 문재인 정부는 북한의 셈법이 드러났는데도 남북관계 개선에 '다걸기'하는 모습인데 어떻게 보고 있는지?

Q: 탈북 어부 강제 송환은 그야말로 최악의 수를 둔 거다. 기본적으로 헌법과 법률을 위반했다. 최소한의 인권적 절차나 원칙도 지키지 않았다. 왜 그렇게까지 했느냐? 김정은을 한·아세안 정상회의

에 초청하고자 선물로 준 것 아닌가. 김정은에게 잘 보이고자 그렇게 했다는 얘기다. 집권 세력은 얼치기 친북 친중 좌파다. 결과적으로 북한에도 무시를 당한다. 친중도 마찬가지다. 중국한테도 무시당하고 완전히 엉망이 돼 있다. 이념적으로도 문제가 있는 정권일 뿐 아니라 그야말로 무능한, 대한민국 건국 이래 최악의 무능 정권이다. 친북을 했으면 북한으로부터 얻어낸 것이라도 있어야 하지 않나.

그는 『미중 패권전쟁과 문재인의 운명』에 이렇게 썼다.

"10만 명에 달하는 1980년대 주사파 운동권이 사회 각 분야에 진출한 것과 전교조의 의식화 교육의 영향을 받은 세대의 사회 진출이 한국 사회의 이념적, 정치적 지형을 근본적으로 바꿔놓았다. 과거에 주사파였다고 해서 지금도 주사파인 것은 아니다. 해산된 통합진보당의 이석기 그룹과 같은 주사파는 소수다. 문제는 운동권 시절 머리에 박힌 반미·반일·친중·친북적 사고다. 반미·반일·친중·친북적으로 사고하는 이들 세력이 한미자유무역협정(FTA)과 광우병 반대 촛불시위, 박근혜 탄핵 촛불시위 등을 통해 정치적 힘을 과시했다. 위안부와 징용공 문제 등을 매개로 한 반일투쟁과 최근의 지소미아 파기 논란 때도 상당한 영향력을 행사했다."

Q: 해리 해리스 주한 미국대사가 "문재인 대통령이 종북 좌파에 둘러싸여 있다는 보도가 있다"고 언급한 게 알려져 논란이 일었는데 어떻게 보고 있는가?

A: 미국대사 관저 담장을 넘은 친구들은 아직도 주사파지만 극소수다. 한국 사회에 영향을 미치지 못한다. 지금 내치와 외교에 큰 영향을 미치는 이들은 민주당에 주로 존재하는 친북·친중 좌파다. 그 사람들의 본질은 뭐냐? 과거에 주사파였는데, 지금은 주사파는 아니고 친북·친중 좌파라는 점이다.

"무능한 데다 정치 공학에서 수단·방법 안 가려"

Q: 1980년대 '자민통' 리더였다. 정권의 골간(骨幹)을 이룬 운동권 세력이 지금도 '자주' '민족' '통일'을 추구한다고 보나?
A: NL민족주의의 기반이 친북·친중·반일·반미다. 이념적인 것은 약화되고 굴절됐다. 지금은 정치권력으로 연결된 이익집단이다. 정서적으로 NL민족주의에 기대 이익을 추구하는 덩어리가 돼 있다. 주한미군에 대해서는 이곳저곳 눈치를 보면서 기회주의적으로 대응한다. 대중 정서상 일본은 때리기 쉬우니 지금처럼 행동하는 것이다. 기본적으로는 조국 사태에서 보듯 이해관계를 따지는 기회주의자들이다.

그가 덧붙여 말했다.

A: 문재인 정부는 86세대 정권이라고 할 수 있는데, 그 친구들이 기본적으로 무능하다는 인식은 갖고 있었으나 이 정도일 줄은 몰랐

다. 울산시장 선거 개입 의혹이 사실이라면 민주주의의 기본을 파괴한 것이다. 선거제도를 무시하고 정치 공작을 한 것 아닌가. 국가 경영 측면에서는 대단히 무능한데 정치공학적인 부분에서는 수단과 방법을 안 가린다. 거의 괴물이 돼버렸다.

Q: 김경수 경남지사, 양정철 민주연구원장이 자민통계다. 지도-피지도 관계였나?

A: 김경수는 한 다리 건너서 지도했다. 내가 84학번인데 서울대 85학번을 거쳐 김경수로 이어진다. 1987년 구(舊)자민통 때 조혁·안희정의 반미청년회가 주류, 우리가 비주류였다. 주류, 비주류 공동투쟁 기구인 학투연을 전대협 산하에 만들 때 우리 쪽에서 추천한 게 양정철이다. 1990년대 후반 '강철서신' 김영환 선배와 '푸른 사람들'을 조직할 때 김경수가 실무적으로 참여했다. 1998년 내가 박정희와 김대중의 화해가 필요하다는 글을 썼는데 그 문서를 김경수가 타이핑했다. 내 생각에도 공감했던 것으로 기억한다. 기본적으로 성품이 착한 친구다. 그렇다 보니 우유부단한 측면도 있다. 김경수는 지지집단과 공유하는 공동의 메커니즘 속에서 그냥 휩쓸려간 사례다.

"6·25전쟁 이후 최악의 안보 상황"

Q: 한미동맹 얘기로 되돌아가보자. 현재의 안보 상황을 어떻게 평가하나?

A: 6·25전쟁 이후 최악이다.

Q: 미국은 중국을 견제하면서도 고립주의 성향도 엿보이고 있는데?

A: 고립주의? 그런 해석은 잘못됐다고 본다. 과거의 틀로 봐서는 안 된다. 트럼프 행정부의 이념적 기초는 경제 민족주의다. 고립주의가 아니라 효율성에 기반을 둔 개입주의다. 경제적인 부분을 따져 효율적으로 개입한다. 나라마다 다소 다르지만 신냉전시대의 밑바탕에는 민족주의가 깔려 있다. 일례로 시진핑(習近平)의 중국몽은 중국식 거버넌스, 다시 말해 중국 특색의 사회주의가 자유민주주의보다 우월하다는 주장을 바탕으로 한다. 중국이 신문명을 주도하겠다는 뜻이다.

Q: 서구식 자유주의와 중국식 권위주의가 신냉전의 전선이라는 뜻인가?

A: 동유럽의 헝가리, 폴란드가 민주주의에서 후퇴하고 있다. 효율성 문제로 민족주의와 권위주의가 결합한 것이다. 엄청난 전환의 시대다. 동북아뿐 아니라 세계의 판이 바뀌고 있다. 공수처 갖고 다투고 있을 때가 아니다. 한국의 좌파는 탈냉전시대적 사고, 우파는 구냉전시대적 사고에 빠져 헤매고 있다. 양쪽 공히 시대 지체다.

Q: 문정인 대통령 통일외교안보 특별보좌관은 최근 국립외교원이 주최한 회의에서 "미군 철수 때 중국이 한국에 핵우산을 제공하면 어떻겠나"라고 말했다. 2013년 조 바이든 당시 미국 부통령은 한국을 방문해 "미국 반대편에 서는 것은 좋은 베팅이 아니다"라고 했는데?

A: 나라는 이사 갈 수 없다. 한국은 패권적 민족주의를 드러낸 중국 옆에 붙어 있다. 미·중 간 패권 전쟁이 일어날 최전선이다. 중국은 반접근·지역거부(Anti Access Area Denial) 전략으로 미국을 밀어내려고 하고, 미국은 버티려고 한다. 그 최전선에 우리가 있다. 우리가 우왕좌왕하는 와중에 북한이 미국과 딜을 해 엉뚱한 방향으로 가려고 시도했다. 중국에 베팅한다? 손자병법에 나오는 원교근공(遠交近攻·먼 나라와 힘을 합쳐 가까운 나라를 친다) 원칙에도 안 맞는다. 한국과 중국은 기본적으로 이념적 가치가 다르다. 중국은 전체주의에서 완화됐을 뿐 권위주의 체제다. 자유민주주의에 기초한 국제적 연대가 우리가 추구해야 할 길이다.

그가 덧붙여 말했다.

"홍콩 사태가 중국의 팽창주의, 패권적 민족주의의 상징적 사례다. 중국공산당이 홍콩에서 패권주의적으로 통제 범위를 넓히려다가 사달이 났다. 집권 86세대가 이념적으로 참 나쁘다. 홍콩 사태에 대해 언급하지 않는다. 홍콩 사태에서 중국을 비판하지 않는 것은 그 친구들이 자유민주주의가 아니라 권위주의의 편이라는 걸 뜻한다."

"패권적 '민족주의 중국'이 밀려오고 있다"

Q: 미국은 주한미군에 중국을 겨냥한 중거리미사일을 배치하기를

원한다. 중국은 미사일이 배치되면 한국과 단교까지 고려할 것이
라고 밝혔는데?

A: 일본보다 먼저 선제적으로 중거리미사일을 배치해야 한다고 본
다. 우파조차 중국의 눈치를 보고 있다. 한반도라는 지정학적 조
건에서 눈치를 봐서는 안 된다. 한미동맹이 최우선이고 그다음이
한·미·일 안보 공조다. 한미동맹을 제대로 정비하지 못하면 북한이
오판해 전쟁을 감행할 수도 있다.

Q: 중국이 군사·경제적으로 한국을 위협하면 어떡하나. 한국은 수출
로 먹고 사는 나라인데?

A: 2010년 센카쿠 열도 영토 분쟁 때 중국은 일본에 희토류 수출
을 중단하는 보복 조치를 취했다. 일본은 이후 중국 투자를 줄
이고 동남아, 인도 등에 대한 투자를 늘리는 방식으로 리밸런싱
(rebalancing)에 나섰다. 한국도 국가전략 차원에서 과도하게 중국에
의존하는 상황을 리밸런싱할 필요가 있다. 중국이 아직은 미국에
본격적으로 대들 수 있는 조건을 갖추지 못했다. 확실하게 미국
과 손잡아야 오히려 보복하지 못한다. 사드 사태를 봐라. 할 듯 말
듯 어설프게 이쪽저쪽 눈치를 보다가 중국을 더 화나게 했다. 다
른 얘기지만 북한도 문재인 정권을 두고 약속했으면 지키라고 지
적한다. 이것저것 해주겠다고 해놓은 모양인데, 실천한 게 없으니
삶은 소대가리 운운하는 것이다. 문서가 아닌 구두로는 북한에 별
의별 얘기를 다 했을 것이다.

Q: 미국은 유엔사 재활성화를 통해 중국을 견제하려는 듯 보인다.
유엔사가 동아시아판 나토(NATO)로 확장될 수도 있는데?

A: 문재인 정부는 유엔사 재활성화에 반대한다. 오히려 우리가 능동적으로 재활성화를 제안해야 한다고 본다. 유엔사 활성화와 동아시아판 NATO 체제 구축을 우리가 주도해야 한다. 일본은 다이아몬드 체제(미국 일본 호주 인도)를 주장하는데 우리는 펜타곤(5각형)을 주장할 수 있다. 몽골 등을 끌어들일 수도 있다.

Q: 일본이 유엔사 전력 제공국에 포함될 경우 유사시 자위대가 한반도에 진출할 수 있다는 우려가 나오는데?

A: 그 같은 우려도 시대착오적 사고다. 거듭 강조했듯 신냉전시대의 본질을 잘 파악해야 한다. 일본 제국주의는 20세기 초반 패권적 민족주의 행태를 보이며 아시아 국가를 침략했다. 과거 제국주의였다고 지금도 제국주의가 아니다. 현재는 중국이 패권적 민족주의의 발톱을 드러냈다. 중국을 상대로 자주(自主)를 어떻게 세울지 고민할 때다. 중국이 밀려오는데 '일본 때리기'나 하는 것은 진정한 민족주의도 아니다.

신동아 인터뷰(2020년 1월호)

'낮은 단계 연방제'가 김정은이 추구할 '통일대전' 서막
-6·25 70주년, 6·15 20주년 '통일대전이 다가온다'-

北 핵·미사일, 中 패권적 민족주의 위협
코로나 이후 심화하는 新냉전시대
핵·미사일 지렛대로 두 갈래 통일대전 추구

한반도에서 남북 간 체제 대결은 6·25전쟁을 통해 1차로 폭발했다. 1989년 베를린 장벽 붕괴를 신호탄으로 소련, 동유럽 사회주의권이 패망하면서 한국은 북한에 대한 우위를 갖게 됐다. 사회주의권의 붕괴는 구(舊)냉전시대의 종언을 고했다. 이후 미국 중심의 일극 체제가 20여 년간 지속됐다.

중국이 개혁·개방정책의 성과를 바탕으로 경제대국으로 발돋움하면서 미국 중심의 패권 질서에 도전하고 있다. 세계적 차원에서는 2008년 글로벌 금융위기를 계기로 이른바 G2로 부상하면서 도전이 시작됐으며 동아시아에서는 2003년 한반도를 대상으로 한 동북공정, 몽골을 대상으로 한 북방공정을 통해 패권적 민족주의를 표출했다.

북한은 1980년대 말부터 남북 체제 대결에서 한국에 뒤쳐졌으며 소련, 동유럽 사회주의 붕괴 이후 외교적 고립을 겪었다. 1990년대 중후반에는 최악의 경제난까지 경험했다. 북한은 선군정치 노선에 입각해 '군사대국' '핵국가 건설'을 목표로 고난의 행군에 나섰다.

북한은 2017년 동북아 정세의 게임체인저가 된 6차 핵실험과 대륙간탄도미사일 실험을 성공시켰다. 이를 기반으로 2018년 6·12 싱가포르 북·미 정상회담, 6·19 북·중 정상회담 등을 통해 국제사회에서 현실적으로 '핵국가 지위'를 확보했다. 남북 간 체제 경쟁에서 북한이 군사적, 외교적 우위를 획득한 셈이다. 이와 같은 한반도 정세의 근본적 변동에 따라 한국의 안보는 풍전등화의 상황에 놓였다.

코로나 이후 심화하는 한반도의 신냉전시대와 뉴트 깅리치 전 미국 하원의장은 지난해 출간한 저서 『트럼프와 중국』에서 미국은 건국 이후 네 차례에 걸쳐 전략적 적(敵) 또는 경쟁자를 극복하면서 미국의 역사를 발전시켜 왔다고 밝혔다. △첫째, 영국과의 독립전쟁 △둘째, 노예해방을 위한 남북전쟁 △셋째, 반파시즘 세계 2차대전 △넷째, 반공산주의를 위한 소련과의 냉전이 그것이다. 깅리치는 중국공산당의 패권적 민족주의와 권위주의적 국가주의와의 전쟁을 다섯 번째 응전으로 꼽았다.

중국은 2008년 글로벌 금융위기 이후 G2로 떠올랐다. 2012년 시진핑 집권 이후 중국몽과 일대일로(一帶一路·One belt, One road) 전략을 앞세워 본격적으로 미국의 세계 패권에 도전하기 시작했다.

미국은 2016년 '미국 우선주의' '경제민족주의'를 앞세운 트럼프 행정부의 등장과 함께 중국의 패권 도전을 제압하기 위한 본격적인 움직임을 보여왔다. 지난해 발발한 미·중 무역전쟁은 그 서막이었다.

피터 나바로 백악관 무역제조업 정책국장은 무역전쟁의 핵심 브레인으로서 미·중 간 디커플링(탈 동조화)을 강력하게 추진하고 있다.

신종 코로나바이러스 감염증(코로나19) 사태 이후 미국을 포함한

다수 선진국이 중국에 있는 공장 이전을 적극적으로 추진하고 있다.

신냉전시대의 특징은 미·중 간 패권전쟁의 진행과 함께 세계적 차원에서 민족국가 간 무한적 국익 경쟁이 치열하게 전개되는 것이다.

중국의 '중화민족 패권주의', 미국의 '미국 우선주의', 러시아의 '러시아 대민족주의', 인도의 '힌두 민족주의', 영국의 유럽연합 탈퇴, 일본의 보통 국가론, 터키의 민족주의 등이 그것이다. 특히 코로나19 사태 이후 세계 대부분의 국가들이 민족국가 단위의 무한적 경쟁 상황으로 진입하고 있다. 이 같은 경쟁은 세계적 차원에서 미·중 간 패권전쟁에 착종해 몇 가지 중요한 전선을 만들어내고 있다.

패권전쟁 한복판에 놓인 한반도

미국 중심의 '자유주의적 애국주의' 대 중국 중심의 '권위주의적 민족주의', 미국 중심의 '자유주의적 국제질서' 대 중국 중심의 '권위주의적 국제질서'가 부딪치고 있다. 코로나19 대응을 둘러싼 한국, 미국, 대만 등의 자유주의적 방역국가 대 중국 중심의 권위주의적 방역국가, 미국 중심의 디지털 자유주의 대 중국 중심의 디지털 권위주의는 또 다른 전선이다.

사드(THAAD·Terminal High Altitude Area Defense·고고도미사일 방어체계)와 관련한 갈등, 미·중 무역전쟁과 관련된 문제, 코로나19 대응과 관련한 논란, 화웨이 장비 도입을 둘러싼 논쟁 등 한국은 패권전쟁의 다양한 전선 한복판에 놓여 있다.

한국은 이 같은 전선에서 '패권적 민족주의' '권위주의적 국가주의'라는 중국의 위협에다가 북한의 핵과 미사일 위협이 덧붙여져 심각한 안보상의 위기에 처해 있다. 앞서 언급했듯 세계적 차원에서 미·중 신냉전시대는 2008년 글로벌 금융위기로부터 비롯했지만 한반도에서는 2002년 2차 북핵위기와 2003년 중국의 패권적 민족주의인 동북공정 가동으로부터 이미 신냉전시대가 시작됐다.

한반도 신냉전시대는 탈냉전시대를 배경으로 해 등장한 김대중 정부의 햇볕정책 등이 시효를 상실했음을 의미하는 동시에 새로운 국가전략을 요구한다. 한국의 보수 세력 대다수는 1980년대 냉전시대 사고에 머물러 있고, 한국의 진보세력은 1990년대 말 2000년대 초반의 탈냉전시대에나 적용될 햇볕정책을 고집하는 양상이다.

최근 20년 가까운 시간 동안 보수 정부, 진보 정부를 엎치락뒤치락 거치면서 한국은 북한의 핵 위협 및 중국공산당의 위협에 대한 대응에 실패했다. 반면 북한은 2017년 동북아 정세의 게임체인저가 된 6차 핵실험과 대륙간탄도미사일 실험을 성공시키면서 남북 간의 체제 경쟁에서 역전의 발판을 마련했다.

남북 간 체제 경쟁 역사에서 한국은 1980년대 말 이후 오랫동안 북한에 대해 우위를 보여왔으나 2018년부터 핵과 미사일로 무장한 북한이 군사적, 외교적 우위를 점한 형국이다. 이 같은 현실은 6·12 북·미 정상회담과 6·19 북·중 정상회담을 통해 국제사회에 각인되게 된다.

군사력 역전과 북한의 통일전략

2018년 싱가포르에서 열린 6·12 북·미 정상회담 합의서의 순서는
△첫째, 북·미관계 정상화 △둘째, 한반도 평화 체제 구축 노력 △셋
째, 한반도 비핵화 약속으로 이뤄져 있다. 북한이 현실적 '핵국가'로
진입했음을 미국이 일정 부분 인정한 것이다.

제임스 클래퍼 전 미국 국가정보국(DNI) 국장은 2017년 미국의 북
한 폭격 가능성에 대해 핵과 대륙간탄도미사일로 무장한 북한의 반
격 능력 때문에 한반도가 핵전쟁으로 비화할 가능성이 있다고 경고
했다. 클래퍼 전 국장은 2019년 "북한을 인도나 파키스탄처럼 핵보유
국으로 인정하는 방안을 고려해야 한다"고 주장하기도 했다.

중국은 6·19 북·중 정상회담을 통해 북한을 현실적 핵국가로 거의
인정하고 있음을 드러냈다. 북·중관계는 기본적으로는 동맹이지만
1992년 한중 수교 이후부터 2013년 친중파 장성택 숙청에 이르기까지
우여곡절이 많았다. 중국은 정상회담에서 북한에 외교적으로 최상급
대우를 하면서 핵국가 북한과 새로운 국가 간 관계를 재정립한 것으
로 평가된다.

이 같은 변화는 6·19 북·중 정상회담을 설계하고 실무적으로도 주
도한 중국공산당의 전략가 왕후닝(王寧·중국공산당 중앙서기처 서기)의
정상회담 때 모습을 통해 확인할 수 있다. 왕후닝은 배웅까지 직접
챙기는 등 다른 정상회담에서는 볼 수 없는 행보를 보였다. 이렇듯
북한은 미국과 중국으로부터 내용적으로 '전략국가' 대우를 받은 반
면 한국은 미국과 중국 양쪽으로부터 북한에 못 미치는 외교적 대우

를 받았다. 국제사회에서 북한의 위상이 달라진 것이다.

북한은 2016년 4차 핵실험 직후 열린 36년 만의 노동당 당대회에서 '조국통일에 관한 의지'를 재확인한 바 있다. 1980년대 말 이후 북한의 통일 관련 언급이 남북 간 체제 대결에서 수세적 상황을 덮기 위한 말로만의 협박이었다면 2016년 당 대회의 통일에 관한 주장은 체제 대결에 대한 자신감에 기초한 실질적 의지를 표현하고 있다는 중대한 차이점이 있다.

북한 주도 '조국통일'의 두 갈래 길

김정은은 2018년 신년사에서 통일에 관한 언급을 이례적으로 12번이나 했다. 나아가 북한은 2018년 1월 평창올림픽에 참가한 김여정의 '미소 외교'로부터 시작해 세 차례의 남북 정상회담을 통해 한반도 정치의 중심이 김정은인 것처럼 연출하기도 했다. 한반도 정세 변화가 2018년을 새로운 한반도 정치시대 '원년'으로 만든 것으로 평가된다.

미국 트럼프 행정부에서 백악관 안보보좌관을 지낸 맥 매스터는 2019년 10월 북한이 핵을 보유하려는 배경에 대해 "북핵은 단순한 방어적 목적이 아니다. 북한은 공산주의 체제 아래 한반도 통일을 원하고 있다"고 분석했다.

북한은 2018년 4월 노동당 중앙위 전원회의에서 핵무기와 대륙간 탄도미사일 무장의 완성을 선언했다. 2019년에는 한국을 대상으로 한 준전략형 무기인 북한판 이스칸데르 미사일, 북한판 에이태킴스미사일, 초대형 방사포, 대구경 조종방사포 등의 실험을 진행했다. 북한이 미국 등에 대해 핵무기와 대륙간탄도미사일로 억지능력, 반격능력을 확보한 상태에서 한국에 대한 군사 행동을 통한 무력 통일을 구체적으로 추진하고 있음을 드러낸 것이다.

물론 한반도 안보 환경에서 군사 옵션을 통한 통일 추진은 리스크가 크다는 것을 평양도 인지하고 있기 때문에 북한이 추구할 2가지 행로 중 그 가능성은 30% 안팎으로 평가된다. 그러나 조국통일을 최고 강령으로 삼은 노동당의 '무력 사용까지도 불사하는' 통일 의지를 간과해서는 안 될 것이다.

블라디미르 레닌은 '전쟁론'의 저자 클라우제비츠의 명구 "전쟁이란 다른 수단을 가지고 하는 정치의 계속이다"를 자주 인용하면서 "마르크스주의자들은 이 명구를 전쟁의 의의를 밝히는 근본적인 이론으로 간주하고 있다"고 주장했다. 북한 노동당은 레닌의 이론으로 무장한 집단임을 잊어서는 안 된다. 또한 경제력, 군사장비 등이 우세한 한국이 명심해야 할 것은 "물질력이 목제의 칼집이라고 한다면 정신력은 시퍼런 칼날이다"라는 클라우제비츠의 또 다른 명구다.

핵·미사일 지렛대로 통일대전 추구

북한은 무력 통일의 최대 장애물이 미국임을 잘 알고 있기 때문에 최근 수년 동안 자신들이 베트남처럼 친미비중(親美非中) 국가가 될 수 있다는 메시지를 지속적으로 워싱턴에 전달했다.

북한은 또한 무력 통일 시도가 가져올 리스크를 잘 알고 있기에 그들이 추구할 2가지 행로 중 70% 가능성 안팎은 연방제적 통일이다.

연방제적 통일 추진의 기본적 방법은 2000년 남북 정상회담 합의서인 6·15공동선언이 바탕이 될 것이다. 6·15공동선언 2항에서 남과 북은 "나라의 통일을 위한 남측의 연합제안과 북측의 낮은 단계의 연방제안이 서로 공통성이 있다고 인정하고, 앞으로 이 방향에서 통일을 지향해 나가기"로 합의했다. 특히 이번 총선에서 범여권이 개헌 가능선인 의석수 3분의 2에 근접하는 승리를 거뒀기 때문에 북한의 김정은 체제와 한국의 문재인 정부가 6·15공동선언에서 합의한 대로 '낮은 단계의 연방제' 형식으로 단계적 통일을 지향할 가능성이 높다. 이 낮은 단계의 연방제 안에서 북한은 군사적, 외교적 우위를 앞세워 북한 주도의 통일을 단계적으로 추진할 가능성이 높은 상태로 분석된다.

4월 김정은 유고설을 두고 논란이 일었으나 북한 체제는 서기실을 중심으로 수령-당-대중 통치 시스템이 안정돼 있다. 따라서 본질적으로 중요한 것은 북한이 핵과 미사일을 지렛대로 통일대전을 추진하고 있음을 인식하는 것이다. 한반도 정세가 구냉전시대, 탈냉전시대를 지나 미·중 신냉전시대에 돌입했다는 분명한 인식을 갖고 구조적 차원에서 북한의 전략에 대해 정확히 이해해야 한다. 그래야만 대응 전략을 정확하게 마련할 수 있다. 가장 중요한 과제는 북핵에 대응할 미국과의 핵공유제 도입, 각종 미사일 위협에 대응할 한미 공동의 미사일 방어 체제 구축, 수도권 방어를 위한 사드 추가 도입, 북핵 해결 시까지 한미연합사 개편 중단, 미·중 신냉전시대에 대응할 신(新)한미동맹 체제의 구축, 국가정보원의 정보력과 국군의 국방력 강화를 위한 자강적 안보전략 수립 등이다.

신동아 칼럼(2020년 6월호)

시론 ; 탈냉전에 갇힌 진보, 구냉전에 머문 보수

미국 백악관이 지난달 발표한 '대중국 전략 보고서'는 미·중 신냉전 선포문 같았다. 중국을 중국공산당으로, 시진핑을 공산당 총서기로 지칭했다. 전 하원의장 뉴트 깅리치는 지난해 출간한 『트럼프와 차이나』에서 중국은 미국 역사상 구냉전시대의 소련을 능가하는 위협이라고 규정했다.

동북아 정세의 대변동에 걸 맞는 새로운 동맹·안보·국가전략 시급

중국공산당 중앙위원회 기관지 「구시(求是)」는 시진핑이 후계자 시절이던 2010년 '중국 특색의 사회주의 민주정치제도의 우월성과 기본 특징'이라는 논문을 발표했다.

이 글에서 중국 특색의 사회주의가 자유민주주의보다 우월하다고 주장했다. 중국이 세계 경제 패권에 이어 정치적으로도 세계를 주도하겠다는 의지를 드러낸 중요한 논문이다.

2013년 중국의 세계 전략을 연구한 카네기재단은 중국이 아·태 지역에서 '반접근 지역거부전략(A2/AD)'을 전개하고 있다고 분석했다. 대표적 사례가 한국 내 사드 배치 반대를 통해 동북아에서 미국의 영향력을 밀어내려는 것이다.

이러한 미·중 갈등은 세계가 이미 탈냉전시대의 종언을 고하고 신냉전시대로 진입했음을 보여준다. 특히 한반도에서는 2002년 '2차 북핵 위기'를 통해 북한의 핵무장 국가전략이 실질적 단계로 진입하고, 2003년 중국의 패권적 민족주의의 표출인 '동북공정'이 시작되면서 이미 탈냉전시대는 소멸하고 있었다.

이미 18년 전에 시작된 동북아 정세의 대변동은 이제 미국은 중국에 공공연하게 신냉전을 선포하고, 북한은 2018년부터 핵보유국 및 전략국가를 자처하면서 한반도 정세를 주도하는 단계로 변모했다. 그런데도 한국의 보수와 진보는 '바보들'처럼 동북아 정세 변동의 까막눈이 돼 있다.

최근 북한의 남북연락사무소 폭파 이후에도 여야는 단편적·피상적 대응에 머무르고 있다. 보수는 1980년대 구냉전시대 반공주의의 수렁에서 북한을 욕하기에 바쁘고, 진보는 90년대 말 탈냉전시대에나 적용될 수 있었던 햇볕정책의 미몽에서 깨어나지 못하고 있다.

반면 북한은 2017년 동북아 정세의 '게임체인저'가 된 6차 핵실험과 대륙간탄도미사일 실험에 성공했다. 이를 지렛대로 2018년 6·12 북·미 정상회담과 6·19 북·중 정상회담을 통해 현실적인 핵보유국 및 전략국가의 지위를 확보하면서 북한 주도의 한반도 통일 전략을 추진하고 있다.

백악관 안보보좌관을 지낸 허버트 맥 매스터는 2019년 "북핵은 단순한 방어 목적이 아니다. 북한은 공산주의 체제 아래 한반도 통일을 원하고 있다"고 경고했다. 사태가 이렇게 엄중한데도 한국의 보수와 진보는 미·중 신냉전시대와 북한이 핵무장 국가가 된 현실에 대한 인식 수준이 매우 낮다.

탈냉전시대의 종언과 함께 이미 수명을 다한 햇볕정책 주문만 외우는 진보의 무능함, 대안을 제시 못 하는 보수의 무능함은 오십보백보다. 미국의 대중국 전략의 핵심인 한·미·일 협력과 관련해 진보의 자해적 반일 민족주의와 그에 대한 보수의 기회주의적 처신이 경쟁하는 상황이다. 좌우를 막론하고 이해관계로 얽혀 문어발처럼 확장하는 친중파의 존재도 우려스럽다.

한반도 역사는 위정자들이 동북아 정세의 변동에 대해 무지할 때 수많은 민초가 엄청난 고통을 당한 아픈 교훈을 갖고 있다. 필자는 2016년 북한의 4차 핵실험과 36년 만에 열린 노동당 당 대회 결과를 보면서 한반도 정세의 대격변이 시작됐다고 직감했다.

대한민국의 위기를 극복하기 위해서는 구냉전시대는 물론이고 탈냉전시대와는 다른 미·중 신냉전시대의 특성을 이해해야 한다. 게다가 중국공산당의 위협과 동아시아 정세의 변동, 북한의 핵무장 국가화의 의미와 외교 전략, 대남 전략의 변화 등을 정확히 이해해 신 한·미동맹 전략, 신 안보전략, 신 국가전략 수립이 절실한 때다.

중앙일보 칼럼(2020. 6. 25.)

북한 전문가의 언론에서 정보 얻기

　최근 북한 정보와 연관해서 중요이슈는 지난 4월의 '김정은 유고설'이었다. 4월 15일 김일성 생일 추모행사의 김정은 불참을 계기로 시작된 유고설은 CNN이 4월 20일 김정은 수술 이후 유고설을 보도하면서 증폭되었다. 탈북자 출신 태영호, 지성호 등의 김정은 사망설 유포와 장성민 전 의원의 중국 채널발 김정은 뇌사설 등은 국내언론도 동조하게 만들었다. 그런데 이 시기에 해리티지재단 연구원 브루스 클링너는 미국 FOX 뉴스에서 '우리는 북한에서 무슨 일이 일어나고 있는지 정확히 모른다'를 전제로 이런저런 분석논평을 낸 바 있다. 브루스 클링너는 CIA 한국 과장 출신이고 친 트럼프인 FOX뉴스의 한반도 문제 평론가이기 때문에 소위 워싱턴 인텔리전스 커뮤니티에서 북한 관련 정보를 가장 많이 얻고 있는 것으로 추정된다. 그런데도 북한 관련 정보 분석의 어려움을 전제하면서 논평하였고, 그의 분석은 상대적으로 객관적이었다고 평가된다.

　세계 최고수준의 폐쇄 체제인 북한 관련 정보 분석은 어려운 일이다. 대학시절인 85년 장명봉 교수의 '북한사회주의 헌법연구' 논문을 읽은 이래로 35년 동안 북한연구를 해왔고 기업, 민간, 정부 영역에서 남북협상을 20여 차례 해본 필자 역시 그 같은 어려움을 비껴갈 수 없었다. 지난 10여 년 동안 북한 관련해서 필자를 취재해온 월간지 신동아 모 기자의 평가에 의하면 필자가 거의 유일하게 틀렸던 북한 정보 분석은 김정은 후계자설이었다. 2010년 9월 노동당 당대표자 대회를 통해 후계자로 등장한 김정은에 대한 정보는 1년여 전부터 연합뉴스 등을 통해 보도되기도 하였다. 필자의 북한 채널은 이를 소문으로 치부하고 있었다. 나아가 2010년 7월경 미국 카터 전대통령이 중국의 원자바오 총리로부터 들었다는 정보 즉 북한의 김영남이 '김정은 후계자설은 서방에서 떠도는 소문에 불과하다'고 주장하였다는 뉴스를 보고서 더욱 김정은 후계자설을 불신하였다. 결국 중국의 2인자 원자바오 총리, 북한의 공식 서열 2인자 김영남 상임위원장이 전하였다는 북한 관련 정보도 불과 2개월여 뒤에 틀린 것으로 확인되었다. 이 사건을 경험하면서 필자는 북한 관련 정보 분석에 대해 재정비하고 개선하는 계기를 가지게 되었다. 그 중의 하나가 언론에서 나타나는 북한 정보 얻기에 대한 개선이었다.

첫째, 2016년 1월 북한의 4차 핵실험 이후 해외언론 기사에 대한 주목이다. 이 시기 이후 중요한 변화는 해외언론의 북한 관련 뉴스의 양적 확대와 질적 발전이었다. 북한의 4차 핵실험 성공은 국제사회에 북한의 핵위협이 얼마만큼 심각한 단계에 와 있는가를 알리게 되었다. 이후 김정은 참수 작전 또는 북폭론이 결합되면서 한반도 전쟁 가능성에 대한 우려가 본격적으로 확산되기 시작하였다. 이 시기 이후 일부 해외언론의 북한 관련 정보는 국내 언론의 정보보다 더 질적으로 우수한 사례가 나타나고 날이 갈수록 이 같은 경향은 확대되고 있다고 평가된다. 그 대표적 사례는 2017년 미국의 시사잡지「애틀란틱」의 북폭 관련 한반정세 분석 기사였다. 기자는 국제안보 관련 전문기자로 약3개월간 미국과 한국의 안보관계자, 전문가 등을 심층 취재, 분석하였는데 북핵 및 한반도 정세 관련 기사 중 심층성, 전문성이 돋보였다. 하나의 사건에 대해 국내언론과 해외언론의 기사를 비교, 분석할 수 있는 사례도 있다. 2018년 3월 조선일보의 서훈 국정원장 인터뷰 기사는 한국이 북미 대화를 주선, 조정해주고 있다는 식의 내용을 실은 바 있다. 이에 대해 몇 달 뒤「월스트리트 저널」은 CIA 북한담당관 출신 조지프 디트러니를 인용하여 미국은 독자적으로 북미 채널을 오래전부터 관리해왔고 북미 협상은 직접 진행하고 있다는 기사를 낸 바 있다. 조지프 디트러니는 부시 정부부터 트럼프 정부 초기까지 오랜 기간 CIA 북한 관련 정보를 총괄해왔고 북한 문제 최고 전문가 중 한 명으로 평가되는 인물이다.

둘째, 매체의 특성을 정확히 이해하고 정보를 분석한다. 이번 김정은 유고설 관련해서 오보를 냈고, 2014년 11월에도 김경희 사망설이라는 오보를 냈었던 CNN은 분석기능은 취약한 것으로 평가된다. 반면 CNN은 2016년 1월 4차 핵실험 이후 윌 리플리 기자를 평양특파원으로 필요할 때마다 파견하여 보도하고 있는데 현장 취재 영상은 유용한 정보이다. 그리고 북한 관련 사실 보도를 가장 먼저 정확하게 전달하는 언론으로서 연합뉴스도 활용도가 높다고 할 수 있다. 그리고 국내외 언론을 통틀어 객관성 측면에서 우수한 곳은 BBC 뉴스다.

BBC는 객관성 측면에서 우수할 뿐만 아니라 가끔씩 북한 관련 중요한 정보를 제공하기도 한다. 그 대표적 사례는 2001년 주북 러시아 대사를 통해 영국 정보기관 MI6가 최초로 파악했었다고 알려진 김정일의 본처 홍일천의 딸(이름언급은 없었음) 김혜경에 대해 김정일의 입을 통해서 후계자 관련해서 지적 수준이 가장 우수하다는 인터뷰 기사를 생산하기도 했었다.

셋째, 매체의 특성과 함께 어떤 기자가 생산한 뉴스인가를 보고 판단한다. 최근 국내외 언론을 통틀어 북한 관련한 분석 기능이 가장 우수한 언론을 꼽는다면, 월스트리트 저널이라고 생각된다. 이는 북핵, 북한 문제가 이미 남북 관계 이슈를 넘어서서 국제문제이고 한반도라는 지정학적 조건이 미, 중, 일, 러에 둘러싸여 있다는 조건을 반영하는 것이라 할 수 있다. 월스트리트 저널은 세계 최대 규모의 정보 네트워크, 전문가 네트워크 등을 활용하여 북한 문제를 분석하고 있다고 평가된다. 북핵, 북한 문제를 정확히 분석하기 위해서는 미중 신냉전시대와 민족국가 간의 무한적 국익경쟁이 벌어지고 있는 최근 국제사회 현실에 대한 구체적 이해를 기반으로 하는 것이 중요하다. 이에 대해 월스트리트 저널 국제문제 전문 칼럼니스트 월터 러셀 미드(Walter Russel Mead) 칼럼은 중요한 역할을 하고 있다.

그리고 같은 매체에서도 어떤 기자가 생산한 뉴스인가가 중요한 이유를 월스트리트 저널은 보여주었다. 현재 베이징으로 가버린 조나단 정 기자는 북한 관련 최고 수준의 분석 기사들을 보여주었는데, 그가 떠난 후 월스트리트 저널의 북한 관련 기사의 분석 기능은 저하된 것으로 평가된다. 뉴욕타임스, 워싱턴포스트 등은 상대적으로 객관적 분석보다는 주관적 의견이 섞여있는 경우가 많다고 보여진다.

넷째, 기사의 원래 출처인 논문이나, 인터뷰 등을 추적해서 분석한다. 최근 한반도 문제 관련해서 중요한 뉴스를 가장 많이 생산한 정보원은 존 볼턴이었다. 미국 트럼프 대통령 국가 안보보좌관을 지낸 존 볼턴의 회고록『그 일이 일어났던 방』*The Room Where It happened*은 국내외 언론에서 많은 뉴스를 생산해냈다. 이 책은 저자의 인간적 문제를 제외하면 유용성이 많다. 그런데 대부분 각 언론사의 취향에 따라서 일부를 선택적으로 활용한 뉴스들이었다. 이런 경우에는 반드시 원문 전체를 보는 것이 중요하다. 볼턴의 회고록에 대한 전체적인 분석 관련해서도 주관적인 경우가 많았는데, 한반도 정세 관련해서 핵심적으로 파악해야 할 정보를 밝혀낸 것은 몇몇 언론에서 CIA 북한 정보 분석관 출신 수미 테리의 발언을 인용한 것이었다. 그런데 정확한 내용을 파악하기 위해서는 수미 테리가 외교전문지「포린어페어스」*Foreign Affairs*에 기고한 볼턴의 책에 나타난 현 한미동맹의 문제점을 분석한 논문을 찾아 읽는 것이 필요하다.

다섯째, 백악관과 국무성의 언론 브리핑(Press Briefing)을 통해 한반도 정세에 대한 감각을 유지한다. 북한 관련 정보 파악에서 필수적인 것은 미국의 한반도 정책과 대외정책 동향을 이해해야 한다. 현재 북한 문제는 중동의 이란 이슈와도 연관해서 진행되기도 한다. 특히 미중 신냉전시대가 심화되고 있는 조건에서 북한 문제는 미국의 대 중국 정책에 큰 영향을 받고 있다. 따라서 미국의 대 한반도 정책을 종합적으로 이해하기 위해서는 지속적으로 백악관과 국무성의 언론 브리핑을 관찰할 필요가 있다. 나아가 미국의 전·현직 대북 정책 담당자들의 언론 인터뷰 또는 싱크탱크의 토론회 등을 챙겨 보는 것도 북한 문제와 관련한 정확한 분석을 위해서 중요하다.

예를 들어 현재 미국의 대 중국 무역전쟁의 브레인 역할을 하고 있는 피터 나바로 백악관 무역, 제조업 국장의 FOX 뉴스 인터뷰 등은 생생한 미국의 대 중국 전략전술과 대 한반도 정책을 이해하는데 꼭 필요한 것이다. 그리고 종합적 차원에서 미국의 대 아시아 정책, 북미관계 등에 대한 정보는 미국의 소리(VOA) 방송이 유용하다. 나아가 북한 문제는 산수적 사고방식으로는 VOA가 유용하다. 나아가 북한 문제는 산수적 사고방식으로는 이해할 수 없고 고등 수학적 사고방식이 요구되기 때문에 미국과 함께 중국, 일본, 러시아의 언론 동향도 공부할 필요가 있다.

여섯째, 유튜브를 최대한 활용한다. 세계적인 한류 대표선수 BTS를 만든 방시혁은 어느 기자가 새로운 유망주, 음악 트렌드와 관련된 전문가를 만나기 위해 바쁘지 않는가라는 질문에 자신은 바쁘지 않고 유튜브 검색을 통해 새로운 유망주, 음악 트렌드를 발굴해낸다고 답한 적이 있다. 21세기 유튜브 공간은 모든 분야의 정보가 차고

넘친다. 북한 정보도 마찬가지다. 단지 가짜뉴스, 소설뉴스, 부정확한 뉴스가 90%이상이기 때문에 진짜 가치 있는 뉴스를 찾아낼 수 있는 실력이 필요하다. 6·12북미 정상회담과 6·19북중 정상회담 조선중앙방송 동영상은 북한이 왜 자신들을 전략국가라고 주장하고 있는지와 실제 미국과 중국이 북한을 어떻게 전략국가로 대우하고 있는가를 생생하게 보여주고 있다. 구체적으로는 6·19북중 정상회담의 기획자로 알려진 중국공산당 최고 전략가 왕후닝이 김정은의 가이드와 같은 역할을 하고 있는 모습도 볼 수 있다. 이 두 개의 정상회담과 한미 정상회담, 한중 정상회담 동영상을 비교해보면 2018년을 기점으로 북한이 군사적, 외교적 차원에서 한국보다 체제 우위적 차원에 올라섰다는 것을 실체적으로 확인할 수 있다.

그리고 국내에서 북한 경제 대표적 전문가로 꼽히는 김병연 서울대 교수의 중앙일보 칼럼의 경우도 북한 시장을 생생하게 보여주는 유튜브 동영상 등을 통해 재평가해 볼 수 있다. 김병연 칼럼은 2016년 1월 4차 핵실험 이후 국제사회의 대 북한 경제제재가 대단히 강력하여 북한 경제, 북한 체제가 오래 버티기가 힘들다고 여러 차례 주장하여 왔는데, 유튜브를 통해 확인되는 북한 현지 시장의 모습과 다양한 자료들은 이 같은 주장이 현실과 괴리되어 있음을 보여준다. 북한 경제를 한국은행 통계나 일부 탈북자들의 증언을 통해 분석하는 것은 한계가 많다. 특히 체제 문제는 종합적으로 분석되어야 한다. 독일의 소리(DW)와 일본인, 유럽인, 중국인 관광객 등이 보여주는 북한 현지 동영상도 유익하다.

일곱째, 북한 관련 정보는 북한의 사상과 전략, 통치시스템에 대한 이해에 기초하여 재검토해야 한다. 북한 정보를 정확히 분석하기 위해서는 주체사상과 선군정치에 대한 이해가 필요하다. 최근 북한의 주체사상과 선군정치에 기초한 핵무장 국가전략을 총화한 문서는 2018년 4월 노동당 7기 3차 중앙위 전원회의 결과 보고서이다. 북한은 여기에서 핵무장 국가의 완성과 전략국가를 자처하면서, 핵 군축 협상 시작을 선언하였다. 그런데 한국의 보수와 진보는 대부분 주관적 해석만을 해왔다. 진보는 핵 경제 병진 노선의 종료와 비핵화 의지를 주관적으로 홍보하는데 이용해왔고, 보수는 북한의 주장은 근본적으로 신뢰할 수 없기 때문에 제재만이 해결책이라고 주장하고 있다. 본질적으로 중요한 북한의 전략국가 선언과 핵군축 협상 전술이 한반도 정세에 어떤 파장을 일으킬 것인가에 대한 분석은 진보도, 보수도 거의 하지 않고 있다.

따라서 최근 비핵화와 관련한 많은 기사들이 핵심적 문제들을 놓치게 되는 경우가 허다하다. 북한의 주체사상과 선군정치에 기초한 구체적 정책에 대한 분석을 위해서는 북한의 노동신문에 대한 정확한 분석이 필요하다. 또한 북한의 의사결정시스템, 통치시스템에 대한 이해가 부족하면 최근 언론 동향처럼 김정은, 김여정의 언행에 과민하게 반응하면서 불필요하고 부정확한 기사들만을 양산할 뿐이다.

김정은 체제는 수령, 당, 대중 통치시스템에 의거하여 중요한 의사결정이 이루어지고 있고 이를 실질적으로 뒷받침하고 있는 것이 서기실이라는 구조적 이해가 중요하다. 그런데 대다수 북한 문제 전문가, 학자, 언론인들이 이에 대한 이해가 부족하다고 보여진다.

최근 미국의 대표적 북한 문제 전문가이고 스탠포드대 연구원인 로버트 칼린은 북한 문제를 포함한 세계 최고의 정보기관인 CIA도 적지 않게 북한 관련 정보에 대해 틀렸었다는 것을 지적하면서 북한 문제에 대해 Maybe, Probably, Could be 수준에서 분석할 수 밖에 없음을 인정하는 것으로부터 출발해야 한다고 주장하였다. 그런데 한반도 정세는 날로 엄중해지고 있다. 북한과 관련한 잘못된 정보 판단 또는 언론 보도는 잘못된 정치적, 정책적 결정으로 이어질 경우에 전쟁을 포함한 수많은 비극적 사건으로 이어질 수도 있음을 명심할 필요가 있다고 생각된다.

관훈저널 칼럼(2020년 가을호)

"전대협 의장 수령론이 민주당의 정치문화가 됐다"

- ⊙ 주사파 지하조직 수괴에서 대기업 상무, 국정원 북한담당기획관으로
- ⊙ "현 정권은 얼치기 친북·친중 운동권 파벌연대"
- ⊙ "문빠의 본질은 주사파 친화적인 세대와 케이팝 오빠부대 출신 3040 여성들의 결합"
- ⊙ "박지원 원장의 김정은 위임통치 논란은 국정원이 박 원장의 사적 서비스 기관으로 전락한 걸 보여주는 사례"
- ⊙ "2018년 북미·북중 정상회담을 기점으로 북한의 국가경쟁력이 남한 추월했다"
- ⊙ "북한은 사실상 핵전략국가, 군사적 도발 경계해야… 미국 대선 직후가 가장 위험한 시기다"

진짜 위험한 건 신종 코로나 바이러스가 아닐지도 모른다. 대선을 앞둔 미국과 굴기(屈起) 중인 중국, 두 나라 사이의 패권전쟁.

북한은 어느덧 사실상 핵보유국이 되어버렸다. '죽창을 들자'며 반일 민족주의를 외치는 무리가 나타나자, 일본과는 단교 수준의 이상한 관계가 되어버렸다. 하얀 마스크에 국민의 시선이 잡혀 있는 사이, 한반도 상공엔 검은 베일이 일렁이고 있는 게 아닐까.

반국가단체 수괴에서 대기업 임원으로

지난 8월 31일 서울 광화문 인근에서 구해우 미래전략연구원장을 만났다. 그는 고려대 법대 재학 시절, 주사파 지하조직 자민통(자주민족통일)의 리더였다. 지하에서 운동권 리더들에게 마르크스레닌주의, 주체사상을 가르쳤다. '반국가단체 수괴'로 지명수배된 끝에 체포됐다.

반국가단체는 이적단체와 '급'이 다르다. 이적단체는 꽤 있어도 반국가단체는 몇 개 없다. 이를테면 북한의 조선노동당이 반국가단체다. 지명수배 시절, 잡히기만 잡히면 사형 혹은 무기징역이라고들 했다. 그는 항소심에서 2년 6개월을 선고받았다. 증거불충분, 조사받는 동안 끝까지 입을 열지 않아서다. 지하조직의 특성상 최종 책임자, '수괴'가 입을 닫아버리면 전체적인 윤곽을 제대로 파악할 수 없다. 그를 조사하던 안기부 직원은 훗날, '운동권 지하조직 수사 역사에서 끝까지 입을 다문 건(구 원장 포함) 5명 뿐'이라고 말했다.

출옥 후 동구권의 몰락과 중국의 현실을 목도했다. 이후 SK텔레콤 북한담당 상무로 남북 통신협력 프로젝트를 이끌었다. 협의를 위해 평양에 머무를 때, 김정일에게서 '면담 제의'를 받았는데 거절한 건 유명한 일화다. 박근혜 정부 시절 국가정보원에서 북한담당기획관(1급)을 역임했다. 그의 이력엔 한국이 마주한 과제가 응축되어 있다.

현 정권은 '얼치기 親北·親中 운동권 파벌연대'

어떤 것부터 물어야 할까, 듣고 싶은 말이 많았다. 자칫 무거울 수 있는 주제 일색이었다. 편하게 화제를 옮겨 다니기로 했다. 그의 이력 가장 첫머리에 관한 얘기부터 꺼냈다. 주사파다.

Q: 현 정권의 대북 정책이나 외교 정책을 두고 의구심을 갖는 시각이 있습니다. '주사파' '사회주의'라는 단어들이 오갑니다.

A: 문재인 정권의 본질을 정확히 파악해야 합니다. 그들은 주사파도 아니고 사회주의자도 아닙니다. 정치적인 성격으로는 얼치기 친북·친중, 조직의 측면에선 운동권 파벌연대, 정치 행태로 보면 '변종 전체주의자'예요. 변종 전체주의는 주사파도 아니고 사회주의도 아닙니다. 요약하자면 '얼치기 친북·친중 좌파 운동권 파벌 연대'입니다.

Q: 왜 앞에 '얼치기'가 붙죠.

A: 친북·친중 모두 논리적인 사고의 결과로 하고 있는 게 아니란 뜻입니다. 북한 입장에서도 애들은 변종일 뿐이에요. 기회주의자, 종파주의자들이지요. 그들이 오로지 패거리의 이익 중심으로 가고 있는 근본적인 원인을 따져봐야 합니다. 현 정권의 주력부대는 86그룹입니다. 그들이 정치권에 잘못된 문화를 만들었어요.

86그룹은 80년대 학번·60년 대생인 운동권을 뜻한다. 순서대로 전대협(전국대학생대표자협의회) 1~4기 의장이었던 이인영 통일부 장관,

오영식 전 코레일 사장, 임종석 전 청와대비서실장, 송갑석 더불어민주당 의원을 비롯해 김경수, 우상호 등이 86그룹에 속한다. 구 원장의 말이 이어졌다.

A: 잘못된 정치 문화의 근본적인 출발점이 '전대협 의장 수령론'입니다. 운동권 내에서 전대협 의장을 우상숭배 하듯이 수령처럼 모셨단 말입니다. 안희정 전 충남지사가 조직부장을 맡고 있던 반미청년회가 주도해서 의장 수령론을 확산시켰습니다. 이건 주체사상에 기초해서 봐도 잘못된 겁니다. 그들이 정치적 욕심 때문에 이용한 겁니다. 정치권 들어와서도 수령을 중심으로 모이는 패거리 문화를 유지한 거죠.

Q: 전대협 의장이 운동권 내에서는 왕 같은 존재였나요.

A: 그랬죠. 의장이 마음대로 결정하고 밑에서는 수령처럼 모셨으니까요. 전대협 의장 수령론에서 나온 패거리 문화가 현 정부 여당의 기본적인 문화가 된 겁니다. 추구하는 가치라는 게 없잖아요. 오로지 자기 우상이나 패거리 대장 중심으로 무조건 지지하고, 반대편에 서 있는 사람들은 아무 논리 없이 감정적으로 비난합니다. 젊은 정치인들도 특정 패거리에 몸담지 않으면 손해를 보니까 패거리에 줄 서는 식이 된 겁니다. 정치판에 원래도 그런 게 있었지만 86세대가 훨씬 심화시켰어요.

운동권과 오빠부대의 잘못된 만남

Q: 그들을 지지하는 층이 전부 소위 '운동권' 세대인 건 아니지 않습니까?

A: 그들이 힘을 얻게 된 또 하나의 중요한 계기가 바로 케이팝 오빠부대였던 3040 여성들입니다. 이들이 '맘카페'에서 활동하는 '친문(親文) 아줌마부대'를 형성한 거죠. 케이팝 오빠부대의 우상숭배와 전대협 의장 수령론이 접목이 된 겁니다. 그러면서 변종 전체주의가 된 거죠.

Q: 내 편은 무조건 절대 옹호하는 일종의 '수령무오류론'이네요?

A: 1986년부터 1992년까지 형성된 주사파 활동가들이 10만 명 가량 사회로 배출됐습니다. 주사파 영향권의 학습 서클까지 감안하면 그 시기 배출된 주사파 친화적인 세대는 30만 명쯤입니다. 이들이 거의 다 민주당 쪽에 있으니까요. 이들에다 케이팝 오빠부대 30만 명이 합쳐져 친문 '문빠'를 형성한 겁니다. 60만 명 내외인 거죠.

Q: 왜 두 세력이 만난 거죠?

A: 전대협 의장 수령론이라는 게 대단히 잘못된 이론이고 사고입니다. 민주화운동이라는 베일 속에서 대충 좋게 포장이 돼버린 겁니다. 마치 반독재 투쟁 지도자였던 것처럼 말입니다. 케이팝 오빠부대 출신들에게도 사회적인 에너지가 있었던 거죠. 86운동권 출신 정치인들에겐 '반독재 투쟁'을 한 명분이 있고, 이들이 정치판에서 영향력이 커지는 것 같으니 대세를 따라간다고 할까요. 이들에게 결합한 거죠. 60만 명의 주력부대가 형성된 겁니다.

현 정권은 근대국가 시스템 파괴 중

Q: 이번 전공의들 파업을 두고 전문가 집단까지 통제하려는 운동권 레짐과 전문가 집단의 충돌로 보는 시각이 있습니다. 그럴까요?

A: 그게 근대국가 시스템을 파괴하는 행위입니다. '근대국가 문명'이란 게 뭔지 보수 세력이 정확히 이해해야 합니다. 어찌 보면 인류 정치사에서 가장 큰 발명품이 근대국가 문명, 근대국가 시스템입니다. 중세에서 근대로 넘어오는 전환점은 르네상스 운동과 종교개혁입니다. 이 두 사건의 본질적 포인트는 '인간 존재에 대한 자각'입니다. '교황, 황제가 아니라 모든 인간이 중요하다.'

Q: 왜 갑자기 중세인들이 그런 생각을 하게 됐죠?

A: 칭기즈칸 때문입니다. 13~14세기에 칭기즈칸이 유럽을 흔들었습니다. 폴란드부터 모스크바까지 싹 다 점령했잖아요. 유럽연합군까지 박살냈으니까요. 유럽인들이 교황이나 황제가 더 이상 별것 아니라고 느낀 겁니다. 거기서부터 자각이 생기면서 르네상스와 종교개혁으로 이어졌어요.

Q: 그게 근대 문명으로 어떻게 이어졌나요?

A: 인간 존재에 대한 자각에서 가장 중요한 두 가지 깨달음이 있습니다. 첫째, 인간이라는 존재가 대단히 귀중하다. 여기에서 천부인권설이 나옵니다. 둘째, 인간의 불완전성에 대한 이해입니다. 인간이 불완전한 존재라는 인식. 여기에서 법치주의, 견제와 균형의 원리, 기관 독립성의 중요성이 나옵니다. 이게 근대국가 문명입니다.

Q: 결국 근대국가 시스템이라는 건 앵글로·색슨족이 만든 거네요?

A: 그렇지요. 두 번의 역사적 사건을 거치며 확립됩니다. 첫째, 1688
년 영국의 명예혁명, 둘째 미국의 독립과 미국 건국헌법입니다.
근대국가 문명이 발전하는 과정에서 주변부에선 급진주의 모델이
시도됐다가 실패합니다. 실패한 1차 급진주의 모델이 프랑스혁명
입니다. 실패한 2차 급진주의 모델은 러시아혁명, 3차 급진주의
모델이 중국공산당을 중심으로 한 아시아 사회주의입니다.

인간의 불완전성 인정하는 게 보수

1차 급진주의 모델인 프랑스혁명을 고찰한 영국의 정치인 에드먼
드 버크. 조금 어려울 수도 있는 얘기지만 주의 깊게 경청했다. 지금
한국의 보수에 필요한 건 두루뭉술한 푸념이 아니라 예리한 원인 분
석과 냉철한 상황 판단이다.

Q: 프랑스혁명이 실패한 첫 번째 급진주의 모델이군요?

A: 그걸 밝힌 게 에드먼드 버크입니다. 프랑스혁명을 성찰해서 '급
진주의 모델은 실패할 수밖에 없다. 많은 문제를 야기할 수밖에
없다'고 분석했어요. 당시 유럽의 지식인 중 90% 이상이 프랑스혁
명을 상찬했어요. 버크와 몇몇 지식인만 프랑스혁명을 비판했지
요. 급진주의 모델에는 특히 인간의 불완전성에 대한 이해가 결여
되어 있습니다.

Q: 그렇다면 인간의 불완전성을 인정하는 데서 급진주의의 반대인 보수의 철학이 시작되는 거겠네요?

A: 그렇죠. 보수라고 할 때는 근대국가 이후의 보수를 생각해야 합니다. '전통을 존중한다' '유교를 숭상하고 조상을 모신다' 이런 게 보수라고 착각하면 안 돼요. 근대국가 문명에 대한 정확한 이해에서 정리된 보수주의가 나오는 겁니다. 버크는 프로비던스 (providence), 즉 신의 섭리, 역사의 섭리에 대한 존중, 신중한 변화… 이런 핵심 개념을 제시했어요. 이게 근대국가 문명입니다. 2차 급진주의였던 러시아혁명은 실패했죠. 이제 남아 있는 게 3차 모델, 아시아 사회주의입니다.

국정원, 사적 서비스 기관으로 전락

뉴트 깅리치(Newt Gingrich) 전 미국 하원의장은 저서에서 이런 주장을 했다. "미국은 역사적으로 네 번의 도전을 받았다. 미국 독립전쟁, 남북전쟁, 세계 2차대전, 미소 냉전 그리고 현재 중국과의 대결이 다섯 번째 도전이다."

그러면서 "중국과의 대결을 문명 간의 충돌로 보는 것은 조금 과도하다. 체제 대결이다"라고 말했다. 키런 스키너(Kiron Skinner) 전 미국 국무부 정책기획 실장은 '미중 패권전쟁은 문명의 충돌'이라고 했다. 구 원장은 "문명 대결과 체제 대결이 겹쳐져 있다고 본다"고 했다. 그의 설명이다.

A: 미중 패권전쟁을 두고 깅리치는 미국이 겪는 다섯 번째 체제 도전이라고 본 겁니다. 세계사 흐름에서 계속 실패하고 있는 모델의 마지막 모델인 중국 급진주의, 전체주의 모델을 바로 한국의 좌파들이 따르고 있는 겁니다. 그러면서 의사 같은 전문가나 기관의 독립성을 다 허물고 있어요.

그는 박지원 국정원장의 최근 "김정은이 통치 스트레스로 김여정에게 권력을 위임했다"는 발언을 또 다른 예로 들었다.

A: 박지원 원장 발언의 본질은 국정원의 독립성을 완전히 망가뜨렸다는 겁니다. 객관적인 정보에 기반한 분석이 아니에요. 국정원의 독립성은 지난 20년 동안 훼손되어 왔습니다. 문재인 정권 들어 최악의 상태로 가고 있는 겁니다. 이번 사건은 상징적 사례예요. 박 원장 발언이 8월 20일에 나왔습니다. 8월 19일에 조선노동당 중앙위원회 제7기 제6차 전원회의가 열렸어요. 김정은은 이 회의를 주재하면서 노동당 8차 대회 준비를 선언해요. 유튜브만 좀 찾아봐도 다 나옵니다. 이걸 국정원이 몰랐을까요.

Q: 사실이 아니라는 걸 알고도 권한을 위임했느니 하는 보고를 했다는 얘깁니까?

A: 우리나라 국정원은 원장이나 대통령이 한마디 하면 거기에 맞게 맞춤형으로 정보를 생산합니다. 객관적으로 정보를 분석하지 않아요. 좌파 정부 들어서면 햇볕정책에 맞는 보고서를 올리고, 우파 정부 들어서면 봉쇄정책을 옹호하는 보고서를 올립니다. 그런

데 이번 박 원장 사건은 친문 일파의 이해관계 때문이라기보다는 박 원장 개인의 이익 때문에 벌인 일입니다.

Q: 국정원이 하다하다 한 개인을 위한 서비스 기관이 됐다는 말씀이네요?

A: 국정원이 최악으로 가고 있다는 상징적인 사례라는 얘깁니다. 수천 명의 요원이 엄청난 예산을 쓰면서, 유튜브 몇 개 찾으면 다 가짜라는 게 확인이 되는 근거 없는 정보 보고를 단지 박 원장이 원한다는 이유로 한 거예요. 친문 파벌, '문빠'들이 얼마만큼 국가 시스템을 붕괴시키고 있는지 보여주는 사례입니다.

권력·돈만 중시하는 정치적 괴물들

Q: 86운동권 중 주체사상에 경도됐던 무리는 훗날 자기반성을 했나요?

A: 어쨌든 전두환 군사독재를 밀어낸 주력은 학생운동이었거든요. 80년대 민주화에 공이 있는 겁니다. 그런데 과도하게 이념화되어 있어요. 근대성, 근대국가 문명, 인권, 개인의 자유, 인간의 불안전성에 대한 이해가 돼야 근대 민주주의로 갈 수 있는데, 지금도 반독재 민주화 수준에 머물러 있어요. 민주화에 참여한 사실 중심으로만 기억을 하는 겁니다. '우리가 잘못한 건 별로 없다' 이렇게 되는 거죠.

Q: 본인들은 주체사상을 받아들인 적이 없다고 기억한다는 건가요?

A: 그때 분위기가 그랬어요. '88년 남북학생회담' '가자 북으로 오라 남으로' 등 민족주의적이었어요. 주체사상을 전체주의가 아니라 민족주의로 해석하며 받아들였다는 거죠. '북한의 전체주의를 숭상한 건 아니지 않으냐' 그러니 죄의식이 별로 없는 겁니다.

Q: 그러면 86운동권 집권 세력은 민족주의자들인가요? 그들은 얼치기 친중 좌파라고 하셨는데요?

A: 반일 민족주의를 선동하면서 정치적으로 이용할 뿐이지, 제대로 된 민족주의도 아닙니다. 북한 같은 경우는 좌파 민족주의지요. 베트남도 좌파 민족주의예요. 베트남은 중국이 패권주의적인 모습을 보이면 한 번씩 달려들고 싸웁니다. 현 정부는 그것도 아니잖아요. 변종일 뿐이지. 자신들의 권력, 돈, 이해관계에 달라붙어 있는 정치적 괴물들일 뿐입니다.

주사파라 불러주면 안 돼

Q: 조국 서울대 교수, 윤미향 민주당 의원, 추미애 법무부 장관 등 현 집권 세력과 관련된 논란이 끊임없이 일고 있습니다. 반미(反美)를 외쳤거나 지금도 외치는 분들이 본인 자식들은 주로 미국·영국으로 유학을 보냈더군요?

A: 그들은 제대로 된 주사파도, 사회주의자도 아니에요. 보수가 잘못 보고 있는 겁니다. 그들은 타락한 정치적 괴물에 불과한데 주사파라든가 사회주의자라고 불러주면 오히려 그들의 부패를 덮어

주는 꼴이 됩니다. 이념이라는 것엔 일정한 명분이 있으니까요.

그들은 이념이고 뭐고 없는 부패한 집단에 불과한데, 우파가 사회주의자라고 불러주는 탓에 이 사회에서 떳떳하게 자리를 차지하고 있단 얘기다.

10여 년간 마르크스-레닌주의, 주체사상을 공부하고 실천했던 그는 출옥 후 10년간 새로운 길을 찾아 헤맸다. SK텔레콤의 제의를 받고 북한담당 상무로 들어갔다. 주체사상에 바친 10년 세월을 어떻게든 발전적으로 승화해보고 싶었던 건 아닐까.

Q: SK엔 왜 들어갔나요?

A: 당시 같은 시기에 김대중 정권에서 청와대 국장 자리를 제안 받았어요. 앨빈 토플러가 '21세기 가장 선진적인 조직은 기업조직'이라는 말을 했습니다. 그래서 SK를 택했어요. 남북 경협을 현장에서 직접 해보고 싶기도 했습니다.

Q: 그때 청와대를 선택하지 않은 걸 후회하진 않나요?

A: 후회 안 합니다. 그때 청와대 들어갔으면 지금 민주당 애들처럼 됐겠지요. 저는 운동권에서 성골 중의 성골이었습니다. 호남 출신에 주사파 지하조직의 책임자. 지하조직 운동에서 가장 중요한 게 안기부에 갔을 때 어떻게 했느냐입니다. 전 끝까지 입을 열지 않았어요. 그러니 평양 갔을 때 김정일이 만나자고 했지요.

Q: 왜 거절하셨어요? 한 번 만나나 보시지?

A: 노동당 간부가 그럽디다. '국방위원장님(김정일)이 보고 싶어 한

다.' 김정일이 SK의 대북사업 때문에 직접 저를 만나겠습니까? 대남 지하당(地下黨) 사업에 끌어들이려는 의도지요.

운동권 성골이었던 그는 '전향(轉向)'을 하며 아웃사이더가 된다.

A: 우파에 와선 6두품이 되어버렸지요. 친박계 모 전직 의원은 '당신 같은 경력이면 민주당 가면 공천도 잘 받고 훨씬 잘될 텐데, 왜 여기 왔느냐'는 말을 하더군요. 결국 우파도 친이(親李)다, 친박(親朴)이다 하며 패거리로 나뉘어온 겁니다.

한반도의 세 가지 전선

그는 현재 한반도엔 세 가지 전선이 있다고 말했다. 미중 패권전쟁, 남북 체제 경쟁, 한국 사회 좌우대결이다.

Q: 미중 패권전쟁에서 누가 이길까요?
A: 미국이 패할 가능성은 제로에 가까워요. 중국이 경제 규모가 워낙 크니 2030년부터 미국을 초월할 거라는 시각이 있지요. 문명사적 이해가 부족한 겁니다. 미국은 미국 한 국가가 아닙니다. 근대 국가 문명을 만든 앵글로·색슨족의 후예, 파이브 아이스(five eyes, 미국·영국·캐나다·호주·뉴질랜드 5개국으로 이뤄진 기밀정보 첩보동맹)가 같이 움직입니다. 같은 기독교 문명인 이스라엘도 함께 움직이지요.

Q: 미중 경쟁이라고 하지만, 실질적으론 영어문화권 vs 중국이군요?

A: 또 하나 중요한 건 일본과 인도는 중국과 같이 갈 수 없다는 겁니다. 적대적 관계에 경쟁 관계이기 때문입니다. 일본이 파이브 아이스에 동참한다는 얘기도 있어요. 인도는 그 정도는 아니지만, 역사적으로 독립적인 성격이 강합니다. 미중 패권전쟁을 세계질서의 변화라는 관점에서 봐야 합니다. 미국은 질 수가 없어요.

Q: 중국도 우방이 있잖아요.

A: 미중 패권전쟁 과정에서 시진핑이 저지른 가장 큰 실수가 패권적 민족주의를 드러낸 겁니다. 단순한 전체주의 모델이 아니라 패권적 민족주의와 결합한 겁니다. 그러자 베트남이 친미 국가로 돌아서 버렸거든요. 북한도 친미 국가가 될 수 있다는 메시지를 계속 던지고 있고요. 중국공산당의 가장 큰 패착입니다.

미국이 패할 가능성 제로

Q: 그러면 중국은 어떻게 될까요?

A: 중국이 완전히 무릎 꿇느냐, 그것도 아닙니다. 중국을 망하게 하려면 미중 패권전쟁 시작할 때 중국과 러시아를 분리시켰어야 했어요. 트럼프가 그걸 못했습니다. 자꾸 미국 민주당이 '트럼프는 러시아 스파이'니 운운하니 중국과 러시아를 분리 못 했어요.

Q: 국내 정치 때문에 외교에서의 이익 극대화를 못 했네요?

A: 중국과 러시아가 연대하는 이상 중국을 완전히 제압할 수 없습니

다. 결국, 미국을 중심으로 하는 자유민주주의가 이념적으로도 올바를 뿐 아니라, 판세에서도 미국이 질 수 없는 구도라는 거죠. 그렇다고 중국이 완전히 지는 것도 아닙니다.

2012년 구 원장의 한 인터뷰를 본 후였다. 그의 주장을 눈여겨 본 것이 말이다. "86운동권들은 필연적으로 친중(親中)이 된다"던 그의 예언은 그대로 현실이 됐다. 노영민 대통령 비서실장은 주중 대사 시절인 2017년, 베이징 인민대회당에서 열린 신임장 제정식 때 방명록에 '만절필동(萬折必東) 공창미래(共創未來)'라 썼다. 만절필동은 조선시대에 명나라에 대한 사대를 표할 때 주로 쓴 말이다. 구 원장은 지금까지 북한 내부에 대한 진단과 예측을 하면서 거의 틀린 적이 없다. 그는 장성택 숙청 후 김정은 체제가 안정될 것이라 예측했다. 그 예언 때문에 국정원을 그만두게 됐다.

A: 8개월 만에 스스로 사직서를 썼습니다. 두 가지 이유였어요. 첫째, 남재준 원장의 주관적인 대북 정책입니다. '2015년까지 조국 통일 하겠다, 북한 체제 붕괴시키겠다. 장성택 숙청 이후 김정은 체제가 혼란스럽기 때문에 조금만 밀어붙이면 조국통일 할 수 있다.' 당시 국정원 간부 중 99%가 그 말에 찬성했는데 전 반대했어요. '아니다, 장성택 숙청 후에 더 안정화될 가능성이 높다' 그러다 밀려난 거죠.

장성택이 숙청된 이유

Q: 두 번째 이유는 뭐였습니까?

A: 친중 문제입니다. 사드 배치, 화웨이 문제가 사실 2013년에 이미 불거졌어요. 박근혜 대통령은 잘못된 조언을 듣고 있었어요. '북핵 문제 등 북한 문제 해결에 중국의 역할이 중요하다'는 황장엽 씨의 말을 믿은 거죠. 전 박근혜 정부의 친중 정책은 '닭 쫓던 개 지붕 쳐다보는 격'이 될 거라고 봤어요. 그 문제에 있어선 남 원장과 저의 의견이 비슷했습니다.

Q: 박근혜 대통령이 시진핑 주석과 나란히 천안문 성루에 올라간 장면을 잊을 수가 없네요?

A: 실무적으로 가장 책임이 큰 사람이 윤병세 당시 외교부 장관입니다. 그런데 이때 윤 장관의 오른팔, 왼팔이 조태용 의원(당시 외교부 차관)과 신범철 정책기획관이었어요. 어떤 조직이든 완벽하게 잘할 순 없습니다. 실수도 할 수 있지요. 중요한 건 평가를 하는 겁니다. 지난 총선에서 국민의힘(미래통합당)이 조 차관에겐 비례대표, 신 기획관에겐 지역구 공천을 줬잖아요. 미중 패권전쟁 국면에서 미국은 가면 갈수록 한국은 미국 편이냐 중국 편이냐, 이걸 볼 겁니다. 문재인 정부가 한미동맹 균열시킨다고 비판하면서, 박근혜 전반기 친중 정책에 상당한 책임이 있는 사람들을 아무 평가 없이 중용한 겁니다. 한미동맹 중시한다는 야당의 주장을 미국이 믿겠습니까?

Q: 장성택이 숙청된 이유는 뭡니까?

A: 장성택 문제는 2009년에 시작됐습니다. 2009년 5월에 북한이 2차 핵실험을 했어요. 그때 북한이 미국에는 핵실험 2시간 전에 통보했고, 중국에는 30분 전에 알려줬습니다. 미국에 먼저 알려준 거죠. 중국공산당 지도부가 시쳇말로 '꼭지'가 돌았어요. 역사상 가장 큰 제재를 하겠다고 결의하고 실제 실행했어요. 한편에선 한반도공작소조를 만들어서 북한 문제, 북핵 문제를 어떻게 해결할 건지 연구했습니다. 이때 한반도공작소조 조장이 바로 지금의 시진핑 주석이었어요.

중국공산당의 공작

Q: 그만큼 중국에는 중요한 사안이었군요.

A: 공작소조는 이런 결론을 내립니다. '북핵 문제와 북한 문제를 분리해서 해결한다. 북핵 문제는 당장 해결하기 힘드니 중장기적으로 풀어나가야 한다. 그 대신 북한 내부에 친중 세력을 육성한다. 이걸로 정책 결정을 바꿔보자.' 2009년 8월 한반도공작소조 회의에서 내린 결정입니다. 이때부터 중국이 키운 친중파의 최종 결과물이 장성택인 겁니다.

Q: 그래서 장성택을 죽였군요.

A: 장성택과 황장엽 사이엔 일정한 연결고리가 있었습니다. 원활한 연결고리는 아니었지만요. 중국공산당 차원에서 공작을 한 겁니다. 상당히 힘을 키워줬지요. 장성택에겐 독특한 정치력도 있었고

요. 엄청 세력이 커졌어요. '잘라내지 않으면 더 큰 문제가 발생한다. 그만 정리하자'…. 그래서 2013년에 김정은이 고모부를 처형한 겁니다.

Q: 북한과 중국이 혈맹(血盟) 관계라고 하잖아요?

A: 북중 관계를 제대로 이해 못 하면 한반도 정세를 이해할 수 없습니다. 북한 노동당 간부가 북중 관계에 대해 제게 한 얘기가 있어요. '중국을 어떻게 믿냐'고 하면서 세 가지 사례를 들었습니다. 첫째, 한중 수교입니다. 소련 동구 사회주의가 붕괴하면서 북한으로선 최악의 국가적 위기 상황을 맞았는데, 혈맹이라던 중국이 북한 뒤통수를 친 겁니다. 둘째는 1990년대 말, '고난의 행군'입니다. 그때 식량난 때문에 북한에선 100만 명 내외가 죽었습니다. 당시 중국이 북한에 식량 지원을 안 해줬어요. 단순히 경제적 어려움도 아니고 사람들이 굶어 죽는 상황이었어요. 미국이라면 우리가 그런 상황이면 원조나 차관을 주지 않았겠어요? 셋째가 바로 장성택 숙청입니다. '공식적인 관계가 있는데 뒤에서 공작해서 우리 뒤통수 치려고 한 거 아니냐'고 말하더군요.

2018년에 북한의 국가경쟁력이 남한 추월

이 지점에서 주사파와 북한 노동당이 생각이 달라진다.

A: 한국의 얼치기 친북·친중 좌파와 북한 노동당 주사파의 가장 중

요한 차이가 바로 중국 문제입니다. 북한 노동당은 친중이 아니에요. 막상 북한은 베트남처럼 친미비중(親美非中) 국가가 되려 하는데, 한국의 얼치기 친북·친중 좌파들이 얼치기 친중을 하고 있어요.

그는 남북한 체제 경쟁 구도가 역전됐다고 말했다.

A: 북한은 '고난의 행군' 시절이 바닥이었던 거예요. 2002년, 2003년부턴 계속 올라갑니다. 핵, 대륙간탄도미사일을 만들었어요. 사람들이 과장해서 얘기하는데 경제도 조금씩 좋아졌습니다. 한국은 2002년, 2003년부터 국가경쟁력이 계속 떨어지기 시작했어요. 결국 2018년 북미·북중 정상회담을 기점으로 역전이 됐습니다. 북한 입장에선 골든크로스, 한국 입장에선 데드크로스예요.

Q: 미북 정상회담 이후 북한은 사실상 핵보유국으로 인정받은 거 아닙니까?

A: 안보리 상임이사국 다음으로 '세계에서 6번째로 핵과 대륙간탄도미사일을 다 갖춘 나라'. 미국 북부 지역 사령관이 올해 초 미 상하원에 보고할 때 북한을 두고 한 말입니다. 이스라엘, 인도, 파키스탄은 핵은 갖고 있지만 ICBM(대륙간탄도미사일)은 없어요.

Q: 미국 국방부는 이미 북한을 핵보유국으로 상정하고 전략을 짜는 걸까요.

A: 제임스 클래퍼 전 미국 국가정보국(DNI) 국장, 로버트 게이츠 전 국방부 장관. 이 두 사람 다 북한의 비핵화는 물 건너갔다고 말했

어요. 북한을 현실적인 핵보유국으로 인정하고 협상해야 한다고 2018년부터 주장했습니다. 두 사람은 미국 행정부에서 북한 문제를 가장 깊숙이 들여다본 사람들이에요.

Q: 미국이 북한을 폭격하지 않겠느냐는 주장도 한때 있었습니다?

A: 북폭은 말도 안 됩니다. 이미 그 시기가 지났어요. 제가 마지막으로 미국의 북폭이 가능하다고 말했던 게 2017년 가을입니다. '미국의 북폭 가능성 30% 내외', 이번에 나온 존 볼턴 회고록에 이런 대목이 나와요. 2017년에 트럼프 대통령에게 '북폭론'을 주장하러 갔다고요.

Q: 왜 북폭을 안 했나요?

A: 미국 전문가들이 검토해보니 리스크가 큰 거죠. '핵전쟁으로까지 갈 가능성이 높다.' 그해 북한이 6차 핵실험하고, 11월에 ICBM 성공시키고 상황이 바뀌었어요. 2019년부턴 북한이 군사적 옵션 사용할 가능성이 30% 내외였어요.

미국 대선 직후가 가장 위험

북한이 올해는 별도의 신년사를 발표하지 않았다. 대신 조선 노동당 중앙위원회 제7기 제5차 전원회의 결과보고를 발표했는데 이게 실질적인 신년사로 볼 수 있다. 여기에 이런 표현이 있다. '이제껏 우리 인민이 당한 고통과 억제된 발전의 대가를 깨끗이 다 받아내기 위한 충격적인 실제 행동으로 넘어갈 것.'

Q: 억제된 발전의 대가를 받아내기 위한 충격적인 실제 행동이 뭘까요?

A: 북한 주도의 한반도 통일을 하겠다는 거예요. 한반도를 먹겠다는 거지. 차마 그렇게까지 해석하는 사람이 없지만 제가 봤을 땐 그 얘기를 하는 거예요.

Q: 말이 그렇지, 북한이 도발을 할까요?

A: 가장 위험한 시기는 미국 대선 직후부터 취임식 할 때까지입니다. 북한 입장에서 도발 시 가장 큰 리스크는 미국의 개입입니다. 트럼프와 김정은의 관계가 상당히 좋은 건 사실이지만, 트럼프는 본인의 대선에 부정적인 영향을 끼칠 게 있으면 언제든지 그 어떤 수단이라도 사용할 수 있는 사람이란 말이에요. 경우에 따라선 리스크를 감수하고 북폭을 할 수도 있어요.

Q: 미국 대선 이후라면요?

A: 그때는 북한이 군사적인 행동을 하더라도 트럼프가 용인을 해줄 가능성이 큽니다. 북한은 미국에 '북한 주도 한반도 통일을 하더라도 우리는 베트남처럼 친미로 간다'는 메시지를 보냈어요. 미국은 '그럼 괜찮다'고 할 수 있어요.

"전쟁 나면 3일 안에 끝난다"

Q: 군사적 도발이라면 북한이 핵을 쏜다는 말씀인가요?

A: 핵폭탄을 터뜨릴 수도 있고 전략적 지역에 미사일을 쏠 수도 있

습니다. 실제 전쟁이 일어나도 북한이 핵무기를 갖고 있는 상황이라, 사흘 안에 상황이 끝날 수 있어요. 문재인 정권은 바로 항복을 할 가능성이 높습니다.

Q: 미군이 바로 출동해서 북한을 핀셋 타격하지 않겠느냐는 관측도 있는데요?

A: 주관적 바람일 뿐입니다. 저는 북한 핵무기가 80개 내외라고 봅니다. CIA는 2017년에 북한의 핵무기가 60개 내외라고 분석했어요. 저는 북한이 매년 많으면 20개, 적으면 10개 정도를 양산하고 있다고 봅니다. 그렇다면 현재 보유량은 적어도 80개 이상인 거죠. 여기에 ICBM을 갖고 있어요. 지금 상태에선 북한은 미국에 반격할 수 있는 모든 걸 갖고 있는 겁니다. 미국이 그걸 감수한다? 그건 코미디입니다.

Q: 미국이 한국을 포기할 수도 있다는 건가요?

A: 트럼프와 가장 가까운 린지 그레이엄(Lindsey Graham) 상원의원이 3년쯤 전에 이런 말을 했어요. '한반도에서 핵전쟁이 일어나도 그들끼리 싸우는 거지, 미국 본토만 안전하면 우리는 신경 쓸 것 없다.' 이게 트럼프주의입니다. '불가피하지 않은 한, 해외 분쟁에 개입하지 않는다' 이번 재선 연설에서도 반복했어요. '우리는 더 이상 해외 분쟁에 개입할 의사가 없다.'

Q: 한국 국민으로선 상상할 수 있는 최악의 시나리오인데요?

A: 좌파 우파 모두 깊이 생각을 안 하는데, 지금이 근현대사에서 가장 위험한 시기입니다. 1945년, 1953년엔 이승만이라는 지도자가 있었거든요. 구한말엔 그런 지도자가 없었어요. 지금은 지도자가

없는 구한말 같은 상황이에요.

"트럼프와 김정은은 형제 같은 관계"

존 볼턴 전 미국 국가안보보좌관의 회고록엔 여러 가지 중요한
지적이 담겨 있다. 그중 한 가지는 트럼프와 김정은의 친밀도다.

A: 트럼프와 김정은의 관계는 거의 형제와도 같다고 볼턴은 묘사했
어요. 하노이 회담이 결렬됐다고 하는데, 그때 트럼프가 김정은에
게 이렇게 말했다는 거예요. '회담이 결렬되면 경제 제재가 계속
될 텐데 힘들어지는 거 아니냐.' 마치 형이 동생 걱정하듯이 걱정
해줬다는 겁니다. 김정은은 '제가 힘들더라도 형님에게 부담되는
걸 원치 않습니다' 이런 분위기로 대화가 오갔다는 거예요.

Q: 트럼프와 문재인 대통령의 관계는요?

A: 트럼프 대통령이 문재인 대통령을 대하는 태도를 한마디로 표현
하면 디스데인(disdain·경멸)이라는 겁니다. 판문점 회담할 때도 적
나라하게 드러났다면서요. 청와대에선 미국과 북한 사이 좋은 자
리를 만들어주기 위해 양보했다고 발표했지만, 사실은 트럼프와
김정은이 문재인 대통령과의 동석을 거부했다는 거예요.

미국과 핵 공유해야

Q: 한국은 어떻게 해야 하나요?

A: 미국과 핵 공유를 하고, 중거리미사일 배치만 해도 많은 부분이 정리됩니다. 핵 방어가 없을 때는 언제든 먹힐 수 있다는 걸 알아야 해요.

Q: 김정은 유고설이 한 번씩 등장합니다?

A: 김정은이 죽는다 해도, 다른 사람을 또 내세울 겁니다. 서기실 체제의 특징입니다.

Q: 북한의 약한 부분이 뭘까요?

A: 결국 전체주의라는 거죠. 인류 역사에서 실패한 모델로 확인된 체제니까요.

Q: 같은 전체주의라도 중국은 어쨌든 '강성대국'이 됐잖아요?

A: 어떤 단계에서는 전체주의 모델이 효율을 발휘합니다. 소련도 일정 단계에서는 미국을 앞서기도 했어요. 인공위성을 쏘아 올리고, 우주인을 보내고. 집중적인 투자를 할 수 있어 효율성 면에선 앞서니까요. 그러나 역사를 조망해보면 전체주의는 실패할 수밖에 없는 체제입니다.

김종인과 독대해 쓴소리

지난 7월 말 김종인 국민의힘 비대위원장은 구 원장을 만나 여러 얘기를 나눴다. 김 위원장이 "대선주자로 외부 인사를 영입할 수 있다"는 메시지를 한참 던지던 시점이다.

Q: 김 위원장과 무슨 얘기를 나눴나요?

A: 쓴소리를 몇 가지 했습니다. '미중 신냉전시대에 맞는 신(新) 국가 전략이 필요하다. 국민의힘이 그런 방향으로 가지 않고 있다고 본다. 국가지도자가 없는 지 20년 가까이 됐다. 대통령들은 각 분파의 지도자였을 뿐이다. 노무현은 친노, 이명박은 친이, 박근혜는 친박, 문 대통령은 친문 패거리의 지도자일 뿐이다. 북한은 한국을 추월했다. 보수의 위기가 아니다. 대한민국의 위기다.'

구 원장과 헤어진 후 광화문 거리를 잠시 걸었다. '사회적 거리 두기'를 하는 사이 햇살은 한결 차분해지고 바람은 시원해졌다. 어느덧 여름의 끝이었다. 미국 대선을 전후해 한반도에선 어떤 일들이 벌어질까. 가을이 오는 게 이렇게 불안했던 적이 또 있었던가 헤아려봤다.

월간조선 인터뷰(2010년 10월호)

"무력 통일 천명 北, '나토식 핵 공유'로 대응해야"

'북한통' 구해우의 新냉전시대 韓 생존법…

"핵우산은 추상적 약속일 뿐"

    1월 5~12일 북한 조선노동당 제8차 당 대회가 열렸다. 2016년 제7차 당 대회 후 5년 만이다. 북한은 당 대회를 통해 대내외 정책 성과를 분석하고 새 노선을 천명한다. 이번 당 대회에서 조선노동당 총비서로 추대된 김정은 국무위원장은 지난 5년을 "일찍이 있어본 적 없는 최악 중 최악으로 계속된 난국"이라고 평하면서도 북한 정권이 "거대한 승리를 거뒀다"고 말했다.

    이를 두고 구해우(57) 미래전략연구원 원장은 "핵으로 무장한 북한이 이번 당 대회를 통해 한국과 체제 경쟁에서 '절반의 승리'를 거뒀다고 선언했다"며 "한국의 국가적 위기가 가시화한 중요한 사건"이라고 우려했다. 구 원장은 2000~2002년 SK텔레콤 남북경협 담당 상무, 2013~2014년 국가정보원 북한담당기획관(1급)을 지낸 '북한통'이다.

Q: 북한 조선노동당 제8차 당 대회의 의미는 무엇인가요?
A: 남북 체제 경쟁에서 우위를 점했다는 북한의 선언으로 요약할 수

있습니다. 경제적으로 고전(苦戰)했으나 정치·외교·군사적으론 한국을 제압했다는 '절반의 승리' 선포입니다. '강력한 국방력에 의거해 조국 통일을 달성한다'는 내용으로 노동당 규약을 개정한 것은 그런 자신감의 표현입니다. 무력 통일을 천명한 것입니다. 미국에 대해선 핵 문제와 관련해 '강대강(强對强), 선대선(善對善) 원칙으로 상대하겠다'고 밝혔습니다. 과거처럼 북한 비핵화를 무리하게 추진하면 대화에 응하지 않겠다는 뜻입니다.

Q: 북한의 일방적 주장 아닌가요?

A: 북한은 2017년부터 자신들이 한반도 정세를 주도한다고 인식했습니다. 같은 해 6차 핵실험(9월 3일) 성공이 결정적 계기였습니다. 이듬해 6·12 북·미 정상회담과 6·19 북·중 정상회담이 있었는데, 북한이 G2로부터 비공식적으로나마 핵 국가로 인정받은 것으로 봐야 합니다. 미국 관료나 안보 전문가 사이에서도 북한을 핵무기 보유국으로 인정하고 협상해야 한다는 의견이 적잖았습니다. 국제사회는 핵에 기초한 북한의 한반도 내 우위를 점차 현실로 받아들이고 있습니다.

Q: 北의 핵무장으로 한반도 정세에서 질적 변화 체제 경쟁은 북한의 패배로 끝나지 않았나요?

A: 냉전 시기 남북 간 체제 경쟁은 한국의 승리로 끝났습니다. 1980년대 말부터 1990년대 초 옛 소련 중심의 사회주의 질서가 붕괴했습니다. 북한도 체제 위기를 맞았는데, 이후 한국 우위가 30년 가까이 유지됐으나 북한의 핵무장으로 한반도 정세는 질적으로 달라졌습니다.

구 원장은 "미국과 중국이 벌이는 신(新)냉전 대결 구도가 본격화하고 있다. 미국의 최대 화두는 중국과 패권경쟁"이라며 "이런 세계정세에서는 미국이 과거처럼 한국을 빈틈없이 보호해주기는 어렵다. 그런 점에서 북핵은 한국 안보에 한층 더 위험하다"고 짚었다.

Q: 미국이 맘만 먹으면 북핵을 무력화할 수 있지 않나요?

A: 2017년 6차 핵실험 후 미국은 북폭(北爆)을 검토하다 단념했습니다. 북한의 반격 가능성 때문입니다. 당시 북한이 보유한 핵무기가 60개 내외로 추측됐는데, 이 중 절반 정도는 소재 파악이 안 됐고, 북한이 미국 본토는 어렵더라도 일본을 핵 공격할 가능성이 엄존했습니다. 따라서 완전한 북한 비핵화는 이때 이미 물 건너갔다고 봐야 합니다.

Q: 바이든 시대 미국의 한반도 정책은 어떤 양상일까요?

A: 현재 미국은 북한 및 북핵 문제보다 중국을 어떻게 견제할지에 더 골몰하고 있습니다. 한반도 정책에서도 한·미·일 3국 공조로 중국의 영향력을 막는 것이 핵심 과제입니다. 2013년 부통령 시절 방한한 조 바이든 대통령은 '미국 반대편에 베팅하지 마라'며 이례적으로 강한 메시지를 내놨습니다. 중국에 다가서는 노선을 걷던 당시 박근혜 정부를 향한 경고였습니다.

Q: '지한파'인 웬디 셔먼 국무부 부장관은 한국에 우호적이지 않았나요?

A: 셔먼 부장관이 바이든 행정부에서 동북아 전략을 총괄할 것으로

보입니다. 그도 한국이 미국의 세계 전략에서 이탈하는 것을 경고한 바 있습니다. 2015년 국무부 정무차관 시절 한국과 일본을 향해 '정치 지도자가 민족주의적 감정을 악용해 과거의 적을 비방함으로써 값싼 박수를 받는 것은 어렵지 않았다(2015년 2월 카네기국제평화재단 연설)'고 말했습니다. 당시 과거사 문제를 두고 양국이 갈등을 빚고 있었습니다. 중국에 맞설 한·미·일 삼각동맹을 흔들지 말라는 경고는 여전히 유효합니다.

해저터널로 한일관계 복원해야

복잡한 국제 정세 속 한국의 돌파구는 무엇일까. 구 원장은 "신냉전시대, 중국을 견제하려는 미국의 세계 전략을 정확히 이해하고 한국의 생존 방법을 실사구시(實事求是) 적으로 찾아야 한다"며 다음과 같이 부연했다.

A: 북한 핵무기에 제대로 대응해야 합니다. 미국의 추상적 약속인 '핵우산'으로는 부족합니다. 냉전·탈냉전시대였다면 미국의 핵우산을 믿을 수 있습니다. 미국의 힘이 예전 같지 않고, 미국 내 여론도 자국이 공격당할 위험을 감수하고 동맹국을 보호하는 데 우호적이지 않습니다. 한국은 '나토(NATO)식 핵 공유'를 검토해야 합니다. 미국이 보유한 핵무기를 유사시 한국군이 운용할 수 있도록 하는 것입니다. 한일관계 복원도 필요합니다. 향후 미국의 세

계 전략에 동참하기 위해서입니다. 한일 해저터널이 좋은 방책이 될 수 있습니다. 일본과 경제 교류가 늘면 정치적 갈등도 자연스레 풀릴 수 있습니다.

주간동아 인터뷰(2021. 2. 28).

'"북이 남한 혁명통일 포기" 해석은 정세 오판이다'

북한이 지난 1월 치른 제8차 노동당 대회에서 당 규약을 개정한데 대해 이종석 전 통일부 장관은 북한이 '남한 혁명통일론'을 버렸다고 해석했다. 그는 북한이 '민족 해방 민주주의 혁명'이라는 표현을 '전국적 범위에서 사회의 자주적이며 민주적인 발전을 실현한다'로 바꾸었고, '우리 민족끼리' 대신 '우리 국가 제일주의'를 내세웠다는 사실을 판단 근거로 제시했다. 하지만 이런 해석은 견강부회다. 좌파 세력은 이런 아전인수식 해석을 지렛대로 삼아 북한이 원하는 국가보안법 폐지 주장을 띄우고 있어 우려스럽다.

좌파, 노동당 규약 개정 내용 왜곡, 김정은 전략 의도 제대로 읽어야

지난 2004년 정세현 전 통일부 장관은 "김정일 위원장이 북핵이라는 무모한 선택을 할 사람이 아니다"라고 주장했지만, 북한은 이후 6차례 핵실험을 강행하고 핵무장 국가의 완성을 선언했다. 북한이

2018년 4월 노동당 중앙위 전원회의에서 2017년 6차 핵실험과 대륙간 탄도미사일 실험성공에 따라 '핵 국가 완성'을 선언하면서 핵실험의 불필요성을 천명하자, 남쪽의 햇볕 정책론자들은 북한이 핵 포기를 선언했다고 왜곡·과장·홍보하는 역할을 했다.

박지원 국가정보원장은 지난해 8월 국회 보고에서 '김여정 위임 통치설'을 제기했지만, 이번 당 대회에서 김여정은 기존 직책이던 정 치국 후보위원에서도 빠졌고 당 부장 명단에도 이름을 올리지 못했 다. 이처럼 햇볕론자들이 계속 오판하는 가운데 북한은 6·15 남북 정 상회담 20주년 다음날이던 지난해 6월 16일 개성 연락 사무소를 폭파 함으로써 남측을 무시하고 조롱했다.

좌파의 곡해와 달리 8차 당 대회의 실질적 의미는 남북한 체제 경 쟁에서 김정은이 절반의 승리를 선언했다는 점에서 찾아야 한다. 절 반의 승리란 군사·외교적 승리이고 남은 과제는 경제·문화적 문제와 통일 문제로 상정하고 있다.

구체적으로 살펴보자. 북한은 2018년 핵무장 국가 완성을 선언했 고, 2018년 6·12 북·미 싱가포르 정상회담, 6·19 북·중 베이징 정상회 담 등의 성과를 기반으로 스스로 전략국가임을 자처했다. 이에 따라 이번 8차 당 대회 규약 개정에서는 체제 자신감에 기초해 전체적으 로 과거의 거친 표현들을 현대적 표현으로 수정한 것이 본질이다.

'우리 국가 제일주의'도 2012년 집권한 김정은이 북한식 사회주의 국가 체제에 대한 자신감을 표현한 것이다. 우리 민족 제일주의와 충돌하는 개념도 아니다.

당 규약 개정 논란 중에 중요한 문제는 북한 주도의 한반도 통일에 대한 의지를 드러낸 부분을 햇볕론자들이 의도적으로 무시한 것이다. 북한은 '강력한 국방력으로 근원적인 군사적 위협들을 제압하여 조선반도의 안전과 평화적 환경을 수호하며 조국의 평화통일을 앞당기기 위하여 투쟁한다'고 명시했다. 강력한 국방력이란 표현도 핵 무력을 순화해서 표현한 것일 뿐이다.

2018년 이후 한반도 정세에서 가장 중요한 것은 북한이 핵보유국, 즉 전략국가를 자처하고 있는 의미를 정확히 파악하는 것이다. 그런데 보수우파는 20세기 구 냉전시대 반공·반북주의에 기초한 '북한 체제 붕괴론'을 벗어나지 못하고 있고, 진보좌파는 20년 전 탈냉전시대에나 부분적으로 통했던 햇볕정책의 변종인 북한의 '남한혁명 포기론'으로 정세 오판을 부채질하고 있다.

지금 동아시아 정세는 미·중 신냉전시대가 심화하면서 대만 충돌론이 부상하고, 한반도 정세도 불안정성이 커지고 있다. 그런데도 사실에 부합하지 않는 북한의 '남한혁명 포기론'을 내세워 한반도 정세가 엄중한 시점에 국가보안법 폐지를 주장하는 것은 참으로 철없는 불장난이라 아니할 수 없다. 정략적 이해에 따라 북한의 현실과 전략

을 오판하게 만들고 국가안보를 위기에 빠뜨리는 행위는 백해무익할
뿐이다.

중앙일보 칼럼(2021. 6. 15.)

페이스북
글
모음

북한노동당 75주년 행사
-노동당 중심통치 절반의 승리를 선언한 것

어제 북한노동당 75주년 행사는 핵무장 국가 북한의 노동당이 자신의 통치 체제에 대해 절반의 승리를 선언한 의미가 있다. 절반의 승리란 코로나 방역과 군사적, 외교적, 차원에서는 한국에 우위를 가질 정도로 승리하고 있는 반면에 아직 경제문제와 통일문제는 남아 있다는 의미이다.

우선 코로나 방역과 관련해서 현재 세계는 보건전쟁 중이며 자유주의 모델과 전체주의 모델이 경쟁하고 있다. 자유주의 모델에서 대표적 성과를 보이고 있는 나라는 대만인데, 이번 북한 노동당의 대규모 행사 이벤트는 전체주의 모델 중에서 북한이 큰 성과를 보이고 있다고 자랑한 셈이다.

북한은 2017년 동북아 정세의 게임체인저가 된 6차 핵실험과 대륙간탄도미사일 실험의 성공을 지렛대로 2018년 6·12북미 정상회담, 6·19북중 정상회담을 성사시켰고 이를 계기로 국제사회에서 현실적인 차원에서 핵국가, 전략국가 대우를 받고 있다. 북한이 군사적·외교적 차원에서 한국에 대해 우위를 가지게 된 전환점이었다. 김정일 체제의 핵전략이 파키스탄 모델 즉 체제수호적 측면이 주요하게 작용하였다면 김정은 체제는 신 베트남 모델, 즉 핵을 가진 친미비중 국가에 기초하여 북한 주도 한반도 통일을 추진하는 공세적 전략으로 바뀌었다.

이에 따라 2018년은 북한 주도의 한반도 정치시대 원년이 되었다고 할 수 있다. 평창올림픽 참가와 세 차례의 남북 정상회담 이벤트 등을 통해 보여주었다. 이번 김정은 연설 중에서 '남녘동포들에게 따뜻한 인사를 보내고 남북이 함께 만날 수 있기를 바란다'는 언급도 문재인 정부를 대상으로 한 것이 아니고 한국 국민들을 직접 대상으로 하는 한반도 정치를 실행하고 있다고 볼 수 있다.

또한 행사 중에 나타난 대륙간탄도미사일 화성15호보다 발전된 모델과 잠수함발사탄도미사일(SLBM) 북극성 4호의 등장은 새삼스러운 것이 아니다. 북한의 선군정치, 핵무장 국가 노선의 총화인 2018년 노동당 7기 3차 중앙위 보고서에서 결의한 것은 북한의 비핵화가 아닌 핵국가 북한의 핵군축 협상 선언이었고, 핵포기 선언이 아닌 핵실험, 대륙간탄도미사일 실험의 종료를 선언했던 것 뿐이다. 북한은 2018년 이후에도 매년 약 10개 내외의 핵무기를 증산하고 있고, 대륙간탄도미사일을 포함한 각종 미사일을 매년 개선, 증강해왔다.

그리고 북한의 노동당 중심의 통치에서 2019년, 2020년은 경제적, 사회적으로도 중요한 변화가 있었다고 평가된다. 2019년의 변화는 북한 경제의 중국경제에 대한 의존도를 대폭 줄인 것이다. 2015년 말 기준으로 북한의 1000여 개의 장마당에서 유통되는 상품의 90%내외가 중국산이었던 것을 2019년 말 기준으로 장마당 유통 상품의 80%

내외를 북한산 상품으로 대체한 것이다. 2020년의 변화는 북한 체제 차원에서 중요한 불안요소였던 평양과 지방의 격차문제 해소를 추진하고 있다는 것이다.

북한은 대략 80년대부터 2015년까지는 핵과 미사일 개발, 당 간부와 약 5만 명의 특수부대 관리에 집중하면서 나머지 분야는 방치하다시피 해왔고 특히 지방은 평양과 격차가 심해지는 등 체제 불안 요소로까지 작용하였다. 그런데 2020년 기록적인 태풍, 수해난을 계기로 아마도 80년대 이후 최초로 수만 명 수도 당원의 재해현장 복구 지원 동원 등을 통해 평양과 지방의 격차문제 해소 추진을 시작한 것으로 보여진다.

이에 대해 김정은은 75주년 기념 연설에서 당원과 인민들에게 고맙다는 인사를 이례적으로 감성적인 모습을 보이면서 한 것으로 보여진다.

핵무장 국가 북한은 파키스탄 모델을 넘어서 핵을 가진 친미비중 국가 신 베트남 모델로 진화하고 있다. 한국의 보수우파와 진보좌파는 빨간색 안경, 파란색 안경을 내려놓고 북한의 변화를 제대로 직시해야 할 것이다(2020. 10. 11.).

파벌문화의 온상을 타파하려고

3년 전 오늘 모친상을 치렀습니다. 아무에게도 연락하지 않고 가족장으로 했었지요. 올해 초 빙모상도 가족장으로 치렀습니다.

그 이유는 한국 사회의 가장 큰 병폐가 파벌주의, 패거리 문화라고 생각하여 10여 년 전부터 저부터라도 이를 부정해보고자 파벌 문화의 온상역할을 하는 경조사에 불가피하지 않는 한 가지도 않고 부르지도 않는 생활을 해왔기 때문이었습니다. 대신 혼자 등산 겸 명상수행을 500여 회 할 수 있었습니다.

조선은 세계의 변화에는 눈을 감은 채 사화와 당쟁에 휩싸여 결국 망국의 운명을 맞이하였었지요, 21세기 한국은 미중 신냉전시대, 중국공산당의 패권주의 위협, 핵무장 국가 북한의 등장 등 세계정세와 한반도 정세의 변화되고 있는 현실을 직시하지 못하고 있습니다.

대신 친노, 반노, 친이, 친박, 친문, 반문, 수구좌파, 수구우파간의 파벌투쟁과 혈연, 지연, 학연, 운동권 인연을 이용한 패거리 문화만 갈수록 심화되고 있습니다. 대한민국이 망국의 수렁으로 들어선 것이 아닌가 우려만 커집니다. 초야의 처사로, 독립된 개인으로 살아가는 처지에서 하늘의 좋은 뜻이 있기를 기원해 볼 뿐입니다(2020. 11. 10.).

우파의 침몰, 좌파의 몰락, 한반도의 운전자 북한

　새해벽두에 개최된 북한노동당 8차 대회는 김정은식 당 중심 국가시스템 정비의 완성을 의미하고 현재 북한이 주도하고 있는 한반도 정세의 본질을 보여주었다. 필자는 페북에서 지난 10월 북한노동당 창건 75주년 행사에 대해 노동당 중심 통치 절반의 승리를 선언한 것이라고 평가한바 있다. 정치, 군사, 외교적 차원에서는 핵국가, 전략국가로 승리를 선언하였고, 코로나 관련 보건전쟁도 극복하고 있으나 경제문제, 통일문제는 아직 남겨두고 있기 때문이라고 분석하였다. 이번 노동당 8차 대회는 이 같은 분석의 연장선 상에서 평가할 수 있다.

　2016년 36년 만에 치러진 노동당 7차 대회가 소련, 동구 사회주의권 붕괴사태, 90년대 말 100만 명 내외의 아사 사태라는 조건에서 당 대회도 정상적으로 치르지 못했던 비상 상황을 졸업하고 노동당 중심 통치시스템의 부활을 선언한 것이었다면, 이번 8차 대회는 2017년 동북아 정세의 게임체인저가 되었던 6차 핵실험과 대륙간탄도미사일 실험의 성공, 6·12 북미 정상회담, 6·19 북중 정상회담의 성공을 통해 국제사회에서 현실적 핵국가, 전략국가의 지위를 확보한 것을 지렛대로 김정은식 당 중심 국가시스템 정비의 완성과 노동당 중심 통치 절반의 승리를 선언한 것이라고 평가된다.

미국에게는 강대강 선대선의 원칙을 표명하면서 핵무력의 다양화, 강화 등을 밝힌 것은 향후 북미대화를 명실상부하게 핵국가, 전략국가의 입장에서 핵군축 협상의 차원에서 진행하겠다는 것을 선언한 것이라고 분석된다.

한국에게 합의 이행하는 만큼 상대하겠다고 밝힌 것은 그동안 문재인 정부가 말만 앞세우고 약속만 남발한 것에 대해 삶은 소대가리가 웃을 일, 물위에 그림 그리지 말라 등으로 비난해온 것의 연장선상에서 문재인 정부에 대한 압박, 길들이기 차원의 전술이라 할 수 있다. 2018년 북한의 평창올림픽 참여로부터 시작된 북한의 한국정치에 대한 개입은 한반도 정치시대 원년의 출발점이었다. 뒤이은 남북협상과 6·12 북미협상은 야당의 지방선거 참패로 이어지기도 하였으며, 문재인 정부의 연이은 실정에도 일정 지지도가 유지될 수 있었던 거의 유일한 동력은 남북화해 분위기였다.

한국의 우파는 박근혜 탄핵사태로 1차 침몰하였고, 조국사태 이후 얼치기 친중 친북 좌파 문재인 정부가 변종 전체주의화되는 것에 대한 국민적 분노가 모아지면서 2019년 10월 100만 명 내외의 자유민주주의를 염원하는 국민들의 시위로 기사회생의 기회를 맞이하였으나 광장의 리더십, 우파정치권 리더십의 무능, 독선, 이기주의 등으로 인해 총선참패를 초래하면서 2차로 침몰되었다.

한국 우파의 근본적 문제점은 첫째, 1688년 영국의 명예혁명, 1776년 미국의 독립혁명으로부터 비롯된 근대국가 문명에 대한 이해, 에드먼드 버크가 『프랑스혁명에 대한 성찰』 등에서 밝힌 Providence 즉 신의 섭리, 역사의 섭리, 인간의 불완전성에 대한 이해에 기초한 개인의 자유와 인권의 중요성, 법치주의, 삼권분립, 각 기관의 독립성에 대한 이해의 부족 등이고 둘째, 자유민주주의를 스스로의 투쟁을 통해 쟁취하지 못한 이식된 근대화 등의 문제(건국과 산업화 과정에서 이승만, 박정희 대통령의 역할도 작지 않았으나 본질적으로 평가할 때 절반 이상은 미국의 지원에 의해 가능했던 것임)로 인한 구조적 허약성이라 할 수 있다. 결국 건국, 산업화, 민주화 과정을 통해 형식적 근대화는 이루었으나 우파적 근대화의 정신, 내용, 투쟁은 빈곤한 허약한 우파 근대화 세력을 낳았다.

그리고 한국의 좌파는 얼치기 친북·친중 좌파일 뿐이다. 친북 코스프레, 민족자주 코스프레를 하면서 좌파 성향 국민들의 지지를 이용만 할 뿐 미국을 대상으로 자주적 정책을 관철시킨 적은 전무하다시피 하다. 역사적으로 볼 때 미국의 반대를 무릅쓰고 한국 정부의 정책을 표출시킨 것은 오히려 우파 이승만의 한미동맹 구축 전술로 이용된 반공포로 석방과 박정희의 핵무장 국가 정책 추진 정도가 손꼽을 정도이다. 특히 문재인 정부는 패권주의, 반인권, 샤프파워 등을 표출시키고 있는 중국에 대해서는 눈치 보기 급급하면서 75년 전 과거사로 만만한 일본 때리기만 열중하는 비겁한 민족주의를 이용하고 있을 뿐이다. 나아가 현재 한국 좌파는 얼치기 친북하면서 북한한테 욕먹고, 얼치기 친중을 하면서 중국한테 무시당하고 얼치기 좌파정책으로 양극화만 심화시키고 있는 것이 현실이다. 그 근본 원인은 현재 한국의 좌파가 우파적 근대화에 대한 무지는 말할 것도 없고 레닌의 『국가와 혁명』, 『제국주의론』으로부터 출발된 좌파적 근대화에 대한 이해도 무지 또는 빈곤 또는 얼치기라 아니할 수 없다. 그 결과 한국 좌파의 현실은 좌파적 근대화 또는 변혁 사상과는 거리가 먼 그저 출세주의, 기회주의가 결합된 권력 괴물로 존재하고 있을 뿐이다. 코로나와 우파의 무능으로 생명을 연장하고 있을 뿐 몰락은 시간문제일 뿐이다.

반면에 북한은 건국 과정에서는 소련의 지원을 받았으나 1957년 친중 연안파와 소련파를 숙청한 반종파 투쟁 이후에는 국가 중요 전략과 관련해서 소련, 중국으로부터 종속되지 않는 좌파적 근대화를 추진해왔다고 할 수 있다. 물론 전체주의 문제, 인권문제, 90년대 말 100만 명 내외의 아사 사태 등의 문제는 존재하였다. 그러나 북한은 소련, 동구 사회주의권 붕괴, 아사 사태 등을 겪으면서도 좌파 체제를 유지하면서 핵국가, 전략국가라는 정치적 목표를 달성하였고, 이번 노동당 8차 대회는 이를 기반으로 북한식 당 중심 국가시스템을 정비한 것이다. 좌파적 근대화의 관점에서 상당한 성과를 이룩한 것이다. 남북 체제 경쟁의 관점에서 보면 한국은 2002년 2차 북핵 위기 이전시점까지 국가경쟁력의 정점을 찍었고, 북한은 90년대 말 아사 사태 이후인 2002년 정도를 최저점으로 새로운 핵무장 국가전략을 추진하였다. 그 결과 2018년을 기점으로 한국 입장에서는 데드크로스, 북한 입장에서는 골든크로스를 보여주었다고 평가된다. 한국은 경제적, 문화적 차원에서는 북한에 대해 압도적 우위를 가지고 있으나 핵국가, 전략국가의 지위를 달성한 북한에게 군사적, 외교적, 정치적 차원에서는 추월을 허용한 것이다.

21세기 세계는 미중 신냉전시대이며 새로운 문명사적 전환기이다. 1688년 영국의 명예혁명, 1776년 미국의 독립혁명으로부터 시작된 영미 주도의 근대국가 문명은 중국의 도전, 브렉시트 사태, 트럼프 현상 등을 통해 중대한 도전을 맞이하고 있다. 한반도는 북한이 핵국가, 전략국가가 되고 좌파적 근대화에서 상당한 성과를 내고 있는 반면에 한국의 우파는 80년대 냉전시대식 사고방식을 크게 벗어나지 못하고 있고, 한국의 좌파는 80년대 운동권 사고와 2002년 2차 북핵 위기와 함께 시효를 이미 상실한 90년대식 햇볕정책의 미몽에서 벗어나지 못하고 있다. 결과적으로 한국은 이승만, 박정희의 리더십과 미국의 지원으로 성취해낸 자유민주주의 국가 건국과 산업화 혁명, 나아가 모범적인 민주화의 성취를 통해 제3세계 국가 중에서 우파적 근대화의 모범이었는데 21세기 남북 체제 경쟁에서 북한에 추월당하는 사태에 이르게 된 것이다. 이것이 한반도 정세 속에서 2021년 노동당 8차 대회의 가장 큰 역사적 의미이다.

지난해 가을 한국의 대표적 북한전문가로 평가되는 서울대 김병연 교수의 '김정은은 칼날 위에 서 있다'라는 칼럼은 상징성이 크다.

다수의 전문가와 언론의 흐름을 반영하고 있기 때문이다. 그런데 문제는 한반도 정세를 거꾸로 보고 있는 것이다. 한반도 정세의 실상은 북한이 핵무장 국가가 되었고, 김정은이 칼을 쥐고 있으며 대한민국이 칼날 위에 서 있다고 할 수 있다. 또한 북한이 2018년 이후 한반도 정세의 운전자 역할을 하고 있는 것이 현실이다. 얼치기 좌파 문재인 정부의 운전자론은 한심한 착각일 뿐이고 우파의 북한 체제 위기론은 주관적 바램일 뿐이다.

그렇다면 이 같은 국가적 위기를 어떻게 극복할 것인가? 지금까지의 수구좌파적 생각, 수구우파적 생각으로는 미래가 없다. 위기 극복의 출발점은 새로운 사상을 제대로 세우는 것이다. 사상을 세우는 출발점은 한국과 북한의 실상을 객관적으로 제대로 이해하는 것이다. 빨간색 안경, 파란색 안경, 회색 안경을 내려놓고 성철 스님의 말씀대로 '산은 산이고 물은 물이다'는 관점에서 모든 편견을 극복하고 한국의 실상, 북한의 실상을 있는 그대로 제대로 보는 것이다. 이를 기초로 올바른 사상을 세워야 한다. 한국의 고대에는 세계적으로 높이 평가받을 만한 사상이 존재했었다. 원효 스님의 유, 불, 선 회통사상이다. 20세기에 탄허 스님은 이를 유, 불, 선에 더하여 기독교까지 회통하는 사상으로 발전시켰다. 21세기에는 유, 불, 선, 기독교에 더하여 20세기 세계 인구 절반에 가까운 사람들에게 깊은 영향을 끼쳤으며 자본주의가 존재하는 한 지속적으로 영향력을 발휘할 사회주의사상까지 회통하는 사상으로 발전시켜야 한다고 생각된다. 그래서 진공묘유의 길을 가야한다. 이는 에드먼드 버크가 이야기했던

Providence 즉 신의 섭리, 역사의 섭리하고도 통하는 원리라고 생각한다. 유, 불, 선, 기, 사 5도를 회통하는 새로운 사상을 제대로 세우면 영, 미가 300여 년 이상 주도해온 근대국가 문명의 위기를 극복하고 한반도에서 한반도 통일을 넘어 세계문명을 새롭게 선도할 새로운 비전을 제시할 수 있을 것이다(2021. 1. 10.).

나는 왜 혼자 산을 가는가?①
-자유인의 명상수행과 깨달음-

1. 상고대를 보고 진공묘유의 길이 열리다

지난 10여 년 동안 500여 회 혼자 산행 명상을 해왔는데, 고등학교 2학년인 딸은 "아빠는 왜 혼자 산을 가?"라고 묻곤 하였다. 몇 마디 짧게 대답하곤 하였는데, 올해 들어서서 딸, 아들 그리고 자유, 명상, 깨달음에 대해 관심 있는 이들에게 나의 경험과 생각을 나누어보고자 글을 쓰기로 하였다.

혼자 산행 명상을 해온 것은 중학교 3학년 이래로 인생의 화두로 생각해온 통일문제에 대한 생각을 정리하기 위함이 주목적이었다. 그러나 지난해까지 머릿속에 맴돈 생각들은 대부분 통일문제에 대한 현상적인 문제와 그 해법에 대한 고민의 수준이었다. 통일문제의 철학적 본질, 인간과 세계의 본질, 나의 본질에 대한 생각은 정리하지 못하였다.

그런데 지난해 11월 중순 치악산 산행에서 지금까지 본 것 중 가장 아름다운 광경이라 할 정도의 상고대(기온이 급강하할 때 서리가 나뭇가지 등에 얼어서 생기는 얼음꽃)를 보고서 진공묘유가 이것이구나!라는 느낌을 가지게 되었다. 온 산을 하얗게 덮어버린 상고대와 그 안에 푸른 작은 대나무가 어우러진 풍경은 말 그대로 선경이었다.

선입견, 편견, 다양한 잘못된 생각 등으로 인해 생긴 인식과 껍데기 등을 완전히 비우고, 마음을 비우고 실제로 존재하는 참진리를 깨닫는 진공묘유를 눈을 통해 보여준 것이다. 불교에서는 중도를 진공묘유로 표현하는데 일반적으로 회자되는 중간의 길이 아닌 참 진리를 뜻한다.

1월 1일 산행부터는 통일문제를 현상적 문제점 차원에서 보는 것이 아니라 철학적 본질, 인간과 세계의 본질적 관점에서 새롭게 해석할 마음이 생기기 시작하였다. 나아가 지금까지 보아왔던, 해석해왔던 여러 문제들에 대해 다시 정리하는 시간을 가질 수 있었다. 눈이 밝아지고 마음이 밝아지는 느낌이었다. 치악산 정상에는 60년대에 통일을 기원하며 한 범부가 쌓아올렸다는 세 개의 석탑이 존재한다.

이에 대해서도 나는 이 세 개의 석탑이 천天, 지地, 인人의 조화를 이루어 통일이 되기를 바라는 마음을 담은 것으로 새롭게 해석할 수 있었다. 지금처럼 등산로도 정비가 되지도 않았던 험산 치악산의 정상에 3년 동안에 걸쳐서 저렇게 많은 돌을 날라 석탑을 쌓았다는 것은 그가 범부가 아니라 어떤 선인, 도인이었으리라 짐작해보았다.

21세기는 문명사적 전환기이다. 1688년 영국의 명예혁명과 1776년 미국의 독립혁명으로부터 시작된 인간의 자유정신을 가장 중요한 가치로 내세운 근대국가 문명이 위기를 맞이하고 있다. 중국의 도전, 트럼프 현상 등을 통해 표출되고 있다. 학계 비학계를 넘어서서 20세기 한국을 대표할 수 있는 학자라고 해도 과언이 아닐 탄허 스님의 유교 불교 도교 기독교 회통사상은 이 문명사적 전환기에 새로운 비전의 단서를 제공해주고 있다고 생각된다. 이 회통사상에 기반하여 자유, 명상, 깨달음, 새로운 문명에 대해 부족하나마 공부하면서 글을 써보고자 한다(2021. 1. 23.).

나는 왜 혼자 산을 가는가?②
- 자유인의 명상수행과 깨달음-

2. 통일이라는 화두와 선재동자

2주 쯤 전 오랜만에 남한산성 산행을 하였다. 2016년부터 지난해 여름까지 200회 가까이 다녔던 곳이다. 사람들이 잘 안 다니는 코스인데다 강추위가 몰아쳐서 4시간 가량의 산행시간 동안 5명 정도의 사람밖에 볼 수 없었다. 산행 명상을 하기에 좋은 조건이었다.

남한산성 다니는 코스는 병자호란 때 인조가 피신해 있던 남한산성을 공격하기 위해 청나라 군사들이 행군했던 것으로 추정되는 곳으로 청나라 태종이 남한산성을 내려다 봤다고 하는 벌봉이 정상이자 목적지다. 중국이 미국 중심의 세계질서에 도전하고 북한이 핵국가로 등장한 현재의 한반도 정세가 17세기 병자호란 전야와 비슷하다고 생각해왔기 때문에 통일을 화두로 명상하기에 좋은 코스이다.

불교의 대표적 경전인 『화엄경』에 나오는 선재동자는 참진리를 구하기 위해 53명의 선지식 즉 보살, 비구 비구니 스님, 왕, 이교도, 노동자, 사공, 직업여성 등 세상의 다양한 사람들을 만나면서 차츰차츰 진리를 깨닫게 된다. 필자의 인생을 돌이켜 보건데 중학교 3학년 때 통일문제를 인생의 화두로 살겠다고 발심한 이래로 많은 우여곡절과 다양한 길을 체험하면서 통일과 관련한 해답을 찾기 위한 긴 여행을 해왔다고 생각된다. 선재동자의 그림자를 쫓아온 듯하다.

중학교 3학년 때 『백범일지』를 읽고 민족주의에 관심을 가졌고, 법정 스님의 『서있는 사람들』을 보고 출가를 고민해보기도 하였다. 대학 입학 이후에는 광주시민 학살과 군사독재에 분노하여 학생운동에 참여하면서 마르크스레닌주의, 주체사상을 공부하기도 하였다. 그러나 소련, 동구 사회주의권 붕괴와 김영삼 문민 정부의 등장 그리고 민주화운동 감옥생활을 마친 뒤인 94년 중국 방문 이후 실망감 등을 계기로 사회주의 사상에 회의하면서 새로운 사상적 전환에 대한 고민을 하게 되었다. 이후 엘빈 토플러, 제레미 리프킨, 이사야 벌린, 야엘 타미르 등의 책을 읽고 생각이 차츰 변화되었으며, 2004년 고 박세일 선생 등과 함께 선진화운동을 하면서 소위 중도보수로 노선 전환을 하였다. 그런데 가장 중요한 생각의 본질적 변화는 에드먼드 버크가 말한 신의 섭리(Providence), 역사의 섭리에 대한 이해였다.

2004년 탄허 스님의 제자 혜거 스님의 불교대학 공부도 도움이 되었다. 인간의 불완전성에 대한 이해와 신의 섭리, 역사의 섭리에 대한 존중이 마음에 와 닿았다.

그러나 여전히 가슴속 깊은 곳에 허전함이 존재해왔다고 생각된다. 어찌 보면 지난 10여 년 동안 500여 회 혼자 산행 명상을 해온 이유는 통일문제에 대한 명상과 함께 그 허전함에 대한 고민때문이었다고 생각된다. 탄허 스님의 스승 한암 스님께서 유교, 도교에 대한 수많은 책을 섭렵하고 출가하였던 탄허 스님께 3년 동안 책을 전혀 읽지 못하게 하고 참선만 하게 했던 뜻을 따라 보고자 했을 것이다.

탄허 스님은 결국 출가의 중요한 이유가 되었던 『장자』의 내용 중 정확히 이해하지 못했던 부분에 대해 3년 여의 참선 이후에 명쾌하게 이해하셨다고 한다. 이후 당대의 유명한 학자로 손꼽히던 양주동 박사, 함석헌 선생 등을 대상으로 장자를 강의했을 때 양주동 박사로부터 "장자가 살아 돌아와도 탄허 만큼 장자 사상을 잘 설명하기 힘들 것이다"는 극찬을 들었다고 한다.

17세기 병자호란 전야와 같은 위태로운 한반도 정세 속에서 통일문제를 화두로 산행 명상을 해온 결과가 탄허 스님이 3년 여 참선 이후 의문을 가졌던 장자의 핵심내용을 깨우쳤던 정도는 아니더라도 작은 깨달음이라도 얻을 수 있기를 기원해본다. 그렇게 된다면 선재동자의 그림자를 쫓아온 듯한 지금까지의 인생길이 의미를 가질 수 있지 않을까(2021. 1. 25.).

나는 왜 혼자 산을 가는가?③
- 자유인의 명상수행과 깨달음-

3. 돈오돈수, 돈오점수와 오대산

10여 일 전 새벽 오대산에 갔다. 동이 트기 전 상원사에 도착하여 잠깐 동안 참선을 하고 산행 명상을 시작하였다. 이른 시간 겨울 산행이라 등산길에는 사람이 없었고, 하산길에 몇 사람 마주치는 정도였다. 오대산은 한암 스님, 탄허 스님 등 대 선사들과 함께 해왔던 불가의 성산이고 비로봉은 정상 봉우리인데, 만인, 만물을 포용하는 자세로 맞아주었다.

비로봉에 올라 지난 10여 년 동안 통일문제를 화두로 산행 명상수행을 해온 생각을 모아 짧은 선시(禪詩) 한 수를 읊었다.
'산은 바다이고, 바다는 허공이며, 허공이 통일이다'

이에 대해 어떤 이는 '무슨 뜬구름 잡는 소리인가'라고 할 수 있을 것이고, 어떤 이는 '무슨 내용이 있는 것 같기도 하다'라고 할 수도 있을 것이다.

선시는 자기 그릇만큼 가져간다고 한다.

그리고 나는 누구인가? 에 대해 생각해보았다. 우주 속의 티끌 같은 존재이자 작은 우주이기도 한 존재이다. 억겁의 이런저런 인연이 모아져 이 세상에 나오게 되었고, 하늘의 뜻에 따라 필요한 일을 하다 시간이 되면 허공으로 떠나는 것이다. 생과 사가 둘이 아니기에 어떤 집착하는 마음, 연연해 하는 마음도 가질 필요가 없는 것이다. 세계와 인간을 본질적으로 이해하기 위해서는 공(空), 진공묘유, 인연법(因緣法)에 대한 이해가 필요하다.

돈오돈수(頓悟頓修)와 돈오점수(頓悟漸修)는 불교적 깨달음과 관련한 한국 현대불교의 최대 논쟁이었다. 성철 스님은 깨달음은 단번에 깨치는 것이라는 돈오돈수를 주장하셨고 탄허 스님은 깨달음은 작은 깨달음에서 큰 깨달음으로 점차 발전해 나간다고 주장하셨다. 성철 스님이 돈오점수는 틀렸다는 주장을 하시자 평생 거의 화를 내지 않으셨다는 탄허 스님이 크게 화를 내시면서 성철 스님에게 스스로 돈오돈수를 제대로 했는가 물어보라고 하셨다는 일화가 있다. 한국 현대 불교 양대산맥의 논쟁이었다. 나의 짧은 소견으로는 사람에 따라 다를 것인데 보편적으로는 돈오점수하는 경우가 많다고 생각된다.

개인적으로 10여 년의 산행 명상 끝에 지난 연말연시를 거치면서 새롭게 정리하고 있는 생각들이 작은 깨달음의 시작이길 염원하며,

깨달음의 수준은 낮을지라도 내 스스로 마음의 평화를 얻은 것으로 만족할 일이라고 생각한다. 그리고 지속적 수행과 덕행이 필요할 것이다. 불가적으로는 무아(無我) 도가적으로는 무기(無己) 유가적으로는 극기(克己)를 실현하는 것이다(2021. 1. 27.).

나는 왜 혼자 산을 가는가?④
- 자유인의 명상수행과 깨달음-

4. 통일이라는 화두로부터 자유로워지다

중학교 3학년 이래로 41년 동안 통일을 인생의 화두로 생각해왔고 지난 10여 년 동안 500여 회 산행 명상을 하면서 통일문제를 고민하고 사색해온 결과물은 오대산 비로봉에 올랐을 때 떠올랐던 '산은 바다이고 바다는 허공이며 허공이 통일이다'라는 하나의 짧은 선시(禪詩)로 남겨졌다. 지난해 가을 이후 한국의 상황과 통일의 미래에 대해 대단히 비관적으로 생각하였고 현재가 17세기 병자호란 전야의 조선과 같은 거의 막장의 상황이라고 판단할 정도의 지점에서 세계와 인간에 대한 새로운 인식을 얻게 되었다고 생각한다.

불교의 참선수행 방법은 크게 두 가지로 나뉜다. 한국불교의 참선수행법은 간화선(看話禪)으로 화두를 들고 깊은 사색을 통해 진리를 탐구하는 것이다. 남방 불교의 위빠사나(觀法)는 화두가 없이 끊임없이 변화하며 생성, 소멸하는 대상을 있는 그대로 분석적으로 관찰,

사색하는 것을 통해 진리를 탐구하는 수행방법이다. 필자는 한국전통의 선도(仙道)인 풍류도(風流道)의 참선수행 방법인 행선(行禪), 입선(立禪)을 활용해왔다. 풍류도 전체에 대해서는 따로 논하기로 하고 여기에서는 풍류도의 참선 수행 방법인 행선, 입선에 대해서만 논하기로 한다.

불교의 참선 수행 방법이 기본적으로 좌선(坐禪)이라면 풍류도는 본질적으로 형식으로부터 자유로운데 행선(行禪), 입선(立禪)을 권한다. 입선은 해 또는 달과 소통하는 선 자세로 참선수행을 하는 것이고, 행선은 자연환경이 좋은 곳을 걸으면서 참선수행을 하는 것이다. 산을 좋아하는 사람은 산행 명상을 하면 되는 것이고, 바다나 강을 좋아하는 사람은 바닷가나 강가를 걸으면서 명상수행을 하면 되는 것이다. 어떤 유럽인들은 몽골의 대초원을 걸어 다니면서 사색하는 것을 즐기기도 한다. 화두를 들고 사색하는 것과 관법적 차원에서 사색하는 것도 병행한다고 할 수 있다. 풍류도의 기본 특징은 자유자재(自由自在)이고 무애(無碍)하다고 할 수 있으며 자연과 호흡하는 것을 중시한다고 할 수 있다.

여러모로 부족하지만 작은 깨달음을 통해 마음의 평화를 얻을 수 있었던 것은 풍류도의 자유자재의 정신, 무애의 정신과 이를 기초로 한 행선, 입선을 활용한 산행 명상수행이었다. 그 산행 명상수행의 결과물인 짧은 선시(禪詩) 하나는 나를 자유인으로 만들어 주었다고 생각한다. 그 안에는 지난 41년 동안 화두로 붙들고 있었던 통일이라는 화두로부터도 자유로워진 것도 포함된다. 물론 앞으로 자유인으로 남기 위해서는 지속적인 수행과 덕행을 실천하는 것이 중요하다고 생각한다.

코로나 이후 세계는 많은 변화가 있을 것이다. 동양은 인간관계와 공동체를 상대적으로 더 많이 고민해왔고 서양은 인간의 실존적 존재와 개인의 자유에 대해 상대적으로 더 많이 고민해왔다고 할 수 있다. 이제 동양과 서양의 철학 사상적 흐름도 서로 융합과 회통을 통해서 새로운 미래를 준비해야 할 것이다. 이 과정에서 명상수행은 모든 사람들에게 유익할 것이라고 생각된다(2021. 1. 28.).

나는 왜 혼자 산을 가는가?⑤
– 자유인의 명상수행과 깨달음–

5. 풍류도와 최치원

몇 해 전 지리산에서 산행 명상을 한 적이 있다. 하동 쌍계사 방면
으로 오르다 보면 최치원 선생이 참선했다는 바위가 나온다. 신라의
천재 최치원은 12세 때 당나라에 가서 과거급제를 하고 그 이후 당나
라에서 17년 동안 유, 불, 도를 거의 통달하는 수준으로 공부한 뒤 귀
국하였는데, 신라에 돌아와서 보니 신라에는 유, 불, 도 3도를 깊이
포괄하는 풍류도(風流道)가 있음을 알게 되었다고 한다. 최치원은 이
를 "우리나라에는 깊고 오묘한 도가 있다. 이를 풍류라 한다. 이 가
르침의 근원은 선사(仙史)에 실려 있는데, 이는 유, 불, 도 삼교를 포
함한 것이요, 모든 중생과 접해 인간화 한다"라고 표현하였다.

고구려의 조의선인, 백제의 수사도, 신라의 화랑도는 풍류도가 뿌
리이다. 최남선은 "부루는 상고 조선에 고유한 신앙인 태양숭배, 곧
밝은 뉘(광명세계)가 변한 말이고 이 부루를 한자로 적을 때는 풍류(風

流)라고 이름한 데까지 변하였다"고 주장한바 있다.

필자는 2005년 경부터 국선도를 1년 정도, 풍류도를 1년 정도 수련한 적이 있다. 국선도는 풍류도의 한 지류라고 할 수 있다. 국선도는 형식적 체계가 갖추어져 있어서 도장에서 수련하는 데, 풍류도는 거의 개인 대 개인으로 전수되고 자연 속에서 수련하는 특성이 있다.

필자의 경우에 원광선사라는 풍류도 전수자 중 한분으로부터 배웠다. 원광선사는 필자처럼 명상수행에 관심 있는 사람에게는 선 자세로 해와 달과 소통하며 명상수행하는 입선(立禪), 자연 속에서 걸으면서 명상수행하는 행선(行禪)을 가르쳐 주셨다.

불교의 좌선(坐禪)에 비해서 형식으로부터 자유롭다 할 수 있다. 풍류도의 기본 정신인 자유자재와 자연과의 조화 중시를 반영하고 있다고 할 수 있다. 원광 선사는 권법에 관심 있는 사람은 권법을 중심으로 풍류도를 가르치셨고, 검술에 관심 있는 사람은 검술을 중심으로 풍류도를 가르치시기도 하셨던 것으로 기억한다. 단소도 잘 부시는 기인과 같은 분이셨다. 풍류도는 인생을 멋있게 살라고 가르치기도 한다. 방탄소년단으로 대표되는 한류 붐도 그 뿌리가 되는 원동력은 풍류도라 할 수 있다.

중국인이 우주의 변화원리를 이해하는 경전으로 만든 것이『주역』이라면 한국인이 우주의 변화원리를 이해하는 경전으로 만든 것이『천부경』이다.『천부경』은 한국 선도(仙道)사상 즉 풍류도(風流道)의 철학을 반영한 것인데 고대로부터 내려오던 것을 문자화 시켜서 정리한 사람이 유불도를 통달했던 최치원 선생이다. 그 핵심은 천지인(天地人)의 조화에 관한 철학이라 할 수 있다. 근현대의 대표적인 기독교 사상가인 유영모, 함석헌 선생은 기독교 사상과 『천부경』 철학의 회통을 시도하기도 하였다. 유영모, 함석헌의 후배인 전 연세대 교수 유동식은 이를 발전시켜 풍류신학 사상을 주장하기도 하였다.

21세기는 문명사적 새로운 전환기이다. 탄허 스님, 함석헌 선생 등이 시도하였던 선불유기(仙佛儒基)의 회통 즉 선사상, 불교, 유교, 기독교 사상의 회통시도에 더하여 20세기에 세계 절반 가까운 인구에 심대한 영향을 끼쳤던 사회주의 사상까지 포함하여 5도 즉 선불유기사(仙佛儒基社)를 새롭게 융합과 회통을 시도하는 것이 필요한 시기라고 생각된다(2021. 1. 30.).

나는 왜 혼자 산에 가는가?⑥
- 자유인의 명상수행과 깨달음

6. 김용옥은 노자『도덕경』을 제대로 이해하고 있는가?

남한산성 산행 명상을 할 때마다 가장 많은 시간 사색했던 주제가 '미중 신냉전시대에 중국이 한국의 미래와 통일에 어떤 영향을 끼칠 것인가?'였다. 그런데 몇 해 전 산행 명상 뒤 집에서 우연히 김용옥 교수가 TV에 나와 중국의 시진핑은 시대의 위인이 될 것이라는 둥 시진핑을 찬양하는 모습을 본적이 있다. 김용옥 교수는 자신을 노자 철학 전문가로 내세우면서 수많은 강의를 하고 관련되는 책들을 많이 낸 사람이다.

노자의『도덕경』은 도인이 되고자 하는 사람들의 철학 경전으로도 유명하지만 경세철학으로도 활용되었다. 중국 역대 최고 명군 중의 한 명으로 손꼽히는 청나라 강희 황제는 가족들과 신하들에게『도덕경』을 필독서로 읽게 했다고도 한다.

노자는 『도덕경』에서 자신의 핵심사상을 제1장 관묘장(觀妙章)에서 도(道)와 무(無)를 다루고 있는데, 그 핵심은 중도 즉 진공묘유에 대해 설명하고 있다. 유불도(儒佛道) 모두 사상적 핵심을 관통하고 있는 것이 바로 진공묘유의 도(道)이다.

왕필은 이를 "늘 욕심이 없어 마음을 텅 비우면 만물을 시작하는 미묘함을 알 수 있고, 항상 욕심이 없으면 만물을 마치는 귀결을 볼 수 있다"라고 설명하였다. 탄허 스님은 『도덕경 선주』에서 이에 더하여 "무(無)에 대해 욕심이 없는 수준을 넘어서 유무(有無)의 분별마저 완전히 끊어진 절대적인 무(無)로 보아야 한다"고 하셨다. 진공(眞空)을 해야 묘유(妙有)할 수 있다는 것이다.

김용옥은 왜 시진핑을 시대의 위인이 될 것이라고 칭송했는가? 시진핑이 미국과 맞먹는 초강대국 중국의 권력자이고 그가 중국몽(中國夢)과 21세기 실크로드 일대일로(一帶一路)라는 거대 프로젝트를 발표했기 때문일 것이다. 껍데기만 보고 평가한 것이다. 초강대국의 권력자도 껍데기요, 거대 프로젝트도 껍데기에 불과한 것인데 그 껍데기만을 보고 시대의 위인 운운했다는 것은 그가 노자 『도덕경』의 핵심인 진공묘유에 대해 이해하지 못하고 있다는 것이다. 『도덕경』 안에 어떤 구절이 들어있다는 지식만 있을 뿐 그 진리의 본질은 모르고 있는 것이다.

그런데 왜 한국 사회는 그를 석학으로 떠받들고 신문방송에서 최고의 지식인 출연자가 되었는가? 그것은 김용옥이 하버드대 박사요

전 고려대 교수였고, 베스트셀러 작가인 유명인이라는 껍데기 때문이었을 것이다. "그가 노자의 『도덕경』을 제대로 이해하고 있는가?"는 잘 모르기도 하고 관심도 없다. 여론의 대세들을 따라갈 뿐이다.

이 과정에서 한국 사회는 병들어 가고 있는 것이다. 그 결과 허상들을 붙들고 허상들에 휘둘리면서 세상이 어떻게 바뀌고 있는지도 모른 채 패거리 중심으로 싸우거나 즐기거나 하고 있는 것이다.

탄허 스님은 『신약성서』 '마태복음'에 나오는 '마음이 가난한 자가 복이 있나니'라는 한국기독교의 해석에 대해 성경에 대한 깊은 통찰에 기초하여 그 말은 본성적으로 볼 때 '마음을 비운자에게 복이 있나니'라고 해석하는 것이 옳다고 말씀하셨다. 모든 사람들이 마음을 제대로 비워서 허상을 넘어 실상을 찾고 미중 패권 경쟁 등 세상의 변화를 직시해야 한국 사회의 미래는 밝아질 것이다(2021. 2. 1.).

나는 왜 혼자 산을 가는가?⑦

– 자유인의 명상수행과 깨달음–

7. 미륵불 사상과 사회주의

한국불교를 대표하는 사상가이자 세계적으로도 높이 평가받는 원효 스님은 화쟁(和爭), 회통(會通) 사상과 관련해서도 유명하지만 미륵불 사상과 관련해서도 깊은 통찰을 보여주신 분이다. 원효 스님은 미륵 사상의 세 가지 형태를 설명하셨는데 첫째, 상생(上生) 미륵 사상으로 뜻이 있는 사람들이 깨달음을 얻어 부처들이 살고 있는 도솔천으로 간다는 것이고 둘째, 하생(下生) 미륵 사상으로 미륵불이 세상에 내려와 모든 중생을 구제한다는 것이고 셋째, 성불(成佛) 미륵 사상으로 이 세상에서 모든 사람들이 깨달음을 얻어 모두 부처가 되는 미륵불 세상을 실현할 수 있다는 것이다.

첫째, 상생 미륵 사상의 경우에 불가와 도가의 경우 항상적으로 일부 존재해왔다 할 수 있고, 둘째, 하생 미륵 사상의 경우가 세상의 종교에 가장 많은 영향을 끼친 사상으로 미륵불의 화신 또는 환생으로 자처하거나 예수 재림, 상제의 출현 등의 신흥종교 등으로 표출되었다. 중국 근대에 기독교 구세주 사상과 결합하여 나타난 태평천국의 난, 한국의 증산도우회 등 후천개벽 사상이 결합된 민족종교 등이 그 사례이다. 세 번째, 성불 미륵 사상의 경우에 필자는 사회주의 사상과 유사성이 있다고 생각된다. 모든 사람들이 깨달음을 얻어 이 세상에서 미륵불 세상이 실현될 수 있다는 것은 사회주의 혁명을 통해 모든 사람이 평등한 이상 사회를 지구상에서 건설할 수 있다는 것과 일맥상통하다고 할 수 있다.

우리가 살아가고 있는 이 세상을 이상 사회로 만들 수 있다는 성불 미륵불 사상과 유사성이 있는 사회주의는 근대 자본주의 성립과 함께 광범위하게 형성된 노동자 계급과 결합하면서 강력한 힘을 얻게 되었다. 결국 1848년 마르크스의 『공산당 선언』과 이를 발전시킨 레닌의 『제국주의론』, 『국가와 혁명』 등의 사상이론에 기초하여 1917년 러시아혁명을 성공시켰고 세계 2차대전 이후 중국과 유럽, 제3세계 등에 심대한 영향을 끼쳤다. 그러나 스탈린의 대숙청, 모택동의 대약진운동, 문화혁명 등의 후과로 수천만 명이 희생되었고, 사회주의 계획경제 등의 문제점 때문에 90년대 초 소련, 동구 사회주의권의 붕괴로 귀결되었다.

그러나 세계 정치 경제사회를 뒤흔든 코로나 이후 중국, 베트남, 북한 등이 코로나에 상대적으로 효과적 관리를 보여준 반면에 미국과 유럽 등이 보이고 있는 대 혼란은 아시아 사회주의 국가에 대한 재평가를 필요로 한다. 미국의 세계 패권에 도전할 정도로 성장한 중국, 지난 30년 가까이 세계 최고 수준의 경제성장률을 보인 베트남, 동북아 핵국가, 전략국가의 목표를 쟁취한 북한 등은 세계질서의 변동 과정에서 새로운 분석이 필요하다. 특히 소련 동구 사회주의권 붕괴 이후 탈냉전 미국 중심 일극질서 하에서 오만해진 영미 중심의 근대국가 문명, 이라크 전쟁, 아프가니스탄 전쟁 실패에 대한 깊은 성찰이 부족한 미국, 세계화 과정에서 양극화의 수렁에 빠진 미국의 모습은 21세기 문명사적 위기를 심화시키고 있다.

자유민주주의와 사회주의 간에 그리고 남과 북 간에도 서로 문제점에 대해 비판하는 것은 필요하지만 악마화(Demonization)하는 것은 바람직하지 못하다. 상대방을 악마화하면 상호경쟁이 피와 파괴를 부르고 참 진리로부터 멀어지게 될 것이다. 그리고 1688년 영국의 명예혁명, 1776년 미국의 독립혁명으로부터 시작된 자유민주주의 근대국가 문명의 위기를 극복하고 새로운 문명으로 진화 발전하기 위해서는 불교의 미륵불 사상, 사회주의 사상을 포함하여 선(仙), 불(佛), 유(儒), 기(基), 사(社) 5도를 회통하는 사상적 고민이 필요하다고 생각된다(2021. 2. 3.).

나는 왜 혼자 산에 가는가?⑧
- 자유인의 명상수행과 깨달음-

8. 남북협상과 마카오 해변의 명상

2011년 12월 18일 마카오에서 남북협상을 위해 북한측 파트너와 만나기로 했었다. 그러나 바로 전날의 김정일 사망 사건으로 인해 결국 북한측 파트너는 전화로 마카오에 가지 못하게 되어 미안하다는 말만 전하였다. 마카오는 홍콩 맞은쪽 마카오 반도와 타이파 섬 등으로 이루어져 있다. 2007년 이후 남북협상 장소로 여러 차례 방문했던 곳이다. 북한측 파트너와의 미팅 시간 외에는 해변에서 산책하며 명상의 시간을 가졌던 곳이었다. 자본주의 낮의 꽃이 홍콩의 주식시장이라면 밤의 꽃은 마카오의 화려한 도박장이다. 마카오는 김정남의 주요 무대였고, 2005년 미국의 대북 금융제재의 상징이 되었던 방코델타아시아(BDA)가 위치한 곳이기도 하다.

북한측과는 2010년 3월 필자가 운영하던 미래재단과 북한의 '북극성무역총회사' 간의 '북한산림녹화사업'과 관련한 합의를 마카오에서 했었다. 당시 현인택 통일부 장관과 협의하면서 진행했었다. 그러나 합의 직후 '천안함 폭침 사건'이 터지고 이에 따른 5·24대북제재 조치 때문에 무산되었다. 합의 당시 북극성무역총회사 서OO 사장은 '남조선은 약속 이행을 못하더라도 이런저런 불이익을 당하고 말지만, 자신들은 잘못하면 목숨이 날아갈 수도 있으니 확실하게 책임질 수 있을 때 합의하라'고 압박했었다. 그런데 결국 본의 아니게 약속을 못지키게 되어 대단히 미안한 상황이어서 약속되었던 2011년 12월에도 그 문제를 논의하기로 했었다.

다행히 북한측에서는 필자가 SK텔레콤 북한담당 상무 시절 등의 활동시 약속을 이행하기 위해서 최선을 다해 노력했던 점과 5·24 대북제재 조치가 나의 책임과는 무관한 성격이라 결국 산림녹화사업 관련 프로젝트 불이행을 이해해주기로 했다고 하였다. 북한측 서OO 사장이 2007년 미국의 BDA 금융제재 해제시 대북 송금때문에 어려움을 겪을 때 그 문제 해결에 중요한 공을 세우면서 김정일의 신임을 얻고 당 부부장급으로 승진한 것도 도움이 되었다. 서OO 사장은 모스크바 유학파 출신으로 러시아어, 중국어, 영어로 대화가 가능하고 세계 정치 경제 정세에 해박하였다. 그는 북중 관계의 실상과 허상, 북한이 베트남처럼 친미비중 국가가 될 수도 있다는 것, 한국과 미국이 북핵, 북한문제에 대해 중국을 통해서 무슨 협상을 시도하는 등의 행위는 대단히 어리석은 일이라는 것과 관련한 생생한 이야기들을 해주었다. 그와의 대화 이후 마카오 해변을 산책하면서 깊은 사색에 빠져들었던 시간들은 북한의 실상과 한반도 정세의 실상을 정확히 이해하는데 큰 도움이 되었다.

어떤 인간에 대한 이해가 되었든, 어떤 국가에 대한 이해가 되었든, 피상적 이해, 편견, 잘못된 정보 등으로 인해 그 실상을 정확히 이해하지 못하는 경우가 많다. 그리고 인간이든, 국가이든, 그 실체도 끊임없이 변화하고 있는 것인데, 이에 대해서도 기존의 선입견 때문에 현재의 실상을 오해하는 경우도 적지 않다. 북한에 대한 이해에 있어서도 이런저런 잘못된 껍데기 인식을 버리고 본성적 실체를 정확히 인식하는 진공묘유가 중요하다고 생각된다. 나아가 김정일 시대의 북한과 김정은 시대의 북한이 무엇이 다른가를 이해하는 것이 필요할 것이다. 그래야 지혜로운 한반도 통일의 길이 열릴 것이다.

중국에 대해서도 세계는 공산당을 하라, 하지 말라 할 수 있는 권리는 없지만 현재 시진핑 체제의 전체주의적 문제, 패권주의적 문제는 분명히 비판하는 것이 필요하다. 중국이 전체주의적 문제를 비판하고 패권주의적 동북공정 등을 반대했던 주은래의 중국으로 돌아간다면 세계와 중국의 관계, 한중 관계는 정상적 외교관계가 형성될 것이다(2021. 2. 5.).

나는 왜 혼자 산을 가는가?⑨
– 자유인의 명상수행과 깨달음–

9. 묘향산과 탄허 스님의 통일 예견

SK텔레콤 북한담당 상무시절 2001년과 2002년 평양을 방문하였을 때 두 번 묘향산의 보현사에 갔었다. 두 번째 방문 때는 안내하는 여성이 "또 오셨습네까"하며 인사를 건네기도 하였다. 묘향산은 백두산의 장엄함과 금강산의 아름다움을 조화시킨 명산으로 유명하며 불교, 도교의 많은 선사, 도인들이 사랑했던 장소이기도 하다. 특히 보현사는 임진왜란이라는 국난을 극복할 때 큰 역할을 했던 서산대사가 계셨던 곳이고, 사명당도 수시로 찾던 곳이다.

우리나라 불교사에서 선사의 맥은 서산대사, 사명당 이후 끊겼다가 구한말 경허 스님이 깨달음을 얻으신 이후 선사의 맥을 복원하여 한국불교의 중흥조로 평가받는다. 경허 스님의 제자가 한암 스님이고 한암 스님 제자가 탄허 스님이시니까 우리나라 선사의 맥으로 치면 서산대사, 사명당에게 탄허 스님은 증손자, 고손자쯤 된다고 할 것이다. 탄허 스님은 전쟁과 국가의 흥망에 대해 예견을 맞추신 것으로 유명하다. 한국 전쟁의 발발을 예견하였고, 71년에 이미 베트남전에서 미국이 패배할 것이라고 예견하신 바도 있다. 통일에 대해서는 통일은 될 것인데 평화적으로는 오지 않는다는 것, 통일 초기에는 전체주의적 문제로 고통을 겪을 것인데 이를 잘 극복하면 이후 한반도가 동방의 강국이 될 것이라고 예견하신 바 있다.

2004년 탄허 스님의 제자 혜거 스님이 운영하던 불교대학에서 공부할 때 탄허 스님에 대해서 들었던 이야기들, 그 이후 탄허 스님과 관련해서 이런저런 공부했던 조각들이 있었다. 그러다 지난해 말 한반도가 병자호란 전야와 같다고 하는 심각한 위기의식이 높아지면서 묘향산에서 보았던 서산대사와 사명당의 영정과 탄허 스님의 전쟁, 통일 관련한 예견들이 겹쳐져서 생각되었다. 그리고 필자의 실증적 한반도 정세 분석과 탄허 스님의 통일 관련 예견이 거의 일치하고 있음을 깨달았다. 한반도의 미래와 관련해서 하늘의 뜻이 있는 것이 아닌가 생각을 해보게 되었다.

SI그룹의 대북협상의 중재자 역할을 한 사람은 재미동포 사업가 조명호 사장이었다. 미국에서 IT산업으로 성공한 기업인이었고, 독실한 기독교신자이셨는데, 재미 기독교인들의 대북 인도적 지원 사업으로 북한을 방문하였다가 김정일 측근이었던 전병호, 주규창, 서기실 간부 등과 신뢰관계를 맺게 되어 다양한 대북사업에 관여하였다. 노무현 정부 초기에는 정부 간 남북협상을 중재하기도 하였다.

돌아가실 때까지 기독교적 신앙에 투철하시면서도 남북협상 지원에 헌신적 역할을 하셨던 분이었다. 평양에서든 보현사에서든 항상 성경을 가지고 다니셨다. 묘향산 보현사에 함께 방문했을 때는 기독교 신앙인으로서 원칙을 지키면서도 상대방 문화에 대해 존중하는 모습을 보이셨던 모습이 인상적이었다.

한반도의 통일과 미래를 위해서는 탄허 스님이든, 독실한 기독교 신자이셨던 조명호 선생이든 서로 회통하고 융합하면서 지혜를 모으는 자세가 중요할 것이라고 다시 한번 생각해본다(2021. 2. 7.).

나는 왜 혼자 산을 가는가?⑩
– 자유인의 명상수행과 깨달음–

10. 천부경과 깨달음의 세계

『주역』이 중국인이 음양의 원리를 중심으로 우주를 이해한 것이라면, 『천부경』은 한국인이 천지인(天地人)의 원리를 중심으로 우주를 이해한 것이다. 필자는 민족의 역사에 관심이 많아 몇 차례 본적이 있지만 '뜬구름 잡은 소리' 같아 이해할 수가 없었다. 그런데 명상수행 결과 올해 들어서서 작은 깨달음을 얻은 뒤 보니 비로소 그 원리를 조금이나마 이해할 수 있었다. 의외의 사실은 수많은 『천부경』 해설서 중에서 가장 쉽게 설명하고 있는 것은 기독교 사상가이자 한국 선(仙)사상과 성경의 회통을 추진했던 유영모 선생의 해설이었다. 그러나 본질적 도움은 명상수행이었다고 생각된다.

명상수행 즉 참선은 본성적으로 첫째, 신과의 대화이다. 자기가 생각하는 주제에 대해 하늘은 어떻게 생각할 것인가를 끊임없이 생각하는 것이다 둘째, 평소의 생각보다 두 단계 세 단계 더 깊게 생각하는 것이다. 평소 생각의 방식으로 오랜 시간 생각하고 있으면 망상에 빠지기 쉽고 명상수행이 아니다. 셋째, 명상수행 과정에서 의문 나는 것이 있으면 공부해야 한다. 자기 주도 진리 탐구 학습이라 할 수 있다. 참선과 공부를 병행해야 하는 것을 불교에서는 정혜쌍수(定慧雙修)라고 한다. 필자는 지난 10여 년 동안 500여 회 산행명상을 하면서 이런저런 우여곡절을 겪기도 하고 망상에 빠져보기도 하면서 지난 연말에서야 비로소 명상수행의 본성과 방법에 대해 정리를 해보게 되었다.

『천부경』은 단 81개의 글자를 통해 천지인(天地人)의 원리와 숫자 철학에 기초하여 우주의 원리를 설명하고 있는데, 불경, 도덕경, 주역, 성경 등 인류가 만들어온 모든 경전이 담고 있는 원리의 핵심을 설명하고 있다.『천부경』의 시작은 '일시무시일' 즉 '한 물건이 시작되었으되 시작한 것이 없다'인데 이는 불교 금강경 전체를 관통하는 색즉시공 공즉시색(色卽是空 空卽是色)을 의미한다. 이러한 공(空)사상에 기초하여 천지인의 조화(調和)원리를 설명해 들어간다.

『천부경』은 뒤이어 진공묘유의 사상과 만물의 변화(變化)원리를 설명하고 천지인의 2단계 조화와 변화를 거친 것을 대삼합(大三合)으로 표현하면서 이를 통해 육(六)이라는 숫자를 새로운 탄생(生)의 의미와 연관하여 설명한다. 증산도우회, 대종교 등 여러 민족종교와 불교일부에서는 이 육이라는 숫자를 후천개벽 또는 미륵불의 재림 등으로 설명한다. 후천개벽, 혁명, 미륵불 세상의 상징으로 사용되어온 셈이다. 필자는 여러 가지 조건이 형성되면 세상의 후천개벽 등 큰 변화가 올 수도 있을 것이나 기본적으로는 새로운 탄생(生)과 연관되는 육(六)이라는 숫자를 인간의 깨달음과 연관해서 해석하는 것이 지혜로울 것이라 생각된다. 육(六)이라는 숫자의 형상은 인간이 천지를 관통하는 모습을 보이고 있기도 하다.

지난 300여 년 동안 세계사를 주도해온 근대국가 문명은 1688년 영국의 명예혁명, 1776년 미국의 독립혁명으로부터 시작되었다. 그리고 이 근대국가 문명의 주도세력은 영국의 청교도 혁명을 이끌었던 청교도(Protestant)들이었고 이들이 미국의 건국을 주도하기도 하였다. 그런데 그 청교도들의 원동력은 중세 시대로부터 내려오던 교황, 왕, 교회 등의 기득권과 형식적인 껍데기들에 대해 저항하고 부정하면서 신과의 직접 대화를 통해 자신들의 소명 등을 발견했던 것이다. 즉 신과의 직접 대화라는 명상수행을 통해 신의 참뜻, 참 진리, 소명 등을 발견하고 결국 세계사의 새로운 문명을 만들어 냈던 것이다. 21세기 문명사적 전환기에 영국과 미국의 청교도들이 주도해온 근대국가 문명은 역사적 위기 속에 놓여있다. 한반도에서 선불유기사(仙佛儒基社) 5도를 회통하여 새로운 정신문명의 비전을 제시한다면 한민족 뿐만 아니라 인류에게도 선물이 될 수 있을 것이다. 그 출발점은 명상수행이라고 생각한다(2021. 2. 9.).

자유민주주의 논쟁의 구체성을 위하여

대통령 선거를 앞두고 다시 이념논쟁이 뜨겁다. 자유를 포함한 민주주의인가? 아닌가를 포함해서다. 그런데 한국의 보수우파는 자유를 포함한 자유민주주의 의미를 구체적으로 이해하고 있는가? 지난 보선에서 당선된 보수우파 서울시장과 부산시장은 코로나 방역정책과 관련해서 자유민주주의 관점에서 변화된 구체적 정책이 있는가? 묻고 싶다.

필자의 분석으로는 대북정책에서도 박근혜 정부의 대북정책과 문재인 정부의 대북정책도 별 큰 차이가 없다고 생각된다. 구체적 정책의 차이는 크지 않고 정치구호와 선동의 내용이 크게 다를 뿐이었다.

실제 북핵 문제, 북한 문제는 보수우파 정부나 진보좌파 정부나 진전된 것이 없다. 정치적 이벤트들이 달랐을 뿐이다. 구체성이 없기 때문이다. 지금의 대선을 앞둔 후보들의 주장 역시 정치적 구호나 선동의 내용이 다를 뿐 실제 구체적 정책에서는 별 차이가 없어질 수도 있다. 자유민주주의 근대국가 문명의 대표적 사상가 에드먼드 버크의 핵심사상인 '처방전의 정치(The Politics of prescription)'를 구체적으로 생각해야 할 때이다.

필자는 어제 미국에서 귀국하여 '코로나 자가 격리' 조치를 받고 자가 격리 중이다. 필자의 사례가 코로나 정책과 자유민주주의의 연관성의 분석대상이 될 수 있고, 사례 연구로 참고가 될 수 있길 바라면서 글을 쓴다. 필자는 미국시간 6월 30일 두 번째 백신접종을 마친 상태인데, 우리 정부의 방역원칙인 두 번째 백신접종 14일 경과 후 출국지 영사관에서 증명서 발급 요건을 충족시키지 못해 자가 격리 조치를 지시 받은 것이다.

코로나 정책에 대해 자유민주주의 관점의 철학적 고민의 대상은 '개인의 자유보장과 사회적 규율 간의 균형' 문제와 '경제활동 재개와 방역통제의 효율성 간의 균형' 문제이다. 미국은 전자의 두 요소를 중시하고 한국은 후자의 두 요소를 중시하는 것으로 보여진다. 한 달쯤 전 미국 도착 시에는 한국에서 받은 코로나 음성 결과 확인 후 사회적 활동에 간섭을 받지 않았고 마스크 착용 권고 정도만 받았다. 한국의 경우 출국 전 코로나 음성 결과 확인, 귀국 후 코로나 음성 결과 확인, 14일 자가 격리 조치를 실행하고 있는 것이다. 한국의 시민들은 이러한 통제적 조치에 대해 거의 개선조치 요구나 항의를 하지 않고 있는 상황으로 보여진다. 보수우파가 서울시장인 상태에서도 코로나 관련 이러한 정책에서 다른 차이는 없다고 보여진다. 이럴 경우 필자의 경우에 정부의 정책 즉 두 번째 백신 접종 14일 후(면역력 완성시기) 자유로운 활동 보장이라는 원칙에 비추어 보더라도 약 5일 동안을 추가적으로 개인의 자유를 제한받아야 하고 사회적, 경제적 활동을 통제받게 된다.

또한 정부에서 미국에서 받은 두 번의 백신 증명서(미국 질병관리청 발급카드)를 인정하지 않을 경우 국내 백신 접종 과정에서 혼선이 예상된다. 이는 개인에게 손실일 뿐만 아니라 사회적, 국가적 차원에서도 손실로 이어질 것이다. 그런데 이러한 문제들에 대해 대부분 정부는 시민들을 통제 대상으로 대하고 한국시민들은 대부분 순종적으로 따른다.

미국의 경우 이 같은 비슷한 조치들이 취해질 경우 시민들의 항의, 언론의 항의에 정부 정책은 며칠 가지 못할 것이라고 예측된다. 물론 미국의 경우 '개인의 자유 보장과 사회적 규율 간의 균형' 문제와 '경제활동 재개와 방역통제의 효율성 간의 균형' 문제에서 과도할 정도로 개인의 자유를 우선시하고 경제활동 재개를 강조하면서 코로나 보건대책 관련해서 여러 가지 문제를 야기시키고 있는 것도 사실이다.

반면 한국의 경우 두 가지 균형문제와 관련해서 지나치게 사회적 규율과 방역통제 효율성을 앞세우고 있고, 보다 본질적인 문제는 정부가 시민들을 주로 통제 대상으로 대하고 있다는 것이다. 시민들 역시 자유민주주의 사회에서 개인의 자유와 경제적 활동 재개의 의미에 대한 고민이 얕은 상태라고 보여진다. 구체성에 기반하지 않는 자유민주주의 주장은 정치선동에 그치고 그 어떤 문제 해결에도 도움이 되지 않는다. 세계적 보건전쟁의 위기이다. 한국에서 정부는 '개인의 자유 보장과 사회적 규율 간의 균형' 문제와 '경제활동 재개와 방역 통제의 효율성 간의 균형' 문제에 대해 더 깊이 고민하여 구체적 정책들을 세우고, 시민들은 개인의 자유와 공동체 문제에 대해 더 실천적 모습을 보인다면 한국의 자유민주주의는 더욱 성숙해질 것이라 생각된다(2021. 7. 5.).

에필로그

김정은 실체도 모르는 한국과 미국의 미래

'지피지기(知彼知己)면 백전불태(白戰不殆)이다'는 『손자병법』의 유명한 명제이자 동서고금의 진리이다. 그런데 한국과 미국은 한반도 평화와 통일의 상대방인 북한 체제에 대해 정확히 알고 있는가에 대해 의문이다. 특히 수령의 역할이 절대적인 북한 체제에서 수령인 김정은의 실체에 대해 제대로 이해하고 있는지 의문이다. 그리고 자신과 상대방의 장점, 단점이 무엇인지에 대해서도 정확히 이해하고 있다고도 보이지 않는다.

지난해 『비커밍 김정은』이라는 책을 냈고 올해 바이든 정부에서 국무부 동아태 담당 부차관보로 임명된 정 박(한국명 박정현·46)은 미국의 대표적인 북한 문제와 김정은 전문가라 할 수 있다. 브루킹스 연구소 한국 석좌를 지냈고, 2009년부터 2017년까지 미 중앙정보국(CIA)과 국가정보국(DNI)에서 북한담당 선임 분석관으로 일한 북한 전문가이다. 그런데 역시 대표적 북한 전문가인 로버트 칼린 스탠포드대 연구원은 정 박의 책 출간을 축하하면서 "북한 문제를 포함한 세계 최고의 정보기관인 CIA도 적지 않게 북한 관련 정보에 대해 틀렸다는 것을 지적하면서 북한 문제에 대해 메이비(Maybe), 프로버블리(Probably), 쿠드비(Could be)수준에서 시작할 수밖에 없음을 인정하는 것"으로부터 출발해야 한다고 주장한 바 있다. 로버트 칼린은 아마도 한국을 포함한 전 세계에서 조지프 디트러니(부시 정부, 오바바 정부, 트럼프 정부 초기까지 CIA에서 북한 정보를 총괄)와 함께 최고의 북한 문제 전문가 중 다섯 손가락 안에 꼽힐만한 인물이다.

그는 수 십년 동안 CIA와 국무성 등에서 북한 관련 정보를 분석해 왔고 돈 오버도퍼와 함께 『두개의 한국』을 집필하기도 했다. 그런데 한반도에서 살아가는 우리는 북한문제를 메이비(Maybe), 프로버블리(Probably), 쿠드비(Could be) 수준에서 분석할 수 없다. 왜냐하면 민족의 생존과 운명이 달려있기 때문이다.

그러나 한국의 현실은 보수우파, 진보좌파, 중도파를 막론하고 조지프 디트러니와 로버트 칼린을 넘어설 만한 북한 문제 전문가가 있는가에 대해 회의적이다. 진보좌파는 90년대 말 2000년대 초반 탈냉전시대에 부분적으로 의미가 있었던 햇볕정책의 수렁에서 벗어나지 못하고 있고, 최근에는 올해 초 노동당 8차 대회에서 남조선 혁명론을 포기했다라고 해석하는 어처구니 없는 주관적 망상의 세계에 빠져있다. 보수우파는 적지 않은 사람들이 여전히 80년대식 냉전시대의 사고방식인 반공주의, 반북주의에서 벗어나지 못하고 있고 주관적 희망에 불과한 북한 체제 붕괴론에 매달려 있기도 하다.

특히 2018년 이후 남북한 체제 경쟁에서 북한이 군사적, 외교적 우위로 바뀐 엄중한 안보위기 상황에서도 2016년 4차 핵실험 이후 강화된 대북 제재 때문에 북한 체제 붕괴가 멀지 않았다는 주장을 연례

행사 식으로 반복 주장하고 있기도 하다. 소위 보수와 진보 내의 중도파들은 책상물림 학자들의 탁상공론에 불과한 '한반도 평화 체제론'을 염불 외우 듯이 하고 있다. 칼자루를 쥐고 있는 북한의 의지와 군사적 능력에 대해서는 눈을 감은 채 말이다. 이 같은 북한 문제와 관련한 심각한 오판이 지속되고 있는 이유는 첫째, 고질적인 패거리주의다. 보수우파, 진보좌파, 중도파 모두 실사구시적 입장에 기초해서 진실이 무엇인가를 분석하기보다는 자기 정파의 기득권, 관성적 사고방식, 담론 시장의 기득권 등에 매몰되어온 결과이다. 둘째, 국가 정보기관의 정치오염화와 관련된다. 2000년대 이후 국가정보원이 정권교체 과정에서 권력에 종속화되면서 정보의 객관적 분석기능을 상실해왔다. 진보좌파 정권에서는 햇볕정책의 입맛에 맞는 정보중심으로 생산하고 보수우파 정권에서는 대북 봉쇄정책 등의 입맛에 맞는 정보중심으로 생산하면서 북한 체제에 대한 본질적 분석기능은 왜곡되어왔다.

그 결과 현재 한국은 북한 체제에 대한 정확한 이해기능을 상실한 상태이다. 세상의 이치는 제행무상(諸行無常)인데 수 십년 전의 낡은 사고틀에 갇혀 있는 것이다. 중도회통사상 즉 진공묘유의 철학적 원리에 기초하여 북한 체제를 이해하는 것이 한반도 평화와 통일의 출발점이 될 수 있을 것이다.

현재 북한 체제를 이해하는데서 핵심적인 것은 김정은 체제를 정확히 이해하는 것이다. 북한은 수령이 결정적 역할을 하는 수령 당대중의 통치시스템으로 작동되고 있기 때문이다. 그런데 우리는 현재 북한 체제의 수령인 김정은을 정확히 이해하고 있는가?에 대해 대단히 회의적이다. 주기적으로 유령처럼 나타나는 김정은 건강 이상설 등에 휩쓸리고 있을 뿐이다. 김정은은 김정일과 달리 절대적 수령이 아니다. 김정일의 큰딸 김혜경, 조용원 조직비서 등이 김정은과 함께 서기실 중심의 집단 지도체제로 북한을 통치하고 있다는 것이 진실이다. 김정은이 김정일과 같은 절대적 수령이라면 김정은의 친모라고 알려진 고영희에 대한 상당한 재평가 또는 우상화 작업이 진행되었을 것이다. 김정일은 자신의 친모인 김정숙 사망한 이후 김일성이 정식 결혼하였고 상당기간 실질적인 영부인 역할을 했던 김성애조차도 80년 공식 후계자로 나선 이후 단계적으로 그 그림자를 완전히 지워버리다시피 하였다. 그것이 권력의 생리이고 모자 간의 정리의 표현이다. 그런데 김정은의 경우 2012년 집권 첫 해에 고영희 추모 성격의 홍보용 필름을 잠깐 소개한 이후 2013년 경부터는 그 조차도 사라졌고, 아직까지 고영희와 관련된 그 어떤 홍보도 없는 상태이다. 김정은이 절대적 권력자인 수령이라면 이해하기 힘든 일이다.

그리고 김정은이 절대적 수령과 거리가 있다는 중요한 근거 중의 하나는 2012년 '2. 29 북미 비핵화 합의'이다. 2011년 12월 김정일 사망 이후 불과 두 달여 뒤에 북한과 미국은 비핵화와 관련한 중요한 합의를 했던 것인데, 이는 2010년 9월 후계자로 발표되었고, 그 다음에 김정일이 사망한 직후에 국가정책의 핵심사항인 비핵화 문제에 대해 김정은이 절대적 수령으로서 역할을 하면서 2. 29 북미 합의를 주도했다는 것은 설득력이 부족하다.

김정일은 2001년 주 북한 러시아 대사와의 대담에서 후계자 관련해서 "아들들은 공부가 부족한데 딸(이름은 언급 없었음)이 지적으로 가장 우수하다"고 언급한 적이 있고, 이러한 내용을 BBC뉴스가 주 북한 러시아 대사 인터뷰를 통해 밝힌 적이 있다. 영국정보기관 MI 6은 김정일의 본처 홍일천과 김정일과 홍일천 사이에 태어난 김정일의 큰 딸 김혜경(이름은 부정확)에 대한 정보를 파악한 바도 있다. 일부에서는 김정일이 언급한 딸이 김여정이라고 추정한 적도 있으나 이는 근거가 부족하고 합리성도 부족하다. 왜냐하면 2001년에 김여정은 불과 13살에 불과했다. 필자는 2000년 초반 남북 통신협상을 하면서 수령과 당을 중심으로 한 통치시스템에서 핵심 역할을 하는 서기실을 이해할 수 있는 중요한 경험을 한 바 있다.

최근에 디지털 레닌이즘, 디지털 전체주의 관련해서 중국공산당을 비롯한 사회주의 국가들이 정보통신을 통한 주민통제 문제에 깊이 관여해오고 있다는 것이 밝혀졌는데, 북한도 이미 2000년대 초반부터 통치시스템에서 정보통신 관리를 중요시해왔고 이에 따라 남북 통신협상 때도 대외적으로는 주규창 군수공업부 제1부부장이 나섰지만, 내용적으로는 북한 권력의 핵심인 서기실 간부들이 관리했던 것이다. 이러한 경험과 다양한 정보 등을 종합해 볼 때 현재 김정은 체제는 김정일의 큰딸인 1967년생 김혜경(이름은 부정확)이 핵심 실세 역할을 하는 서기실과 조직비서인 조용원과 김정은 등이 중심이 된 집단지도체제로 파악할 수 있다. 물론 대외적으로는 수령 당 대중 통치시스템으로 작동되기 때문에 김정은이 절대적 수령으로서 역할을 하는 것처럼 표현되고 있을 뿐인 것이다. 이 같은 맥락에서 김정은 체제를 이해해야 집권 10년 차가 되었는데도 김정은의 친모 고영희에 대한 홍보가 없다는 사실과 2012년 2. 29 북미 비핵화 합의의 배경에 대해서도 설득력 있는 분석을 할 수 있을 것이다.

필자는 해방정국과 한국전쟁으로부터 시작되어 90년대 초 소련, 동구 사회주의권의 붕괴로 한국의 승리로 귀결된 제1차 남북 체제 경쟁 이후 90년 대에 북한이 100만 명 내외의 아사자가 발생하는 조건에서도 핵무장 국가전략을 추진하였고, 2012년 등장한 김정은 체제는 이를 가속시켜 2018년 4월 북한노동당 7기 3차 중앙위 회의에서 핵무장 국가의 승리를 선언했음을 분석하였다. 이후 북한은 2018년 6·12 북미 정상회담과 6·19 북중 정상회담을 성사시키면서 현실적 핵국가로 등장하였고 전략국가를 자처하고 있다. 이에 따라 2018년 이후 남북 체제 경쟁에서 북한이 군사적, 외교적 우위를 확보함으로서 한국의 승리로 귀결되었던 제1차 남북 체제 경쟁의 결과가 역전되었음을 밝힌 바 있다. 이에 따라 한반도는 독일식 자유통일의 길로 갈 것인가? 베트남식 공산통일의 길로 갈 것인가?라는 새로운 제 2의 남북한 체제 경쟁의 국면에 들어서 있는 것이다.

한반도가 1688년 영국의 명예혁명과 1776년 미국의 독립혁명으로부터 시작된 자유민주주의 근대국가 문명을 21세기적 환경에서 새롭게 발전적으로 실현시키는 차원에서 한반도의 평화와 통일을 성취하기 위해서는 두 가지가 중요하다. 먼저 자유민주주의 근대국가 문명을 열어서 인류에게 많은 자유와 번영을 가져다주었던 존 로크, 애덤 스미스, 토마스 제퍼슨, 에드먼드 버크 등의 철학을 제대로 이해하고 나아가 자본주의 발전 과정에서 평등의 문제를 제기했던 마르크스, 레닌 등의 좌파적 근대화 전략에 대한 이해를 통해 새롭게 중도회통사상에 기초하여 자유민주주의를 중심으로 하면서도 사회민주주의적 요소 중에서 긍정적인 것은 수용, 융합해 나가는 자세가 필요할 것이다. 다음으로 중도회통사상 즉 진공묘유의 철학적 원리에 기초하여 실사구시의 자세가 중요하다. 그 어떤 선입견이나 편견도 버리고 실질적으로 존재하는 것을 정확히 구체적으로 찾아내는 정신이 필요하다. 그것은 개인이나 국가도 마찬가지로 적용되어야 하고 한국과 북한을 분석하고 세계 문명의 흐름에서 우파적 근대화 전략과 좌파적 근대화 전략을 분석하는 차원에서도 마찬가지이다. 현재 한반도는 중국의 패권주의적 민족주의와 전체주의적 요소의 강화라는 도전과 핵무장 국가 북한의 위협이라는 이중의 도전에 직면해 있다. 이를 극복하고 21세기 새로운 문명을 개척해 나가기 위해서는 철학적 문제에 대한 깊은 명상으로부터 출발해야 할 것이라고 생각된다.

남북한 체제 경쟁 성찰

지은이 | 구해우
만든이 | 최수경
만든곳 | 글마당
책임 편집디자인 | 정다희

(등록 제02-1-253호, 1995. 6. 23)

만든 날 | 2021년 8월 17일
펴낸 날 | 2021년 9월 5일

주소 | 서울시 송파구 송파대로 28길 32
전화 | 02. 451. 1227
팩스 | 02. 6280. 9003
홈페이지 | www.gulmadang.com
이메일 | vincent@gulmadang.com

ISBN 979-11-90244-24-4(03300)　　값 18,000원